LA FRANCE

AUX COLONIES

BIBLIOTHÈQUE D'HISTOIRE ILLUSTRÉE

Ouvrages publiés :

Ed. Sayous	Les Deux Révolutions d'Angleterre (1603-1689) et la nation anglaise au xviie siècle.
H. Carré	La France sous Louis XV.
P. Monceaux	La Grèce avant Alexandre.
Jean-H. Mariéjol	L'Espagne sous Ferdinand et Isabelle.
F.-T. Perrens	La Civilisation florentine du xiiie au xvie siècle.
Maurice Souriau	Louis XVI et la Révolution.
A. Lecoy de la Marche	La France sous saint Louis et sous Philippe le Hardi.
Edgar Zevort	La France sous le régime du suffrage universel.
Roger Peyre	L'Empire romain.
E. Denis	L'Allemagne de 1789 à 1810.

En préparation :

Prou	La France mérovingienne.
J. Roy	La France féodale.

Tous droits réservés.

BIBLIOTHÈQUE D'HISTOIRE ILLUSTRÉE

PUBLIÉE SOUS LA DIRECTION DE MM.

J. ZELLER | VAST
Membre de l'Institut. | Docteur ès lettres.

LA FRANCE
AUX COLONIES

PAR

MAURICE WAHL

Ancien Inspecteur général de l'Instruction publique aux Colonies,
Professeur d'histoire au lycée Charlemagne.

❖❖

PARIS
ANCIENNE MAISON QUANTIN
LIBRAIRIES-IMPRIMERIES RÉUNIES
7, rue Saint-Benoît
May & Motteroz, Directeurs

LA
FRANCE AUX COLONIES

INTRODUCTION

L'ancienne France avait eu des colonies : colonies de peuplement au Canada et aux Antilles, colonies de domination dans l'Inde, escales de commerce au Sénégal et sur la côte barbaresque. Elle n'eut pas, à proprement parler, de politique coloniale. Elle n'apporta jamais à la défense de ses intérêts d'outre-mer ces vues suivies, cette continuité d'efforts qui lui valurent en Europe des siècles de grandeur. Par intervalles, parmi ses hommes d'État les plus éminents, il s'en rencontra qui songèrent à lui tailler sa part dans les pays nouveaux et les continents sans maître. Mais les projets de Coligny sombrèrent dans la tempête des guerres civiles. L'œuvre à peine ébauchée de Henri IV et de Richelieu, reprise par Colbert, fut délaissée sitôt après sa mort et dépérit au milieu de la décadence du grand règne. Une poignée de commerçants entreprenants, des enfants perdus comme ces boucaniers qui nous donnaient les Antilles, quelques explorateurs intrépides dans l'Amérique du Nord firent plus à eux seuls que tout le reste de la nation et son gouvernement. Celui-ci n'accordait aux affaires coloniales qu'une attention distraite ; il ne lui paraissait pas que la France pût avoir des intérêts sérieux autre part qu'en Europe ; il attachait plus de prix à la moindre place des Pays-Bas qu'à la possession de l'Inde ou de l'Amérique.

Il y parut bien vers le milieu du xviiie siècle. La France avait alors à peu près achevé le long travail de formation de son unité territoriale. Aucun de ses voisins n'était de taille à l'inquiéter. Il lui était facile de garder les positions acquises, d'entretenir son influence et de maintenir l'équilibre par la diplomatie plutôt que par les armes. Ni les besoins de sa sûreté, ni le souci de sa grandeur ne l'obligeaient à combattre. Aux colonies, au contraire, l'instant était décisif. Dans l'Amérique du Nord, maîtres du Saint-Laurent par le Canada, du Mississipi par la Louisiane, premiers occupants, propriétaires légitimes de tout l'immense territoire qui s'étend du golfe du Mexique aux grands lacs et des Alleghanies aux montagnes Rocheuses, nous étions menacés par nos rivaux de la Nouvelle-Angleterre, d'autant plus âpres à la lutte qu'ils se sentaient poussés et soutenus par leur métropole. Canadiens contre Bostoniens, c'étaient deux avant-gardes en présence, mais l'avant-garde anglaise avait derrière elle tout un corps de bataille. En Asie, où le génie de notre Dupleix avait su à la fois concevoir le système politique qui devait donner l'Inde aux Européens et inventer les moyens d'exécution les plus sûrs et les plus faciles, nous trouvions encore en face de nous l'Angleterre. La querelle toute commerciale des compagnies se disputant quelques comptoirs devenait un duel entre deux peuples combattant pour la domination. Il s'agissait ici d'un empire comme là-bas d'un continent.

DUPLEIX.

L'Angleterre le comprit. Elle jeta dans la guerre coloniale tout le poids de ses forces. Pendant ce temps, la France usait les siennes à batailler pour ou contre Marie-Thérèse et Frédéric. Le gouvernement de Louis XV dépensait sans compter

Montcalm.

les armées et les millions pour aider le roi de Prusse à prendre la Silésie ou l'impératrice à la reprendre; il ne trouvait pas d'argent ni d'hommes pour secourir le Canada en perdition. Il rappelait Dupleix et abandonnait Montcalm. Le traité de Paris consomma la ruine de nos plus belles espérances. Désormais les Anglo-Saxons avaient le champ libre pour coloniser et peupler l'Amérique, pour conquérir et dominer l'Hindoustan. Pas plus que son gouvernement, la France n'eut conscience de l'immensité du désastre.

La guerre de l'indépendance américaine releva le prestige de nos armes; mais, par une prodigieuse aberration, Louis XVI manqua l'occasion qui s'offrait de ressaisir le Canada et de reprendre pied dans l'Inde. La crise révolutionnaire nous coûta Saint-Domingue. Les velléités coloniales du Consulat n'eurent pas de lendemain. Plus absorbé encore que les gouvernements d'ancien régime par les guerres continentales, Napoléon perdit pour toujours Saint-Domingue et renonça à la Louisiane un instant recouvrée. Maîtres de la mer après Trafalgar, les Anglais purent nous enlever une à une nos dernières colonies. Ils les rendirent en 1815, mais en gardant pour eux les meilleurs de ces débris : Tabago et Sainte-Lucie aux Antilles, l'Ile de France et ses dépendances dans la mer des Indes.

Au moment où s'ouvre la période contemporaine, le domaine extérieur de la France se trouve réduit en Asie aux cinq enclaves de l'Inde, Pondichéry, Chandernagor, Karikal, Yanaon, Mahé ; en Afrique, à Bourbon et au Sénégal; en Amérique, à la Guyane, à la Guadeloupe et à la Martinique, plus les îlots de Saint-Pierre et Miquelon. Sauf la Guyane inculte et déserte, aucune de ces colonies n'a l'étendue territoriale d'un département. Toutes sont commandées, gardées à vue par quelque forte position anglaise. Ensemble, tous ces fragments font à peine une surface de 130,000 kilomètres carrés, avec un demi-million d'habitants. La France, qui rivalisait un siècle auparavant avec l'Angleterre et l'Espagne, est maintenant à peu près sur le même rang que le Danemark. Elle ne compte plus parmi les puissances coloniales.

Cette déchéance ne lui laisse aucun regret. Longtemps elle ressentira l'amertume de la suprématie perdue en Europe; le souvenir de la rive gauche du Rhin fera saigner son orgueil comme une blessure mal fermée. Mais elle ne sait plus regarder au delà des océans. L'Inde et le Canada sont oubliés. Ceux qui rêvent pour elle des réparations s'obstinent à les chercher toujours du même côté, vers les frontières du Nord et de l'Est. Aucun ne songe à lui en ménager de plus larges et de moins sanglantes en dehors de la vieille Europe. De longues années s'écouleront avant que les aspirations coloniales s'emparent de l'esprit de ses politiques et fassent tressaillir l'âme de son peuple.

Et cependant, presque au lendemain de la ruineuse liquidation de 1815, la fortune commençait à lui offrir des dédommagements dont elle fut loin d'abord de soupçonner la valeur, qu'elle eut pourtant l'heureuse chance de ne pas laisser échapper. Le gouvernement de Charles X, quand il décida l'expédition d'Alger, ne se doutait certes pas qu'il préludait ainsi à la reconstitution d'un empire colonial français. Une telle entreprise était en dehors de ses desseins et de ses ambitions. L'honneur de l'avoir commencée ne lui en appartient pas moins, et il est assez grand pour effacer bien des fautes.

LIVRE PREMIER

DE 1815 A 1870

CHAPITRE PREMIER

LA CONQUÊTE DE L'ALGÉRIE[1]

L'Algérie. — Berbères. Arabes. Turcs. La régence d'Alger. — L'expédition d'Alger. Les débuts de la conquête. — Clauzel. Les deux sièges de Constantine. — Bugeaud et Abd-el-Kader. — Conquête du Sud et de la Kabylie. — Insurrection des Ouled-sidi-Cheikh. — La colonisation et le royaume arabe.

L'Algérie est cette partie de la presqu'île de l'Atlas qui occupe le rivage sud de la Méditerranée juste en face de la France. Le méridien de Paris passe tout près d'Alger; vers les extrémités, la Calle correspond exactement à Ajaccio, Nemours à la Rochelle et à Bayonne. Derrière le littoral, presque partout abrupt et rectiligne comme une muraille, s'allongent en rangées parallèles des montagnes peu élevées, mais sauvages, et des plaines d'alluvion revêtues d'une couche épaisse d'humus, terres fertiles quand l'extrême sécheresse n'y vient point paralyser l'activité de la vie végétale. C'est le Tell, pays des

---

1. OUVRAGES A CONSULTER : Tissot, *la Province romaine d'Afrique;* Paris, 1884-1886. — Boissière, *l'Algérie romaine*, Paris, 1886. — Ibn-Khaldoun, *Histoire des Berbères et des dynasties musulmanes*, traduction de Slane; Alger, 1855-1858. — Gramont (H.-D. de), *Histoire d'Alger sous la domination turque;* Paris, 1887. — Pellissier de Reynaud, *Annales algériennes;* Paris, 1836-1839. — Camille Rousset, *la Conquête d'Alger;* Paris, 1879; *l'Algérie de 1830 à 1840*; Paris, 1887; *la Conquête de l'Algérie* (1841-1857); Paris, 1889. — Cat, *Histoire de l'Algérie;* Alger, 1888-1891. — Maurice Wahl, *l'Algérie;* Paris, 1889.

cultures, du blé, de l'orge, de l'olivier, de la vigne, de l'oranger, peu différent par son aspect, son climat et ses fruits des contrées de l'Europe méditerranéenne. Plus au sud, l'immense terrasse des Plateaux déroule à perte de vue des steppes tour à tour arides et verdoyants, domaine des troupeaux et de leurs pasteurs nomades. Plus loin encore, au revers d'autres montagnes qui en dessinent la limite, apparaît sous la lumière flambante d'un ciel sans nuages le Sahara aux vastes horizons, avec ses archipels d'oasis semées en taches vertes sur la morne étendue des plaines et des collines de sable, des ouadis sans eau et des plateaux pierreux.

Aux anciens habitants berbères qu'avaient effleurés sans les pénétrer les civilisations punique et romaine, l'invasion arabe mêla du VIIe au XIe siècle un mince courant de missionnaires et de soldats, puis des flots d'immigrants. Ils apportaient avec eux l'islamisme, que presque tous les indigènes adoptèrent, et leur langue, qui devint bientôt prépondérante. L'Algérie se trouva peuplée de tribus berbères, de tribus arabes, et en un plus grand nombre de tribus métisses, toutes musulmanes, les unes et les autres adonnées à la culture et plus ou moins sédentaires dans le Tell, livrées à la vie nomade et pastorale sur les terres de parcours des hauts Plateaux ou du Sahara. Impuissantes à former un groupement politique homogène, elles étaient vouées à l'anarchie ou à la conquête étrangère. L'Espagne chrétienne leur eût imposé sa domination si quelques aventuriers turcs n'étaient venus faire échec aux desseins de Ximénès. Alors fut organisée la Régence d'Alger, sous la suzeraineté d'abord effective, bientôt purement nominale de la Porte. Pendant trois siècles, les vrais maîtres du pays furent les janissaires de l'*Odjak,* toujours recrutés dans les ports du Levant. Le dey d'Alger et ses trois lieutenants, les beys de Titteri, de Constantine et d'Oran, n'étaient là que pour faire les volontés de cette milice turbulente, qui les élevait et les précipitait tour à tour. Ce gouvernement d'une soldatesque, à défaut d'autres mérites, était assez vigoureux pour imposer l'obéissance. Arabes et Berbères le subissaient sans l'aimer, avec la résignation de la peur. Sa principale ressource était dans la piraterie, pratiquée en grand contre les marines européennes. Les États italiens et l'Espagne en eurent le plus à souffrir, mais les autres nations

Alger en 1830. — Vue prise au-dessus des jardins du Bey.
(Aquarelle du commandant Le Blant.)

n'étaient pas épargnées. A moins de se soumettre au payement d'un tribut, elles voyaient leurs navires de commerce enlevés à l'abordage, leurs sujets capturés et mis à rançon ou retenus comme esclaves dans les bagnes d'Alger.

La longue patience de l'Europe eut des révoltes. A plusieurs reprises, l'Espagne, la France, l'Angleterre essayèrent de châtier les Barbaresques ou de détruire leur repaire. Mais la grande Armada conduite par Charles-Quint en personne avec l'illustre Doria pour amiral n'échappa qu'à grand'peine à un complet désastre; les bombardements de Duquesne et de lord Exmouth firent plus de bruit que de mal. Chaque tentative manquée redoublait l'insolence des pirates. Derrière les remparts inviolés d'Alger la bien gardée, ils se jugeaient invincibles.

Ne craignant personne, ils ne ménageaient personne. Ils eurent cependant quelques égards pour la France, l'alliée du sultan. Elle fut longtemps la seule puissance chrétienne admise à entretenir un consul à Alger ; elle put conserver les comptoirs qu'elle avait installés dès le xvie siècle sur la côte est, vers la Calle et Collo. Jusqu'à la fin de l'ancien régime, il n'y eut de rupture déclarée que sous Louis XIV. Pendant les guerres de la Révolution, ce furent les blés de la Régence qui nourrirent nos départements et nos armées du Midi. Les relations ne s'interrompirent que lors de l'expédition d'Égypte, qui nous mettait en état de guerre ouverte avec la Turquie. Elles furent rétablies après la Restauration en 1816, mais sans redevenir jamais ni bien sûres ni tout à fait cordiales.

Des contestations demeuraient pendantes. Les établissements de la Calle avaient été restitués, mais on ne s'entendait pas sur les conditions de la concession renouvelée. D'autre part, le dey avait repris à son compte une créance résultant de fournitures de grains faites au Directoire par des sujets algériens ; le gouvernement français ne se refusait pas à l'acquitter, seules des difficultés de procédure en ajournaient le règlement. Ces retards exaspéraient l'irascible dey Hussein ; il en rendait responsable le consul Deval qu'il accusait de malveillance. En pleine audience publique, devant les représentants des puissances étrangères, il l'interpella en termes injurieux et le chassa grossièrement en le frappant du chasse-mouches qu'il tenait à la main (1827). L'insulte faite au consul atteignit la France. Hussein ne parut pas s'en soucier; il repoussa avec hauteur toutes les demandes de réparation.

Une croisière établie devant Alger demeura infructueuse.

DÉBARQUEMENT DE LA FLOTTE FRANÇAISE DANS LA BAIE DE SIDI-FERRUCH.
(D'après une sépia du cabinet de Charles X.)

Le gouvernement de Charles X décida de recourir à des moyens plus énergiques. Son parti arrêté, il y persista, sans tenir compte des clameurs de l'opposition, sans se laisser intimider par les objections de l'Angleterre, dont la perspicacité jalouse nous voyait déjà installés sur la rive sud de la Méditerranée.

Les préparatifs de l'expédition furent vivement menés. Le 14 juin 1830, une belle armée de 37,000 hommes descendit dans la presqu'île de Sidi-Ferruch, à l'ouest d'Alger. Bourmont, qui la commandait, repoussa d'abord à Staouëli une furieuse attaque des Turcs et de leurs auxiliaires arabes et kabyles. Prenant à son tour l'offensive, il s'empara des hauteurs de la Bouzaréa, et, pendant que la flotte de l'amiral Duperré canonnait la ville, attaqua le fort l'Empereur, que sa garnison fit sauter après l'avoir vaillamment défendu. De là, il tenait Alger sous son canon. Hussein demanda alors à traiter : il offrait de donner les satisfactions vainement réclamées depuis 1827 et de payer les frais de la guerre. Ces propositions trop tardives furent déclinées. Il fallut signer une capitulation qui nous livrait la ville, en garantissant seulement au dey la liberté et la possession de ses biens personnels, aux habitants le respect de leurs personnes, de leur religion et de leurs biens. (5 juillet 1830.) Le même jour, les troupes françaises faisaient leur entrée dans Alger.

La chute de la fière cité qui avait bravé tant d'assauts eut un immense retentissement. La Régence d'Alger n'existait plus; la puissance des Turcs était brisée pour jamais; tous leurs sujets furent d'abord prêts à accepter la loi du vainqueur. Mais la France parut moins glorieuse qu'embarrassée de sa conquête. Le gouvernement de Charles X n'avait pas étendu ses prévisions au delà de la prise d'Alger. Il ne s'était point demandé ce qu'il ferait au lendemain de la victoire. Aurait-il eu d'ailleurs un dessein arrêté, que la révolution de 1830 ne lui eût pas laissé le temps d'en poursuivre l'exécution. La monarchie de Juillet, aux prises avec de graves difficultés intérieures, sous la menace de complications redoutables en Europe, hésita longtemps avant de fixer sa politique africaine. Peu s'en fallut qu'Alger ne fût abandonné. Même quand on se fut décidé à y rester, on ne renonça qu'à regret à la chimère de l'occupation partielle. Cette incertitude, les continuels changements

MARABOUT SUR LA ROUTE DE LA KASBAH (1837).
D'après une aquarelle du commandant Le Blant.

de personnes et de systèmes, les mouvements incohérents qui en étaient la conséquence, Oran, Bône, Médéa tour à tour occupées, évacuées, occupées de nouveau, nous firent perdre le bénéfice moral et le prestige de la victoire. Du moment qu'ils doutèrent de notre résolution et de notre force, les indigènes ne pensèrent plus à se soumettre. Les résistances s'organisèrent et devinrent bientôt formidables.

Bourmont, ministre de la guerre du cabinet qui avait fait les ordonnances de Juillet, un des plus en vue et des plus impopulaires entre les partisans de la dynastie déchue, n'avait pas été conservé dans son commandement. Clauzel, qui le remplaça à la tête de l'armée d'Afrique, n'était pas seulement un brillant soldat : il sut voir le premier l'avenir qui attendait l'Algérie, si l'on s'appliquait à la coloniser en même temps qu'à la conquérir. Pour simplifier la tâche en la proportionnant aux moyens restreints dont il disposait, il imagina d'installer dans les deux provinces de Constantine et d'Oran des princes tunisiens, qui auraient été nos vassaux et nos tributaires. Libre de tout souci à l'Est et à l'Ouest, la France aurait concentré son action directe sur les provinces du milieu, Alger et Titteri. C'était déjà l'idée du protectorat, qui devait être plus tard si heureusement reprise en Tunisie.

Clauzel fut désavoué et rappelé. Sauf un seul, Voirol, qui commanda à titre intérimaire, les successeurs qui lui furent donnés firent preuve d'une égale médiocrité. Quand on se décida, en 1835, à le renvoyer en Algérie comme gouverneur général, l'occupation avait pris un caractère à peu près définitif, une organisation avait été ébauchée, mais de lourdes fautes avaient arrêté les progrès de la conquête. Notre situation politique était moins bonne qu'au lendemain de la prise d'Alger. A l'Est, le bey Ahmed s'était déclaré contre la France et la bravait audacieusement dans sa forte ville de Constantine. Dans l'Ouest, du chaos anarchique que nous n'avions pas su dominer, une puissance nouvelle avait surgi, celle du jeune émir Abd-el-Kader. Après l'avoir follement aidé à grandir, on avait essayé de lui tenir tête, mais en lui opposant des forces insuffisantes, et il venait de nous infliger une défaite, presque un désastre, au combat de la Macta. Il se posait en sultan de l'Algérie, faisait reconnaître son autorité depuis la frontière du Maroc jusqu'à Médéa. Aux portes mêmes d'Alger, dans la Mitidja, la petite tribu des Hadjoutes nous mettait en échec.

Clauzel agit avec sa vigueur accoutumée. Il attaqua d'abord Abd-el-Kader, lui brûla sa ville de Mascara, secourut contre lui ses ennemis les Coulourlis[1] qu'il assiégeait dans Tlemcen. Mais il eut le tort de le croire plus affaibli qu'il n'était réellement. Au lieu de porter sur ce dangereux adversaire tout l'effort de ses armes, il l'abandonna pour se tourner contre Ahmed. Au

MARÉCHAL COMTE DE BOURMONT.

mois de novembre 1836, une petite armée de 8,000 hommes partit de Bône, et, après huit jours d'une marche pénible sous la pluie et la neige, arriva devant Constantine. De faux rapports avaient persuadé au maréchal qu'un parti nombreux était prêt à la soumission; une simple démonstration militaire devait lui livrer la ville. Il se trouva en présence d'une forteresse

1. On appelait Coulourlis les descendants des Turcs mariés à des femmes du pays.

presque inaccessible, solidement défendue et décidée à la plus énergique résistance. Il n'avait amené ni grosse artillerie, ni approvisionnements de munitions et de vivres ; rien n'était préparé pour un siège en règle. Il essaya d'un coup de main qui échoua et donna l'ordre de la retraite. Elle eût pu être désastreuse, mais Changarnier, avec son bataillon du 2⁰ léger, rabattit l'audace des cavaliers arabes lancés à la poursuite ;

RETRAITE DE CONSTANTINE. (D'après Raffet.)
Le 2ᵉ léger, commandé par le chef de bataillon Changarnier, soutient le choc des Arabes, les refoule par son feu, et protège ainsi le mouvement de retraite (24 novembre 1836).

la fermeté de Clauzel ranima les courages. On rentra en bon ordre à Bône. « Il était plus difficile de ramener l'armée que de prendre Constantine, » disait le général Pelet.

Clauzel, déjà mal en cour, fut relevé de son commandement. Il quittait pour jamais l'Algérie. Damrémont, qui lui succéda comme gouverneur, s'occupa de venger l'échec de Constantine, pendant que, dans l'Ouest, le général Bugeaud faisait face à Abd-el-Kader. La tentative manquée en 1836 fut renouvelée l'année suivante, mais avec une notion plus exacte des difficultés et des moyens autrement puissants. Des batteries de siège furent installées sur les plateaux du Mansourah et du Coudiat Aty. Une brèche était déjà ouverte dans l'enceinte quand le gouverneur, en visitant la tranchée, fut tué par un boulet. Le général d'artillerie Valée prit aussitôt le comman-

Prise de Constantine.
(D'après le tableau d'H. Vernet. — Musée de Versailles.)

dement, et le lendemain, 13 octobre, les colonnes d'assaut s'élancèrent dans la ville. La garnison turque ou kabyle et les habitants opposèrent une résistance acharnée. Il fallut emporter une à une les rues barricadées, les maisons crénelées. Lamoricière, entré le premier à la tête de ses zouaves, est renversé par l'explosion d'un magasin à poudre; on l'emporte sanglant, brûlé, aveuglé. Le colonel Combes, avec deux blessures dont chacune est mortelle, redescend de la brèche pour rendre compte des progrès de l'attaque; et, s'adressant au duc de Nemours : « Monseigneur, dit-il, ceux qui ne sont pas blessés mortellement jouiront de ce beau succès. » Ce furent ces dernières paroles. Enfin la défense mollit, les chefs sont tués ou en fuite; au milieu des morts, des mourants, des décombres, le général Rullière reçoit la soumission des notables. Constantine était à nous. Après ce fait d'armes décisif, nous étions solidement installés dans la province de l'Est.

On en avait fini avec Ahmed, mais non point avec Abd-el-Kader. Bugeaud l'avait combattu en 1836 et vaincu à la Sikka. En 1837, il lui accorda au traité de la Tafna des conditions telles qu'eût à peine osé en exiger un vainqueur. La France ne se réservait que quelques villes : Alger avec sa banlieue du Sahel et de la Mitidja, Oran, Arzeu, Mostaganem et Mazagran. Tout le reste, y compris Tlemcen qu'il n'avait jamais pu prendre, était laissé à l'émir. Cet impolitique traité ne terminait rien; il ne réconciliait pas avec nous un ennemi irréconciliable; il augmentait sa puissance en grandissant son prestige; il lui laissait le loisir et les moyens de se fortifier pour une lutte prochaine.

Abd-el-Kader était avant tout un chef religieux. Le *djehad*, la guerre contre l'infidèle, la cause sainte qu'il sommait tous les musulmans de venir défendre sous son drapeau, était comme sa raison d'être. Il ne pouvait y renoncer sans descendre au rang de ses rivaux. L'ambition l'y poussait aussi bien que le fanatisme. Dans cette âme exaltée de croyant, il y avait place pour les rêves de grandeur et pour les calculs de la politique. Pendant qu'il abusait la France de l'espoir d'une paix durable, il préparait tout en vue d'une rupture, que son seul intérêt l'empêchait de vouloir immédiate. Il accablait ou réduisait ses adversaires indigènes. Il organisait les tribus soumises, les groupait sous des chefs fidèles, s'assurait des revenus, dressait des troupes régulières, créait des poudreries, une fabrique d'armes, une fonderie de canons, construisait ou réparait des places fortes. De stature moyenne, avec ces formes élégantes et robustes, cette allure dégagée et pourtant majestueuse de l'aristocrate arabe, le teint pâle, l'œil ardent, les traits fins, l'air grave et fier, cavalier intrépide, soldat brillant, orateur éloquent, savant dans la sainte doctrine, il semblait réaliser le type idéal du prince musulman. Sa réputation de sainteté, ses grandes manières, la réelle supériorité de ses talents, l'emploi combiné de la persuasion, de la violence et de la ruse lui avaient conquis en peu de temps un prodigieux ascendant sur les masses indigènes. Il inspirait à beaucoup un dévouement passionné, aux autres la crainte, à tous le respect. Jusque dans les rangs français, il trouvait des admi-

ABD-EL-KADER.

rateurs et presque des partisans. Il ne dédaignait pas de cultiver cet engouement, il s'en servait pour disposer l'opinion en sa faveur et pour entretenir le gouvernement dans la sécurité d'un optimisme trompeur.

La paix de la Tafna ne dura guère plus de deux ans. Abd-el-Kader, interprétant à sa façon les termes assez ambigus du traité, prétendait nous interdire de nous avancer à l'est de la Mitidja et de communiquer par terre entre Alger et Constantine. Le maréchal Valée, pour trancher la difficulté, se mit avec le duc d'Orléans à la tête d'une forte colonne qui alla de Constantine à Alger en passant par le défilé des Portes de Fer. Ce fut le signal de la rupture. De tous côtés, à l'appel de l'émir, les Arabes reprirent les armes. La Mitidja fut envahie, les fermes brûlées, les colons massacrés; Alger parut un instant menacée. L'ennemi fut bientôt refoulé et contenu. Mais malgré de brillants épisodes, comme la prise du col de Mouzaïa et la fameuse défense de Mazagran, nous n'obtenions pas de résultats décisifs. Les garnisons que nous mettions dans les places étaient aussitôt bloquées; il fallait de véritables campagnes rien que pour les ravitailler. Tout changea en 1841, quand Bugeaud eut été nommé gouverneur. Dès

MARÉCHAL BUGEAUD.

qu'il avait paru en Afrique, il s'y était signalé comme un vigoureux soldat. On pouvait à juste titre lui reprocher le traité de la Tafna, mais il était homme à réparer ses propres fautes aussi bien que celles d'autrui. Ses idées sur l'Algérie s'étaient d'ailleurs modifiées. Il revenait convaincu que la conquête était nécessaire et la colonisation praticable. Il possédait au plus haut degré les dons essentiels du commandement : un esprit net, une volonté ferme, une constitution robuste. Sa confiance en lui-même était une force de plus; elle était justifiée par ses éminentes qualités militaires, et il savait la faire partager aux officiers et aux soldats placés sous ses ordres comme au gouvernement de qui il dépendait. On ne lui mesura pas les moyens; il disposa toujours au moins de 100,000 hommes. Il les employa en hommes de guerre de premier ordre, avec une sûreté de coup d'œil, une vigueur d'exécution incomparables.

Au lieu d'attendre les attaques d'Abd-el-Kader, il prit l'offensive, lui enleva ses places, lui détruisit ses troupes régulières, lança à sa poursuite des colonnes légères, aussi alertes que les Arabes eux-mêmes. Bien secondé par des lieutenants tels que Lamoricière, Changarnier, Bedeau, Cavaignac, Duvivier, Aumale, Négrier, il s'enfonçait dans l'intérieur du pays, montrant partout aux indigènes les armes françaises victorieuses, pesant sur les tribus pour les obliger à faire leur soumission. Abd-el-Kader ne se montrait pas indigne d'un tel adversaire; toujours vaincu, jamais réduit, il se dérobait, reparaissait du côté où on l'attendait le moins, réveillait sur ses pas l'insurrection éteinte et semblait insaisissable. Tandis

LE GÉNÉRAL LAMORICIÈRE.

qu'il tenait la campagne avec une poignée de cavaliers fidèles, il abritait bien loin dans le sud sa smala, où étaient sa famille, ses troupeaux et une multitude d'émigrants de toutes les tribus attachées à sa fortune. Au mois d'avril 1843, le duc d'Aumale la surprit près de Taguin. C'était comme une ville ambulante où campaient 60,000 personnes, dont 5,000 combattants. Le jeune prince n'avait avec lui que sa cavalerie : 600 sabres, spahis et chasseurs. Attendre les renforts, c'était donner à l'ennemi le temps de prendre l'éveil. Mieux valait risquer un coup d'audace que de laisser échapper la proie. Aumale au centre, les colonels Yusuf et Morris aux ailes chargent en même temps. Les hommes sont perdus, noyés dans la panique des femmes, des enfants, des troupeaux; la surprise et la confusion rendent toute défense impossible. Tout ce que le petit nombre des Français leur permettait de prendre, un immense butin, 3,000 prisonniers restèrent entre leurs mains.

CHANGARNIER.

La prise de la smala portait un coup terrible au prestige de l'émir. Un combat malheureux qui coûta la vie à son meilleur lieutenant Ben-Allal acheva de l'accabler. L'Algérie n'était plus tenable pour lui. Il passa au Maroc, moins pour y chercher un refuge que dans l'espoir d'entraîner contre la France le khalife Abd-er-Rahman. Celui-ci hésitait. Ses sujets, fanatisés par les prédications des derviches, lui forcèrent la main. Le gouvernement marocain se plaignait d'une prétendue violation de territoire ; des pourparlers engagés entre les généraux français et ses envoyés furent interrompus par une brutale agression de ses soldats. Bugeaud prit aussitôt l'offensive ; il occupa la ville d'Ouchda.

Le 14 août 1844, sur les bords de l'oued Isly, il se trouva en présence de toutes les forces marocaines, à la tête desquelles était venu se placer le fils de l'empereur, et qui comptaient au moins 40,000 hommes, dont moitié de cavalerie. Bugeaud forma son infanterie en losange avançant par un de ses angles, chaque face composée de petits carrés forts chacun d'un bataillon ; la cavalerie était à l'intérieur du grand losange. Dans cet ordre de bataille,

DUVIVIER.

on franchit l'Isly pour marcher droit au camp ennemi qu'on aperçoit sur une éminence. L'innombrable cavalerie marocaine se déploie au galop pour nous envelopper ; elle est reçue par une fusillade meurtrière, refoulée, coupée en deux tronçons. Nos escadrons chargent à leur tour, le camp est atteint et enlevé. Quatre heures ont suffi à la petite armée française, forte de 11,000 hommes, pour balayer cette cohue.

Pendant ce temps, l'escadre du prince de Joinville bombardait les ports de Tanger et de Mogador. Le Maroc demanda la paix. Par une injustifiable faiblesse, le traité de Tanger ne stipula aucune indemnité de guerre, n'exigea pas la remise ou l'expulsion d'Abd-el-Kader. La question des frontières réglée par une délimitation ultérieure le fut à notre désavantage, en abandonnant la limite historique de la Molouïa et la route du Touat par l'Oued-Guir. Jamais vainqueur n'avait moins profité de sa victoire.

Le duc d'Aumale (1843).

Abd-el-Kader, resté libre de ses mouvements, attendit en toute sécurité l'occasion de reparaître en Algérie. Il n'eut pas à l'attendre longtemps. Dès 1845, à l'appel du chérif Bou-Maza, « l'homme à la chèvre », une insurrection éclatait dans la région montagneuse du Dahra, entre Mostaganem et Ténès, et s'étendait au sud du Chélif jusque dans le massif de l'Ouaransenis. Abd-el-Kader accourut.

Tout près de la frontière, il écrasa la petite colonne de Montaignac ; une compagnie des chasseurs d'Orléans, cernée dans le marabout de Sidi-Brahim, refusa héroïquement de se rendre ; après une résistance de trois jours, sans vivres, à bout de munitions, les survivants se frayèrent un chemin au milieu des masses ennemies. 413 hommes étaient sortis de Nemours avec Montaignac, 12 y rentrèrent, le reste était tué ou pris. Quelques jours après, un détachement de 200 hommes

Bataille d'Isly (14 août 1844). — D'après une lithographie de F. Bastin.

mettait bas les armes près de Miserghin, aux portes d'Oran.

Ce furent les derniers succès d'Abd-el-Kader. Chassé du Tell, vivement poursuivi dans le Sud, mal accueilli par les Kabyles qu'il essayait en vain d'entraîner dans son parti, il lui fallut se rejeter au Maroc. Bou-Maza, traqué de son côté, se rendit au colonel Saint-Arnaud. L'émir fugitif se trouva bientôt en butte aux hostilités de ses anciens alliés, qui ne voyaient plus en lui qu'un hôte incommode et dangereux. Battu par les Marocains, acculé à la frontière, il tenta de rentrer en Algérie pour s'échapper vers le Sud. Mais tous les passages étaient gardés. Sa constance était à bout. Pour la première fois, il désespéra de lui-même et de sa cause. Il offrit de se rendre, à condition qu'on lui permît de se retirer avec sa famille en terre musulmane, à Saint-Jean-d'Acre ou à Alexandrie. Il se remit aux mains du colonel Montauban, qui le conduisit à Lamoricière, puis au duc d'Aumale, nommé tout récemment gouverneur après la démission de Bugeaud (décembre 1847). Les deux grands antagonistes disparaissaient presque en même temps de la scène. Ni l'un ni l'autre ne devait plus revoir l'Algérie.

Les grandes guerres d'Afrique étaient finies. Désormais il n'y eut plus à combattre que pour affermir la conquête en l'étendant au Sahara et à la Kabylie, ou pour la défendre contre des insurrections de moins en moins redoutables. Dans le Sud, nos soldats avaient paru à Laghouat et à Biskra, les oasis des Ziban avaient fait leur soumission. Celle de Zaatcha, près de Biskra, se révolta en 1849, à l'instigation d'un ancien cheikh d'Abd-el-Kader, le marabout Bou-Zian. Pour réduire cette bourgade saharienne, il fallut un siège en règle et un assaut meurtrier de trois jours dans lequel Canrobert, alors colonel, se couvrit de gloire. Il ne resta rien de Zaatcha, mais sa résistance nous avait coûté 1,500 hommes. En 1852, Pélissier entra par la brèche dans Laghouat, qui avait fait défection, et qui fut occupé désormais par une garnison permanente. Notre allié Si-Hamza, chef des Ouled-Sidi-Cheikh,

Alger en 1845. — Place du Gouvernement.

alla battre dans l'extrême Sud le chérif Mohammed-ben-Abdallah et s'empara de Ouargla. Le général Desvaux pénétra jusqu'à Tuggurt et soumit les oasis de l'Oued Rir et de l'Oued Souf, sur les confins du Sahara tunisien.

Les Kabyles, retranchés dans leurs âpres montagnes, avaient conservé à travers les siècles leur langue et leurs coutumes berbères. Ils avaient échappé à la conquête arabe, ils n'avaient jamais accepté la domination turque. Après 1830, ils bataillèrent souvent contre nos garnisons de Bougie, de Djidjelli, de Collo, mais en évitant toujours de s'engager à fond avec Abd-el-Kader. Bugeaud aurait voulu les réduire. Il n'eut le temps que de leur imposer une soumission incomplète, à laquelle ils étaient impatients de se soustraire. Tous les agitateurs qui se montrèrent chez eux les trouvèrent prêts à les suivre ; de 1848 à 1857 il fallut, presque chaque année, faire une campagne de Kabylie. Le maréchal Randon, alors gouverneur, résolut d'en finir. 35,000 hommes cernèrent le Djurjura. La remuante tribu des Beni-Iraten, attaquée la première, fut accablée ; la division Mac-Mahon enleva d'assaut le village fortifié d'Icheriden. Battus dans toutes les rencontres, les Kabyles posèrent enfin les armes. Ils conservèrent avec leurs coutumes et leurs institutions traditionnelles une sorte d'autonomie intérieure, mais des routes militaires furent ouvertes à travers leurs montagnes ; au cœur du pays, chez les Beni-Iraten, s'éleva la forteresse de Fort-Napoléon.

La puissante famille des Ouled-Sidi-Cheikh, dont la clientèle religieuse s'étendait sur une grande partie du Sahara, nous avait longtemps assuré la tranquillité du Sud-Ouest. Mais son chef, Si-Hamza, qui avait longuement servi la France, eut pour successeur un jeune homme ombrageux et hautain, dont on ne sut peut-être pas assez ménager le vindicatif orgueil. Au printemps de 1864, on apprit coup sur coup la défection des Ouled-Sidi-Cheikh, le désastre du colonel Beauprêtre, massacré avec une centaine d'hommes, non sans avoir vendu chèrement sa vie, et, dans le Tell même, l'insurrection de la belliqueuse tribu des Flittas. Le gouverneur Pélissier mourut sous le coup de ces mauvaises nouvelles ; l'Algérie était dégarnie de troupes, l'élite de ses officiers et de ses soldats combattait au Mexique ; les rebelles avaient bien pris leur temps. Néanmoins, la première surprise passée, on agit avec vigueur, surtout dans le Tell ; les Flittas, découragés par la mort de leur marabout Si-Lazreg, ne tardèrent pas à poser les armes. On n'eut pas aussi facilement raison des gens du Sud. Pendant plusieurs années, ils continuèrent une guerre de razzias et de coups de main où l'avantage ne fut pas toujours de notre côté. Pour obtenir une pacification, il fallut la

CANROBERT.

campagne de l'Oued-Guir, en 1870, dans laquelle le général de Wimpffen poursuivit les Ouled-Sidi-Cheikh sur le territoire de leurs alliés, les Sahariens du Maroc, et contraignit ceux-ci à promettre au moins leur neutralité.

La colonisation avait commencé presque en même temps que la conquête. Clauzel en avait encouragé les premiers débuts. Bugeaud, qui se déclarait colonisateur ardent, multiplia les créations de villes et de villages, son administration n'épargna rien pour attirer les immigrants français ou même étrangers. Il laissait expérimenter tous les systèmes, mais il en avait un à lui qu'il aurait voulu faire prévaloir. Ce fut l'échec de ses projets de colonisation militaire, repoussés par la Chambre après un rapport de Tocqueville, qui le décida à se retirer. Après la révolution de 1848, une somme de 50 millions fut affectée à l'installation en Algérie des ouvriers parisiens sans travail. 42 centres nouveaux furent ainsi établis, mais ils eurent quelque peine à prospérer ; on reconnut un peu tard que, pour peupler des villages agricoles, il fallait surtout des agriculteurs. Ni ces tentatives ni celles qui suivirent n'obtinrent un succès complet ; elles ne restèrent pourtant pas infructueuses. L'œuvre de la colonisation progressait, le nombre des centres et des habitants européens, l'étendue des cultures augmentaient d'année en année. On mettait à profit l'expérience acquise. En 1851, un décret inspiré par le gouverneur Randon modifia de la façon la plus heureuse le régime des concessions de terres ; la même année, la loi du 11 juin 1851, qui accordait aux produits algériens l'entrée en franchise dans la métropole, vint donner une impulsion puissante à l'activité agricole et commerciale ; d'un élan les exportations doublèrent. En 1861, la population civile européenne dépassait le chiffre de 200,000.

La présence de cette population complétait la prise de possession du pays. Elle compliquait singulièrement le problème de l'organisation politique et sociale, plus simple tant qu'on n'avait affaire qu'aux seuls indigènes. On leur avait laissé non seulement leurs coutumes, mais aussi leurs chefs, placés il est vrai sous l'autorité du commandement militaire et surveillés de près par les officiers des affaires arabes. Il fallut créer à l'usage des Européens toute une administration civile ; mais la haute direction politique resta à l'autorité militaire. Généraux et préfets, magistrats et officiers des affaires arabes avaient quelque peine à respecter la limite indécise de leurs attributions. Il devenait déjà difficile de concilier les besoins, les intérêts, les droits des nouveaux habitants et des anciens occupants ; les réserves de terres que possédait le domaine ayant été épuisées par l'abus inconsidéré des grandes concessions, on imagina de les reconstituer par le système du cantonnement. On ne devait laisser à chaque tribu, du territoire dont elle avait eu jusqu'alors la jouissance collective, que la partie reconnue nécessaire à ses besoins ; le surplus, considéré comme disponible, serait affecté à la colonisation.

Cette expropriation partielle qu'on leur préparait inquiéta les indigènes. Elle fut vivement combattue par les bureaux arabes et par les généraux qui s'inspiraient du même esprit.

L'empereur Napoléon III, dans le voyage qu'il fit en Algérie en 1860, fut conquis à leurs idées. Il renonça au ministère spécial de l'Algérie qu'il avait confié au prince Napoléon, puis à M. de Chasseloup-Laubat, pour rétablir un gouvernement militaire. Il proclama hautement que l'Algérie « n'était pas une colonie proprement dite, mais un royaume arabe ». Le sénatus-consulte de 1863 déclara les tribus indigènes propriétaires de toutes les terres sur lesquelles elles avaient un droit d'habitation et de parcours. Il fut un moment question de liquider la colonisation ; on se contenta d'en arrêter le développement. De 1850 à 1860, il avait été créé 85 centres avec 15,000 habitants ; de 1860 à 1870, on n'installa pas plus de 4,500 colons agricoles.

Mgr Lavigerie.

C'était en invoquant l'intérêt des indigènes que le parti du royaume arabe avait triomphé. L'affreuse famine de 1867, dans laquelle ils périrent par centaines de mille, souleva contre lui l'opinion. L'archevêque d'Alger, Mgr Lavigerie, dans une lettre émouvante où il sollicitait des secours, révéla à la France les horreurs du fléau. Il en rendit hautement responsable l'administration des bureaux arabes, qu'il accusait de

LE PORT D'ALGER.

s'être opposée à tout rapprochement entre les indigènes et les colons. L'enquête agricole dirigée en 1868 par le comte Le Hon ne fut pas moins défavorable au régime militaire. Au mois de mars 1870, un ordre du jour voté à l'unanimité par le Corps législatif déclarait « que, dans l'état actuel des choses en Algérie, l'avènement du régime civil lui paraissait concilier les intérêts des Européens et des indigènes ». Déjà les préfets des trois départements algériens avaient été affranchis de toute subordination à l'égard des généraux commandant les divisions ; après les conseils municipaux, les conseils généraux devenaient électifs. D'autres réformes plus importantes étaient sur le point d'aboutir, quand la catastrophe de 1870 emporta le régime impérial.

CHAPITRE II

FAIDHERBE AU SÉNÉGAL[1]

Le Sénégal et ses habitants. — Coup d'œil historique. — Faidherbe gouverneur. — Luttes contre les Maures. — El-Hadj-Omar. — Siège de Médine. — Les rivières du Sud. — Affaires du Cayor. — L'œuvre de Faidherbe. — Les explorations. Voyage de Mage et Quintin.

Le Sénégal touche au Sahara au nord, à l'Atlantique à l'ouest, à la Guinée au sud, au Soudan à l'est et au sud-est. Ce n'est plus le désert avec ses étendues arides faites pour le parcours et la vie nomade ; ce n'est pas encore l'Afrique tropicale aux exubérantes végétations ; l'air est plus sec, le sol plus maigre, les arbres, roniers, gonakés, fromagers, baobabs, ne se montrent guère en peuplements serrés, on rencontre la brousse plus souvent que la forêt ; mais les cultures verdissent autour des villages, les récoltes de mil, de maïs, d'arachides nourrissent des populations sédentaires. La saison sèche occupe les deux tiers de l'année, de novembre en juillet; la température est alors élevée, mais tolérable quand le vent du désert ne prend pas le dessus sur les brises maritimes. Les quatre mois de l'hivernage amènent des chaleurs accablantes et malsaines; l'atmosphère est chargée d'électricité ou saturée d'humidité ; des pluies torrentielles gonflent les rivières qui débordent et s'étalent par nappes marécageuses riches en miasmes paludéens.

Le long du fleuve qui a donné son nom au pays et qui en

---

1. OUVRAGES A CONSULTER : *Annales sénégalaises de 1854 à 1885*; Paris, 1885. — Faidherbe, *le Sénégal, la France dans l'Afrique occidentale* ; Paris, 1889. — Ancelle, *Explorations au Sénégal* ; Paris, 1886. — Mage, *Voyage dans le Soudan occidental* ; Paris, 1868. — *Annuaire du Sénégal et dépendances* ; Saint-Louis, 1857-1870. — Archinard, *le Sénégal et le Soudan français* dans la *France coloniale* de Rambaud; Paris, 1893.

forme le grand trait géographique, se succèdent : à droite, les territoires des Maures, puis le Kaarta ; à gauche, les contrées du Oualo, du Dimar, du Toro, du Fouta, du Bondou, du Bambouk. Au sud de Saint-Louis, entre l'embouchure du Sénégal et celle de la Gambie, le Cayor, le Baol, le Sin, le Saloum bordent le littoral et s'adossent aux provinces intérieures du Djolof et du Ferlo. Au delà de la Gambie, les rivières du Sud, les unes françaises, les autres anglaises ou portugaises, descendent, comme la Gambie et le Sénégal eux-mêmes, du haut pays de Fouta-Djalon.

Les Maures du Sénégal : Trarza, Brakna, Douaïch, Ouled-Embarek, formés d'un mélange de Berbères, d'Arabes et de noirs, sont des nomades belliqueux et avides, vivant de l'élève du bétail et du commerce, plus volontiers du pillage à main armée. En face des Trarza et des Brakna, sur la rive gauche du bas Sénégal, sont répandus des peuples noirs, Ouolofs, Sérères, doués d'une complexion robuste, d'un naturel facile, capables de s'arracher à leur indolence native pour devenir des auxiliaires intelligents et dévoués. D'autres populations noires, les races mandingues, auxquelles se rattachent les belliqueux Bambaras, les Malinkés laboureurs et guerriers, les Soninkés commerçants d'humeur assez pacifique, bordent les rives du haut Sénégal et s'étendent jusqu'au Niger. Entre ces deux groupes s'insèrent les Peuls, au teint brun rougeâtre, à la chevelure à peine laineuse, à la physionomie presque européenne, et les Toucouleurs issus des croisements des Peuls et de leurs voisins noirs. En dehors du Sénégal, les Peuls et les Toucouleurs dominent dans le Fouta-Djalon et dans les pays du haut Niger. On retrouve encore des Mandingues à l'intérieur du Soudan, dans les pays de la boucle du Niger et, près de la côte, dans les rivières du Sud. Les Maures, les Peuls, les Toucouleurs sont depuis longtemps musulmans ; un grand nombre de noirs sont demeurés fétichistes, mais ils se laissent gagner de plus en plus par la propagande islamique.

Le Sénégal n'est pas une acquisition nouvelle : c'est au contraire la plus ancienne de nos colonies. Dès le xve siècle, ses côtes étaient visitées par les marins normands et basques. Plus tard, des établissements s'y formèrent et furent concédés avec le monopole du commerce à des compagnies privilégiées. Ce fut seulement en 1782 qu'il y eut pour la première fois un gouverneur royal. Conquis par les Anglais en 1809, le Sénégal nous fut restitué au traité de Paris. La reprise de possession fut tristement inaugurée par la catastrophe de la *Méduse*.

La colonie qui nous était rendue ne se composait que de deux centres : Saint-Louis, à l'embouchure du Sénégal, et l'île de Gorée, en face du cap Vert, avec quelques escales de traite ou postes fortifiés le long du fleuve et sur la côte. Saint-Louis, bâtie dans un îlot de sable au milieu du fleuve, n'était qu'une réunion de cases indigènes en paille et de baraques en bois ; elle n'avait ni rues, ni quais, ni ponts pour communiquer avec les deux rives ; on y manquait de tout, même d'eau potable.

L'interdiction de la traite des noirs, qui avait été autrefois le principal élément du commerce, ne laissait plus comme unique ressource que les gommes, qu'on achetait aux Maures de la rive droite pour les exporter en Europe. On essaya d'en créer d'autres. On fit des plantations de cotonniers, des cultures d'indigo. Cette tentative de colonisation agricole coûta cher et ne donna que des résultats insignifiants. On y avait déjà renoncé quand, en 1848, l'émancipation des esclaves, en modifiant d'une façon soudaine les conditions du travail, vint encore ajouter à la gravité de la crise.

Les circonstances économiques étaient pour quelque chose dans l'état de langueur où se traînait la colonie. Mais le mal venait surtout de la politique de faiblesse et d'effacement qu'on y avait presque toujours pratiquée. Elle ne pouvait prospérer que par le commerce, mais le commerce a besoin pour vivre de sécurité et d'espace pour grandir. S'il se fait dans des pays troublés par le brigandage ou dépeuplés par la guerre, qui ne lui demandent rien parce qu'ils n'ont rien à lui offrir, il s'éteint faute d'aliment. De tous les anciens gouverneurs, un seul, André Brue, avait compris que le Sénégal devait devenir autre chose qu'une escale de traite. Il s'était étudié à inspirer aux indigènes le respect en même temps que la confiance ; il avait négocié, exploré, combattu, s'efforçant d'établir de proche en proche des relations d'affaires et d'amitié jusque dans le haut pays. Mais après lui ses projets de pénétration furent délaissés et encore plus oubliés ; le commerce retomba dans ses routines traditionnelles, la France n'exerça aucune action sur les indigènes. Bien loin d'accepter son autorité, ceux-ci regardaient nos négociants et nos agents comme leurs tributaires. Tous les ans, un petit chef noir de l'île de Sor venait, en affectant des airs de suzerain, se faire payer le loyer du terrain sur lequel était bâtie la ville de Saint-Louis. La traite des gommes était livrée à la discrétion des roitelets maures, qui s'arrogeaient le droit d'autoriser ou d'interdire les transactions, de les frapper de redevances en nature, appelées coutumes. La rapacité de ces barbares n'avait d'égale que leur insolence. Le roi des Trarza annonçait qu'à la première rupture avec les blancs il viendrait faire son salam dans l'église de Saint-Louis. Les

OUOLOFS.

Maures, les Ouolofs, les Toucouleurs, tout en se pillant réciproquement, ne respectaient pas davantage la personne et les biens des Français, et leurs brigandages se renouvelaient toujours parce qu'ils demeuraient toujours impunis.

En 1854, les plaintes des négociants de Saint-Louis et des maisons de Bordeaux qui avaient des intérêts dans la colonie furent enfin entendues. Ils demandaient que le commerce français fût affranchi des exactions que lui imposaient les Maures ; ils réclamaient une politique plus ferme, plus digne de la France et, pour l'appliquer avec suite, un commandement durable. Depuis 1817, trente et un gouverneurs ou administrateurs intérimaires s'étaient succédé au Sénégal. Il en fallait un qui demeurât, qui eût le temps, après avoir étudié le pays, d'arrêter un plan et d'en mener jusqu'au bout l'exécution. Les habitants de Saint-Louis dési-

FEMME OUOLOF DE LA CASAMANCE.
(D'après une photographie du musée des Colonies.)

gnèrent eux-mêmes un homme qu'ils appréciaient pour l'avoir vu à l'œuvre. Mais le directeur du génie Faidherbe n'était que capitaine, et l'administration d'une colonie n'était confiée qu'à des officiers supérieurs de la marine ou de l'armée. Le gouvernement, éclairé sur les mérites du candidat qu'on lui proposait, eut la sagesse de ne pas s'arrêter à une pareille difficulté. Le ministre de la guerre éleva le capitaine Faidherbe au grade de chef de bataillon, et le ministre de la marine nomma le chef de bataillon Faidherbe gouverneur du Sénégal.

Le choix ne pouvait se fixer sur un plus digne. Il trouvait Faidherbe tout préparé. Il avait déjà servi six ans en Algérie, deux ans aux Antilles, deux ans au Sénégal. Son expérience des choses coloniales était le fruit d'une longue pratique, éclairée par de patientes études. Dans la force de l'âge, en pleine possession de ses moyens physiques et de ses belles facultés, il allait apporter dans son commandement, avec l'ampleur de vues du penseur et les fécondes curiosités du savant, les qualités maîtresses de l'organisateur et de l'homme de guerre, la force de travail, l'activité réglée, le jugement sûr, la décision prompte, la calme intrépidité. Pour ses prédécesseurs, le Sénégal n'avait été qu'un lieu de passage. Il y resta onze ans : de 1852 à 1861, puis de 1863 à 1865. Général à quarante-cinq ans, il y conquit un avancement rapide, juste récompense de ses brillants services. Mais, par une dépense inouïe d'activité physique et intellectuelle, il y usa, sinon son énergie qui était invincible, au moins sa santé et ses forces. En 1870, à cinquante-deux ans, il avait l'apparence d'un vieillard, et ce ne fut que par des prodiges d'héroïque volonté qu'il parvint à supporter les fatigues de la rude campagne de France. Après ce suprême effort, tout rôle actif lui fut désormais interdit. Le glorieux général de l'armée du Nord passa ses dernières années dans un fauteuil de paralytique. Mais l'œuvre à laquelle il avait dévoué sa vie était accomplie. Il avait fait du Sénégal une colonie prospère devant laquelle s'ouvraient les perspectives d'une extension presque indéfinie dans les profondeurs du continent africain.

Les instructions données au nouveau gouverneur étaient très fermes, mais les moyens d'exécution fort restreints. Trois bataillons d'infanterie, dont deux indigènes, un escadron de spahis français et noirs, deux batteries d'artillerie, telles furent les forces dont il disposa pour faire face à des adversaires médiocrement armés et exercés, mais nombreux et braves, pour conduire contre eux coup sur coup, et sans reprendre haleine, tantôt dans les déserts sans eau du pays maure, tantôt parmi les forêts inexplorées des rivières du Sud ou sur les rives lointaines du Haut-Fleuve, malgré le climat, le manque de routes, l'énormité des distances, des campagnes où il fallait vaincre chaque jour sous peine de périr.

Les ennemis les plus incommodes, sinon les plus redoutables, c'étaient les Maures Trarza. Non contents de tenir le Bas-Fleuve et d'y rançonner nos commerçants, ils passaient chaque année sur la rive gauche pour ravager les pays ouolofs, auxquels une crainte séculaire enlevait toute velléité de résistance. Ils faisaient ainsi le désert autour de Saint-Louis. Leur roi, Mohammed-Habib, fut sommé de renoncer aux escales et aux coutumes, d'abandonner ses prétentions sur le Oualo, de cesser ses brigandages dans le pays ouolof : « J'ai reçu tes conditions, écrivit-il à Faidherbe, voici les miennes : augmentation des coutumes des Trarza, des Brakna et du Oualo, destruction immédiate de tous les forts bâtis par les Français, défense à tout bâtiment de guerre d'entrer dans le fleuve, établissement de coutumes nouvelles pour prendre de l'eau et du bois à Guet-N'Dar et à Bop-N'kior (aux portes mêmes de Saint-Louis); enfin, préalablement à tout pourparler, le gouverneur Faidherbe sera renvoyé ignominieusement en France. »

FAIDHERBE.

Les hostilités étaient déjà engagées. Une colonne franchit le fleuve et pénétra dans le pays des Trarza, une diversion qu'ils tentèrent sur Saint-Louis fut repoussée à la tour de Leybar, où une petite garnison de treize hommes arrêta toutes leurs forces. Sans perdre son temps à poursuivre les Maures, qui se dérobaient devant lui, Faidherbe leur interdisait les approches du fleuve, surprenait leurs campements, enlevait leurs troupeaux de bœufs dès qu'ils les rapprochaient des pâturages. Chassés du Oualo, ils ne pouvaient plus se refaire en pillant les noirs de la rive droite ; le commerce des gommes était arrêté ; les caravanes qu'ils envoyaient à l'approvisionnement du mil étaient assaillies, non plus seulement par les Français, mais par les Ouolofs et les Peuls. La misère commençait à leur faire sentir rudement ses atteintes.

Mohammed-Habib, plus étonné que découragé, fort de l'alliance de ses voisins les Brakna, qu'il avait réussi à entraîner, prolongea encore la lutte pendant tout le cours des années 1856 et 1857. Les colonnes françaises et nos auxiliaires traversaient le fleuve et opéraient sur le territoire ennemi de rapides razzias. De leur côté, les Maures répondaient par des coups de main contre les villages soumis, les embarcations isolées, les pêcheurs du fleuve ou les bergers de la rive gauche. Ils obtinrent même quelques succès partiels sur nos alliés Ouolofs et Toucouleurs. Mais le 13 mai 1857, par une température de 57° centigrades, une colonne conduite par le gouverneur surprit près du lac Cayar le prince royal Sidi et lui enleva son camp. Un fort parti de Trarza, qui s'était jeté sur la rive gauche, échoua dans une attaque sur le blockhaus de N'der, gardé par deux soldats blancs et sept noirs, puis fut atteint et détruit à Langobé, au moment où il essayait de repasser le fleuve. Les Douaïch, moins engagés que les autres, demandèrent à traiter. Une des plus belliqueuses d'entre les tribus Brakna annonça qu'elle ne voulait plus continuer la guerre et battit complètement les deux rois des Brakna et des Trarza, qui s'étaient réunis pour punir sa défection. Au mois de mai 1858, Mohammed-Habib se décida enfin à faire la paix, et les Brakna suivirent bientôt son exemple.

Les divers traités qui furent alors conclus réglementèrent le commerce des gommes. Il dut désormais se faire exclusivement dans les postes français, moyennant un droit d'environ 3 pour 100 perçu au profit des rois maures, mais par les autorités françaises. C'était l'abolition tant réclamée des escales et des coutumes. La souveraineté ou le protectorat de la France sur les pays de la rive gauche était expressément reconnu par les Trarza. Tous s'engageaient à empêcher les courses de pillage au sud du fleuve, aucun Maure ne devait plus le passer en armes sans l'autorisation du gouverneur. On modifia plus tard et d'un commun accord les dispositions relatives au commerce des gommes, qui fut déclaré libre, une indemnité fixe payée aux rois maures remplaçant le droit proportionnel sur les ventes. Mais la paix ne fut plus jamais troublée. Ni le commerce du fleuve, ni les populations riveraines n'eurent désormais à souffrir des brigandages des Maures.

Un sous-officier Peul.
(D'après une photographie communiquée par le musée des Colonies.)

Tout en menant cette guerre avec une persévérance infatigable qui en assurait le succès, Faidherbe en engageait une autrement grave contre un adversaire infiniment plus dangereux. Les opérations contre les Maures avaient lieu pendant la saison sèche ; dès que les pluies avaient ramené les hautes eaux, on remontait le fleuve pour aller combattre El-Hadj-Omar.

C'était un Toucouleur des environs de Podor qui s'était fait, au retour d'un long pèlerinage à la Mecque, la réputation d'un prophète et d'un saint. Musulman fanatique et non moins ambitieux, il rêvait de convertir, pour les dominer, tous les peuples fétichistes d'entre Niger et Sénégal et d'entre Sénégal et Gambie. Il mettait au service de ses vastes projets beaucoup d'activité, de patience et de ruse. Prêcheur éloquent, mystificateur habile, intrépide au combat, impitoyable après la victoire, il savait éblouir ou terrifier l'imagination de ces peuples enfants. Quelques fusées jetées sur des villages qui lui résistaient suffirent à leur faire croire qu'il disposait de la foudre. Établi depuis 1848 à Dinguiray, sur la frontière du Fouta-Djalon, il menait sans bruit ses préparatifs, échauffant l'enthousiasme des tribus musulmanes qui devaient lui fournir des soldats, dressant auprès de lui une élite de disciples, ses *talibés,* dévoués jusqu'à la mort. En homme prudent, qui ne veut pas se mettre sur les bras trop d'ennemis à la fois, il affecta d'abord de ménager les blancs, déclarant qu'il prêchait la guerre sainte seulement contre les idolâtres. Il fit même demander au gouverneur Protat de lui prêter des canons et des munitions pour combattre les infidèles. Il eût fallu une forte dose de naïveté pour se laisser prendre à cette comédie. Dès le début, il apparaissait clairement que nous serions quelque jour dans l'alternative ou de nous mesurer avec El-Hadj-Omar ou de lui laisser la place.

Lui-même démasqua bientôt ses intentions agressives. Dès 1855, après avoir ensanglanté de ses massacres le Bambouk et le Kaarta, il fit piller tous nos traitants du haut fleuve. Dans des lettres impérieuses, il sommait nos sujets musulmans de séparer leur cause de celle des Français : « Dieu vous défend de vous réunir à eux ; il vous a déclaré que celui qui se réunira à eux est un infidèle comme eux, en disant : Vous ne vivrez pas pêle-mêle avec les juifs et les chrétiens ; celui qui le fera est lui-même un juif ou un chrétien. » Il avait des partisans jusque dans Saint-Louis. Il tenait prête vers les frontières du Bambouk une armée de 12,000 hommes, Peuls, Toucouleurs, Bambaras, Mandingues. L'agitation se communiquait de proche en proche ; les villages toucouleurs du Fouta recevaient à coups de fusil le vapeur le *Serpent*, sur lequel le gouverneur remontait jusqu'à Bakel.

Faidherbe comprit que « notre cause était perdue, si nous ne cherchions pas à arrêter court les progrès du prophète, et si nous attendions qu'il

MUSULMAN TOUCOULEUR.

fût maître du haut fleuve pour lui résister dans le bas ». Au mois de septembre, toute une petite flottille remonta le Sénégal. Arrivée à Kayes, en aval des cataractes de Félou et à plus de 1,000 kilomètres de Saint-Louis, elle mit à terre 400 hommes de troupes, 600 volontaires noirs, 100 ouvriers du génie et 150 laptots armés, avec des matériaux et des approvisionnements. Le roi de Médine, Sambala, céda par traité un morceau de terrain, et l'on commença sans plus attendre la construction d'un fort. Malgré les chaleurs écrasantes de l'hivernage, les travaux furent achevés en vingt jours. C'en fut assez pour rendre cœur aux ennemis d'Hadj-Omar. Pendant toute l'année 1856, aidés par nos postes et nos chaloupes armées, ils tinrent tête à ses lieutenants dans la région comprise entre Bakel et Médine.

Hadj-Omar était dans le Kaarta. Au commencement de 1857, une vive agitation sur toute la rive gauche, des défections, des révoltes contre les chefs attachés à la France annoncèrent son approche. Tous ceux qui redoutaient ses vengeances et les excès habituels de ses hordes se réfugièrent à Médine. 6,000 personnes, pour la plupart des hommes sans armes, des femmes ou des enfants, s'entassèrent dans le fort et dans le tata[1] de Sambala. Un mulâtre de Saint-Louis, Paul Holl, commandait la petite garnison, composée de huit soldats blancs et de quarante noirs.

Le 19 avril, une femme évadée du camp hadjiste annonça que Médine allait être attaquée. L'ennemi parut le lendemain, et tout aussitôt, formé en trois colonnes, il se jeta à la fois sur le fort et sur le village. Malgré les trouées sanglantes que faisaient dans ses rangs la mitraille et la fusillade, il s'avança jusqu'au pied des murailles et dressa pour l'escalade ses échelles de bambou. Il fallut lui tuer 600 hommes pour le faire reculer. Le 11 mai, nouvelle attaque ; cette fois les assaillants ont surpris un îlot du fleuve, placé en face de Médine, à 150 mètres seulement. Le fort est menacé de front et de revers. Le sergent Desplat, avec trois laptots et huit hommes de Sambala, s'embarque sur un canot garni de bastingages en peaux de bœuf, contourne l'île et met les Toucouleurs entre son feu et celui de la place. Bientôt la position n'est plus tenable pour eux, ils s'échappent à la nage, après avoir perdu plus de cent des leurs. Rebutés par ce double échec, déçus dans l'attente du miracle toujours promis qui doit leur donner la victoire, les soldats d'El-Hadj ne veulent plus remonter à

---

1. On appelle ainsi, dans le Sénégal et le Soudan, un village fortifié.

l'assaut. Médine est alors étroitement bloquée, on compte sur la famine pour avoir raison de sa résistance ; mais les semaines s'écoulent et Médine ne se rend pas. Le prophète s'impatiente, il adresse à ses troupes une harangue enflammée, pleure la mort de ses fidèles, les conjure de la venger. Un renfort arrive à point. Les nouveaux venus, dont l'ardeur est entière et la confiance intacte, demandent à marcher les premiers; toute l'armée les suit. En pleine nuit ils viennent attaquer à coups de pioche l'enceinte du tata pour y ouvrir une brèche. Mais l'alerte est donnée, les gens de Sambala les fusillent, le fort les mitraille, ils reculent en désordre, laissant au pied du mur une traînée de cadavres.

Le 18 juillet, on était au quatre-vingt-dix-septième jour du siège. Depuis plus d'un mois, les défenseurs de Médine et les fugitifs qui s'y abritaient ne se nourrissaient que d'arachides, qu'on ne pouvait même faire cuire, faute d'un peu de bois. Décimés par les maladies, épuisés par les privations, les munitions étaient sur le point de leur manquer tout à fait. On ne donnait plus de poudre aux gens du village, il restait aux hommes du fort deux gargousses pour chaque canon et deux coups par fusil. Les approches de l'ennemi arrivaient à 50 mètres du fort, à 25 mètres du tata. On était à la merci du premier assaut.

Médine n'était pourtant pas abandonnée. D'énergiques efforts avaient été faits pour venir à son aide, mais les secours ne pouvaient arriver que par la voie du fleuve, et jusqu'à la saison de crue le fleuve était impraticable à nos vapeurs. L'aviso le *Guet N'dar*, en essayant de passer quand même, s'était échoué sur les rochers pointus des Petites Cataractes. Dès que les eaux commencèrent à monter, Faidherbe partit de Saint-Louis avec le *Podor* et le *Basilic*, les seuls bateaux qui fussent en état. Les forces qu'il emmenait, celles qu'il ramassa en route faisaient un total de 500 hommes, soldats, laptots, ouvriers du génie, volontaires; 100 seulement étaient des blancs. Le *Podor* ne put dépasser les Petites Cataractes; le *Basilic* s'y engagea et faillit y rester; il avait contre lui un courant de foudre, sous sa quille 10 centimètres d'eau, à ses côtés les écueils; vainement la machine chauffait à toute vapeur, on ne bougeait plus. Debout sur la passerelle avec les officiers de marine, Faidherbe déclara au commandant « qu'il fallait chercher à passer à tout prix et que le devoir était de périr ou de sauver Médine. On surchargea les soupapes de sûreté et on poussa les feux ». Le bateau s'ébranla, refoula lentement le courant et passa. On dut encore forcer le défilé des Kippes, où le fleuve resserré coule entre de hautes falaises que l'ennemi avait garnies de tirailleurs. Enfin Médine apparut, le drapeau français flottait toujours sur ses remparts, mais un silence de mort y régnait. Faidherbe, dévoré d'inquiétude, n'attend pas que le gros de ses forces se soit déployé sur la rive gauche, il s'élance en avant avec les volontaires noirs, bousculant les Toucouleurs qui essayent de lui barrer la route. La garnison sort à sa rencontre. La jonction s'opère au milieu des acclamations. Médine était délivrée. Il était temps. « Les femmes se précipitaient sur les moindres morceaux de bois, comme si c'eût été des objets précieux, pour allumer un peu de feu et faire bouillir des racines; d'autres cueillaient et mangeaient de l'herbe crue. »

Cinq jours après, avec 350 hommes dont 50 blancs, Faidherbe attaquait El-Hadj, qu'une armée de secours venait de renforcer, et le mettait en pleine déroute. Cependant la crue du fleuve continuait, une colonne de soutien arrivait de Saint-Louis. El-Hadj se décida à la retraite et recula jusqu'au fond du Bambouk, laissant ses lieutenants se défendre comme ils pourraient. Il reparut au printemps de 1858, ravagea le Bondou et le Fouta, mais sans oser s'attaquer à nos postes. En 1859, il remonta lentement vers l'est, détruisant tout sur son passage, forçant les habitants à quitter pour le suivre leurs villages incendiés. Il tenta un coup de main sur Matam, mais il trouva là l'ancien commandant de Médine, Paul Holl, qui le repoussa encore. Ce fut son dernier engagement contre nos troupes. Tout entier à la conquête des pays du Niger, il sembla avoir renoncé au Sénégal. Dès 1860, il cherchait à négocier avec nous.

Les Maures domptés, Hadj-Omar rejeté au Soudan, Faidherbe s'occupa des pays du bas fleuve et des rivières du Sud. En 1859, après une courte campagne contre le roi de Sine, les

UNE RUE A RUFISQUE.

rois du Baol, du Sine et du Saloum conclurent des traités qui garantissaient la sécurité de nos comptoirs. Les expéditions du commandant de Gorée Pinet-Laprade sur la basse et la haute Casamance, et dans le Sine et le Saloum, qui avaient violé les traités de 1859, assurèrent pour longtemps la tranquillité de ces régions.

Il y eut un moment difficile en 1862, après le départ de Faidherbe, remplacé par le capitaine de vaisseau Jauréguyberry. Les Toucouleurs du Toro et du Fouta avaient pris les armes, de Podor à Bakel; le commerce entre le haut et le bas fleuve se trouvait suspendu ; les Maures semblaient se disposer à rompre les traités ; on annonçait le retour d'Hadj-Omar ; en attendant, un de ses lieutenants, Tierno-Demba, se faisait proclamer almamy du Fouta. Jauréguiberry agit avec vigueur. L'almamy fut battu près de Saldé et de Dagana. Une forte colonne, appuyée par la flottille, parcourut le Toro et le Fouta central. Le Toro fit sa soumission et reconnut la souveraineté de la France.

En juillet 1863, Faidherbe reprit le gouvernement de la colonie. Il eut aussitôt à se préoccuper de la situation du Cayor. Le besoin où nous étions d'établir une route de terre entre Saint-Louis et Gorée nous avait déjà amenés à intervenir dans ce pays, que désolaient les brigandages de ses propres rois, les *damels*, et de leurs satellites armés, les *tiédos*. Le damel Madiodio, installé par nous, venait d'être renversé ; son vainqueur Lat-Dior se montrait hostile. Faidherbe, pour consolider notre ligne d'occupation, créa deux nouveaux postes, à Thiès, à l'est de Rufisque, et à Nguigis, sur la route de Saint-Louis à Gorée. Lat-Dior avait fui devant nos colonnes. Il reparut tout à coup avec des forces considérables, et écrasa la garnison de Nguigis sortie à sa rencontre. Cet échec nous coûta 120 hommes, dont 2 officiers. Nous n'en avions pas encore éprouvé d'aussi grave au Sénégal. Il fut vengé presque aussitôt par le colonel Pinet-Laprade, qui mit en pleine déroute l'armée du damel. Lat-Dior ne trouva d'asile que sur les rives de la Gambie, auprès du chef Maba, qui avait réussi à s'emparer du Saloum. Tous deux ensemble entrèrent dans le Djolof et menacèrent le Cayor par l'est. Une colonne légère suffit à les arrêter. L'hivernage suspendit les hostilités. Faidherbe, dont la santé était gravement atteinte, quitta définitivement la colonie avant qu'elles eussent été reprises. Pinet-Laprade, devenu gouverneur, les mena vigoureusement. Il traversa tout le Cayor et le Saloum, et alla chercher Maba à Nioro, tout près de la Gambie, où il détruisit son armée. Maba continua cependant de guerroyer contre nous et nos alliés. Il fut tué en 1867, dans une furieuse bataille de treize heures livrée au roi de Sine. Dans l'intervalle, Lat-Dior avait trouvé moyen de faire sa paix avec nous. Il en profita

ARMES ET OBJETS D'ÉQUIPEMENT DU DJOLOF.

pour organiser, de concert avec le marabout fanatique Ahmadou-Cheikou, un soulèvement simultané dans le Cayor et le Fouta. En 1869, il eut contre nos troupes un engagement heureux : l'escadron de spahis, abandonné devant le village de

4

Mékhey par les volontaires noirs, fut à moitié anéanti. Lat-Dior fut battu à son tour dans plusieurs rencontres, mais à chaque fois il trouvait moyen de refaire ses forces. Pour en finir, on se décida à traiter de nouveau avec lui et à le réinstaller comme damel du Cayor.

Depuis 1854, nous étions devenus maîtres incontestés de toute la ligne du fleuve, de Saint-Louis à Médine, de toute la

Allée des Cocotiers a Saint-Louis.

route côtière entre Saint-Louis et Gorée. Nous avions écarté pour jamais l'ennemi le plus redoutable de notre domination, El-Hajd-Omar, imposé la paix aux Maures de la rive droite, détruit Maba, soumis Lat-Dior. L'administration intérieure n'avait pas été moins féconde que l'action politique et militaire. Saint-Louis était devenue une véritable ville, avec des rues bien tracées, des quais en maçonnerie, des édifices publics, des ponts qui la reliaient à ses faubourgs de Guet N'dar et de Bouëtville. On avait ouvert des routes, posé des télégraphes, dressé des phares, planté des balises, créé en face de Gorée l'excellent port de Dakar. La colonie avait des casernes pour ses soldats, des hôpitaux pour ses malades, des écoles pour ses enfants, une banque, une imprimerie, même un musée. L'école dite des otages, organisée à Saint-Louis pour recevoir des fils de chefs, dressait pour notre service de précieux auxiliaires, destinés à répandre dans l'intérieur notre langue et notre influence. La pacification presque générale, l'extension des cultures, la sécurité des transactions déterminaient un

Dakar. — Vue prise du large.

mouvement d'affaires que l'ancien Sénégal n'avait jamais connu, même au temps de la traite des nègres. Le commerce extérieur, qui n'avait été que de 5 millions et demi en 1825, atteignait à des chiffres de 40 millions en 1868, de 30 millions en 1869. La population, évaluée à 15,000 âmes en 1830, en comptait 200,000 en 1870.

Faidherbe ne s'était pas contenté d'agrandir et de vivifier le Sénégal. A ses yeux, la valeur de cette colonie ne tenait pas tant à son importance intrinsèque, mais à sa position. Elle devait devenir comme un centre de rayonnement d'où notre influence pourrait se répandre dans toute l'Afrique occidentale. C'est dans cette pensée que furent organisées des missions chargées d'opérer la reconnaissance géographique des pays limitrophes, d'en étudier les ressources, les forces, les routes commerciales, d'y nouer des relations, d'y conclure au besoin des traités. Le capitaine Vincent alla explorer les oasis de l'Adrar; un noir de Saint-Louis, Bou-el-Moghdad, fit par la voie de terre le voyage du Sénégal à Mogador; l'officier indigène Alioun-Sal essaya de gagner Alger par Tombouctou; l'enseigne de vaisseau Bourrel visita le pays des Brakna; un autre marin, Mage, le pays des Douaïch; les sous-lieutenants Pascal et Lambert parcoururent, le premier le Bambouk, le second le Fouta-Djalon.

La plus importante de ces explorations fut celle qu'accomplirent dans le Soudan le lieutenant de vaisseau Mage et son compagnon, le docteur Quintin. Il ne s'agissait de rien moins que d'aller trouver notre ancien ennemi El-Hadj-Omar, qui semblait disposé à négocier avec nous un traité de commerce et d'amitié. La mission devait en même temps étudier la ligne de parcours entre nos établissements du haut Sénégal et le Niger, en recherchant les emplacements les plus propres à la création de postes espacés de trente lieues en trente lieues, qui serviraient à entreposer les marchandises et à protéger les caravanes. Par les deux fleuves ainsi reliés pourrait s'ouvrir un jour une route commerciale, allant de Saint-Louis aux bouches du Niger après avoir traversé le Soudan.

Mage et Quintin partirent de Médine vers la fin de 1863. Ils remontèrent d'abord le Sénégal jusqu'à Bafoulabé. Diango, chef du pays pour El-Hadj-Omar, leur fournit un guide, avec lequel ils franchirent le Bakhoy et atteignirent Kita. Là, au lieu de continuer en droite ligne vers le Niger, il fallut éviter par un détour vers le nord les provinces insurgées contre le prophète. Ils traversèrent ainsi une partie du Kaarta. Le 22 février 1864, ils voyaient le Niger et faisaient leur entrée à Nyamina. Des pirogues les menèrent jusqu'à Ségou, que gouvernait le prince Ahmadou, l'un des fils du prophète. Il les accueillit assez bien, mais sans leur permettre de continuer leur route, sans pouvoir se décider ni à les renvoyer, ni à traiter avec eux. La demi-captivité où il les retenait ne dura pas moins de vingt-sept mois. Ce temps d'ailleurs ne fut pas perdu. Ils recueillirent de précieux renseignements sur la géographie, l'histoire, les ressources, l'état politique du pays ; ils purent se rendre compte de l'organisation qu'El-Hadj-Omar avait donnée à son armée et à ses États, et des moyens par lesquels cet homme vraiment remarquable était parvenu à se tailler dans le Soudan occidental un empire qui s'étendait de Médine à Tombouctou. Les résistances avaient été acharnées ; à ce moment, tandis que les Peuls du Macina se mettaient en pleine révolte contre El-Hadj, les Bambaras menaçaient Ségou. Mage obtint d'accompagner Ahmadou dans une expédition contre ces derniers. Il assista à des victoires suivies de massacres, et aussi à un échec devant le village de Sansanding, où des armées de 10,000 hommes se trouvèrent en présence.

BERGER PEUL.

Cependant El-Hadj-Omar, cerné dans sa ville d'El-Hamdou-Lillahi, sur le point de tomber aux mains des rebelles, s'était assis sur un baril de poudre auquel un de ses talibés avait mis le feu. Ahmadou tenait cachée la nouvelle de ce désastre. Il n'eut garde d'en informer les voyageurs français. Le gouverneur du Sénégal, inquiet de leur sort, lui adressait de pressantes réclamations. Il se décida à les laisser partir. Il leur donna même une escorte de 200 talibés pour la traversée des pays insurgés. Mage et Quintin gagnèrent Nioro, capitale du Kaarta, puis Koniakary et enfin Médine qu'ils avaient quittée depuis trente-deux mois. Une réception enthousiaste les attendait dans la colonie, où l'on n'espérait presque plus leur retour. Ils avaient ouvert la voie que tant d'autres devaient suivre après eux. Malheureusement, quand les projets de pénétration vers le Niger furent repris, Mage n'était plus là pour se placer à l'avant-garde. Il avait péri en 1869 dans le naufrage de la *Gorgone*, perdue corps et biens sur les côtes de Bretagne.

CHAPITRE III

LES FRANÇAIS EN COCHINCHINE[1]

L'Indo-Chine. — Les Annamites et le pays d'Annam. — Pigneau de Béhaine et Gia-Long. — Persécutions religieuses. — L'expédition de 1858. — Le siège de Saïgon. Traité de 1862. — Projet de rétrocession. — Conquête de la Cochinchine occidentale. — Administration de l'amiral la Grandière. — Doudart de Lagrée au Cambodge. — Exploration du Mékong.

L'Indo-Chine est une des grandes presqu'îles qui prolongent au sud le continent asiatique. Comme l'indique son double nom, elle tient à la fois de l'Inde et de la Chine, plus rapprochée de l'Inde par les analogies du climat et les ressemblances de sa flore tropicale, plus chinoise qu'indienne par les affinités ethniques et la parenté des civilisations. Ses habitants : Malais au sud, Birmans dans l'ouest, Siamois, Laotiens, Cambodgiens vers le centre, Annamites à l'est, appartiennent tous à la race jaune.

D'après leurs propres annales et le témoignage concordant des historiens chinois, les Annamites, sous le nom de Gia-Chi, seraient venus longtemps avant l'ère chrétienne des montagnes de la Chine méridionale. Pendant bien des siècles, ils subirent la domination du grand empire voisin ; même après qu'ils n'y furent plus rattachés que par un lien de vassalité

---

1. OUVRAGES A CONSULTER : Bouinais et Paulus, *l'Indo-Chine française contemporaine;* Paris, 1885. — Louvet, *la Cochinchine religieuse;* Paris, 1885-1888. — Pallu de la Barrière, *Histoire de l'expédition de Cochinchine en 1861;* Paris, 1888. — Vial, *les Premières années de la Cochinchine;* Paris, 1874. — G. Francis (Garnier), *la Cochinchine française en 1864;* Paris, 1864. — Lemire, *l'Indo-Chine;* Paris, 1884. — Luro, *le Pays d'Annam;* Paris, 1878. — Doudart de Lagrée, *Explorations et missions;* Paris, 1883. — Francis Garnier, *Voyage d'exploration en Indo-Chine;* Paris, 1885. — Lanessan (de), *l'Indo-Chine française;* Paris, 1889.

assez lâche, leurs idées, leurs mœurs, leurs institutions se ressentirent toujours de son influence. L'énergique vitalité qui animait ce petit peuple lui permit cependant de se constituer en nation séparée et lui donna la victoire sur les concurrents qu'il trouvait devant lui. Le royaume des Ciampas, dont le siège était l'Annam actuel, fut détruit le premier ; son peuple alla rejoindre les anciens maîtres du pays, les Muongs, les Thos, les Moïs, réfugiés dans les montagnes et au fond des forêts. Ce fut ensuite le tour de l'empire Kmer, de civilisation, peut-être d'origine hindoue comme le royaume Ciampa, et dont des monuments en ruine attestent seuls aujourd'hui la grandeur disparue. Les Annamites lui enlevèrent la Cochinchine, de même qu'ils avaient enlevé l'Annam central aux Ciampas. Refoulés au nord et à l'ouest, pressés entre les Annamites et les Siamois, les Cambodgiens, Kmers en décadence, auraient cessé d'exister comme nation, si l'arrivée des Français n'avait changé d'une manière inattendue le cours des événements.

PRINCESSE CAMBODGIENNE.

Les Annamites dominent donc dans l'Indo-Chine orientale, dont ils occupent le littoral, les deltas et, en général, toutes les parties fertiles. De petite taille, de membres grêles, ils sont souples, adroits, endurants, capables de plus de résistance qu'on n'en attendrait de leur apparence débile. Leur intelligence est vive, très susceptible de culture. Ils sont sobres, laborieux, peu portés à la violence, enclins à la dissimulation, avec un fonds d'insouciance et de légèreté. Naturellement paisibles, ils ont peu de goût pour la guerre, mais ils savent se battre bravement, et, bien commandés, font d'excellents soldats. Ils s'adonnent

VILLAGE CAMBODGIEN.

de préférence à l'agriculture, à la navigation, à la pêche, moins volontiers aux divers métiers manuels, moins encore au commerce, pour lequel ils n'ont aucune aptitude. A l'exemple des Chinois, ils ont adopté le bouddhisme ou la doctrine de Confucius, mais les dogmes n'ont sur eux aucun empire ; en fait, leur religion ne consiste guère que dans le culte des ancêtres et dans l'observation des rites, qui règlent les rapports de la vie sociale et forment comme un code de morale pratique. Toute l'organisation repose sur la famille, fortement constituée, dont les différents groupes politiques, la commune, le canton, l'État, ne sont que des formes agrandies. La vertu sociale par excellence est le respect, respect des parents, respect des chefs, respect du souverain, père de la grande famille qui est la nation. Bien qu'il existe une langue et même une littérature annamites, l'unique étude dont on fasse cas est celle des caractères chinois, de la littérature et de la philosophie chinoises. C'est cette culture qui prépare les lettrés, seuls admis à remplir les charges de l'État.

L'Indo-Chine annamite comprend trois parties : Cochinchine à l'ouest, Tonkin à l'est, Annam central entre les deux.

L'Annam est une longue et étroite bande de terre, resserrée entre la mer de Chine et les plateaux où se développe le cours moyen du Mékong. Laissant les plateaux aux tribus plus ou moins sauvages qu'ils y ont refoulées, les Annamites se sont fixés dans les plaines littorales, sur le versant des chaînes peu élevées qui les bordent, dans les fraîches vallées que découpent les rivières et les torrents. Ce pays accidenté, pittoresque et fertile reçoit en plein les grands souffles de la mousson du nord-est et les brises salubres du large.

On peut dire de la Cochinchine qu'elle est un présent du Mékong. Ce sont les apports du fleuve qui ont constitué son sol et qui l'agrandissent tous les jours en faisant reculer la mer ; ce sont ses débordements qui la fécondent en la couvrant d'un limon non moins riche que celui du Nil. C'est le fleuve encore qui lui donne, avec les branches de son delta, le lacis compliqué de ses canaux naturels et de ses arroyos, le va-et-vient de ses eaux qui descendent avec le courant ou remontent avec la marée, un admirable réseau de chemins qui marchent, une grande route déjà praticable jusqu'au Laos. Le climat chaud et humide, la régularité des saisons, la qualité du sol ramènent chaque année, sans qu'il y ait presque jamais de mécompte, l'abondance des belles récoltes de riz. Ce pain de l'Extrême-Orient ne nourrit pas seulement les habitants, le grand mouvement d'échange avec le dehors dont il est l'objet leur assure une large aisance. La Cochinchine n'est pas moins apte aux diverses cultures tropicales, canne à sucre, indigo, coton, tabac, poivre, bétel, café.

Le fleuve Rouge ou Song-Koï a son delta au Tonkin, comme le Mékong en Cochinchine. Mais le fleuve est moins puissant, son action fertilisante moins énergique. Par contre, le Tonkin a sur la Cochinchine l'avantage d'une plus vaste étendue, d'une plus grande variété d'aspects et de productions, d'un climat moins accablant, grâce à l'alternance avec la période chaude et humide d'une saison d'hiver presque froide. C'est le pays des plaines basses, des rizières vaseuses, des alluvions encore en formation, mais c'est aussi un pays de montagnes, de forêts, de mines, avec de hautes régions propres à l'acclimatement des cultures variées et peut-être des hommes d'Europe.

L'empire annamite, fondé au xv⁰ siècle, était depuis longtemps troublé par les guerres civiles. La dynastie nationale des Lé n'avait conservé qu'un vain titre. Les Nguyen, seigneurs et vrais maîtres de la Cochinchine, les Trinh, seigneurs du Tonkin, avaient à défendre contre d'incessantes révoltes l'autorité qu'ils détenaient par une usurpation déjà séculaire. Vers le temps de Louis XVI, l'insurrection des Tayson ou montagnards de l'ouest renversa les Nguyen. Échappé au massacre des siens, le prince Nguyen-Anh, le futur empereur Gia-Long, déploya pour refaire sa fortune les ressources d'une indomptable énergie. L'évêque d'Adran, Pigneau de Béhaine, vicaire apostolique de Cochinchine, devina dans ce proscrit un grand homme. Il le secourut dans sa détresse, devint son ami et son conseiller. Gia-Long pensait déjà à solliciter une intervention européenne. L'évêque le détourna de s'adresser à l'Angleterre ou à la Hollande, nations protestantes dont l'influence aurait pu contrarier la propagande catholique ; il le décida à demander l'appui de la France, lui-même se chargea de la négociation.

Il partit pour Pondichéry, puis pour l'Europe, emmenant avec lui l'un des fils de Gia-Long, le prince Canh, son élève. Un traité fut passé à Versailles en 1787. La mauvaise volonté du gouverneur de l'Inde, Conway, en empêcha l'exécution. Sans se laisser rebuter, l'évêque, soutenu par quelques négociants de Pondichéry, affréta des navires, acheta des armes et des munitions, enrôla des volontaires. Les officiers qu'il conduisit à Gia-Long : Dayot, Chaigneau, Vannier, Olivier, Forçant, Barizy, Le Brun, organisèrent les troupes du prétendant, fortifièrent ses places, lui construisirent une flotte, dressèrent et commandèrent sa marine. Gia-Long eut dès lors sur ses ennemis une écrasante supériorité. En 1802, après les avoir successivement réduits, il était maître de toute l'Indo-Chine annamite, y compris le Tonkin où n'avaient jamais régné ses ancêtres. Les officiers français auxquels il était redevable de ses victoires furent comblés d'honneurs. Il ne cessa de témoigner la plus affectueuse reconnaissance à l'évêque d'Adran. Tant que le prélat vécut, il fut le plus écouté de ses conseillers. A sa mort, en 1799, il lui éleva près de Saïgon un tombeau monumental et tint à prononcer lui-même son éloge funèbre. Mais jamais il ne manifesta l'intention de se faire chrétien.

Sans égaler celui qu'on n'a pas craint d'appeler un Napoléon annamite, Minh-Mang, qui régna après lui, ne fut pas un prince médiocre ; mais ses prévisions d'homme d'État comme ses préjugés de lettré l'indisposaient contre les Européens ; il voyait en eux des barbares, il redoutait surtout des maîtres. Il se refusa aux ouvertures faites par la France pour renouer les relations interrompues. Vannier et Chaigneau, les seuls survivants des compagnons d'armes de Gia-Long furent traités de telle sorte qu'ils durent quitter le pays. Des mesures rigoureuses furent prises pour empêcher la propagation du christianisme ; des chrétiens indigènes, des missionnaires français et espagnols furent envoyés au supplice. Le successeur de Minh-Mang, Tien-Tri, continua le même système de persécution. Mais le pavillon français commençait à se montrer dans les mers de Chine. En 1843, la corvette l'*Héroïne* vint à Tourane se faire remettre d'autorité cinq missionnaires qu'on retenait

Tombeau de l'évêque d'Adran.

prisonniers ; en 1845, le contre-amiral Cécile réclama aussi impérieusement la libération de l'évêque d'Isauropolis ; en 1847, l'escadre annamite, ayant osé attaquer dans le port de Tourane les deux navires du commandant Lapierre, fut anéantie après un court combat.

Les violences redoublèrent après l'avènement de Tu-Duc. L'édit de 1855 déclara les chrétiens indigènes exclus des examens et des charges publiques, interdit sous peine de mort d'introduire dans le royaume des « maîtres de religion » européens, prononça la peine capitale contre ceux qui seraient saisis et contre leurs disciples, et prescrivit la destruction des églises. Déjà les missionnaires Schœffler et Bonnard avaient été mis à mort au Tonkin. Sur ces entrefaites arriva en Extrême-Orient M. de Montigny, chargé de négocier avec les États de l'Indo-Chine des traités de commerce et d'amitié. Il devait spécialement réclamer de l'Annam la liberté religieuse, l'installation d'un comptoir français à Tourane et d'un consul à Hué. Le navire le *Catinat* qui le précédait, reçu avec insolence par les mandarins de Tourane, canonna les forts et fit enclouer l'artillerie par sa compagnie de débarquement. Quand il fut reparti, Tu-Duc publia que « les barbares d'Europe, venus avec un navire à feu jusqu'au port de la capitale, en étaient repartis presque aussitôt, pour échapper par la fuite au châtiment qu'ils avaient trop bien mérité ». Montigny, arrivant ensuite sans soldats ni vaisseaux, ne put rien obtenir. Les menaces par lesquelles il pensait intimider l'empereur annamite n'eurent pour effet que de l'exaspérer. Plus résolu que jamais à arrêter une propagande religieuse qui lui apparaissait comme le prélude de l'invasion étrangère, Tu-Duc renouvela ses édits de proscription. Parmi les victimes qui tombèrent alors se trouvaient les deux évêques espagnols Diaz et San Pedro.

C'était le temps où le second Empire, en pleine prospérité, ne reculait pas devant les grandes entreprises. Les événements de Chine, le projet de percement de l'isthme de Suez, attiraient son attention vers l'Extrême-Orient. Une expédition contre l'Annam fut résolue; l'Espagne, qui avait, elle aussi, des nationaux à venger, s'y associa. Comme Charles X en 1830, Napoléon III obéissait à une heureuse inspiration, mais avec des données incertaines et des vues indécises, sans un but défini, sans un plan arrêté. Mal renseigné sur les dispositions et les forces des indigènes chrétiens, on les croyait prêts à se soulever en masse au premier signal. L'événement dissipa bientôt ces illusions ; les difficultés semblèrent alors d'autant plus grandes qu'elles étaient plus inattendues; les hésitations, les lenteurs, les temps d'arrêt les aggravèrent.

TU-DUC ET SA COUR.

L'escadre du vice-amiral Rigault de Genouilly comprenait une frégate, deux corvettes, cinq canonnières, quatre transports et un aviso espagnol; elle portait 1,500 hommes de troupes françaises et 800 Tagals des Philippines. Le 31 août 1858 elle était devant Tourane; le 1er septembre, après avoir éteint le feu des forts, elles mettait à terre ses troupes de débarquement, qui s'emparaient de la place presque sans combat. On était tout près de Hué; mais la rivière qui y conduit n'était accessible qu'aux canonnières, la route de terre était mal connue, la petite armée alliée bien faible pour s'y aventurer. L'amiral demeura immobile, attendant le soulèvement des chrétiens, qu'on massacrait pendant ce temps comme complices de l'étranger. En février seulement, laissant une petite garnison dans Tourane, il se porta au sud vers la basse Cochinchine, força l'entrée de la rivière de Saïgon, enleva les forts et la citadelle qu'il détruisit, et s'établit au milieu des ruines.

On était au commencement de 1859; la guerre d'Italie allait éclater; en Extrême-Orient même, la guerre de Chine qu'on avait cru terminée réclamait une nouvelle campagne et de plus puissants efforts; les affaires de l'Annam passèrent à l'arrière-plan. L'amiral Page, qui venait de succéder à Rigault de Genouilly, reçut l'ordre d'évacuer Tourane en ne conservant que Saïgon. L'effet fut désastreux. Tu-Duc triompha bruyamment : « Les voilà donc partis, ces barbares d'Occident, ces êtres malfaisants et cupides... Pirates aussi ineptes que couards, ils ont été mis en fuite par nos vaillants soldats, et se sont sauvés comme des chiens, la queue entre les jambes. » Il ne se borna pas à ces rodomontades. Le maréchal Nguyen-Tri-Phuong, le premier homme de guerre de l'Annam, à la tête d'une armée de 12,000 hommes, vint mettre le siège devant Saïgon.

Saïgon est située sur la rive droite de la rivière du même nom, un peu au-dessus de son confluent avec le Donnaï, et entre deux arroyos, l'arroyo de l'Avalanche et l'arroyo Chinois;

elle communique par ce dernier avec Cholon, résidence des marchands chinois et centre principal du commerce des riz, qui n'en est distant que de 5 kilomètres ; grâce à la profondeur de sa rivière, elle peut recevoir les plus grands navires. La ville se réduisait alors au Fort-Neuf, bâti sur les débris de la citadelle annamite, et à un village formé par des réfugiés

ARROYO CHINOIS A CHOLON.

chrétiens. La petite garnison, forte de 800 hommes, sous le capitaine de vaisseau d'Ariès et le colonel Palanca Guttierez, occupait le Fort-Neuf de Saïgon, la ville de Cholon, et entre les deux une ligne de défense appuyée sur les quatre pagodes Barbet, des Mares, des Clochetons et de Caï-Maï. Saïgon assurait les communications avec la mer, Cholon les ravitaillements.

L'ennemi essaya d'abord de couper notre ligne pour nous forcer d'abandonner Cholon. Repoussés dans une attaque nocturne sur la pagode des Clochetons, les Annamites ne renouvelèrent pas leur tentative, mais ils exécutèrent dans toute la largeur de la plaine qui s'étend au nord de Saïgon d'énormes travaux de circonvallation. Nguyen-Tri-Phuong remuait la terre comme un Totleben à Sébastapol : « Les forts poussaient comme des champignons. » Ses lignes se développaient sur un front de 16 kilomètres, tout hérissé d'obstacles, garni de tranchées, de redoutes et de forts, non-moins défendues sur le revers et sur les flancs. Il maîtrisait ainsi toutes les routes et enserrait étroitement la garnison de Saïgon ; pendant six mois, elle resta sans nouvelles du dehors.

Cependant, la guerre de Chine avait pris fin. L'amiral Charner se hâta d'expédier des renforts à Saïgon, puis s'y porta lui-même avec une division navale et 3,000 hommes de débarquement. Sans s'étonner, l'ennemi demeura immobile dans ses positions de Ki-hoa. Il fallait l'y forcer. L'amiral arrêta rapidement son plan. A droite, la flottille devait remonter la rivière en réduisant les forts qui la barraient et en menaçant le flanc de l'armée assiégeante, tenue en respect au centre par le feu des navires mouillés devant Saïgon et par les grosses pièces de marine dont on avait garni la ligne des pagodes ; pendant ce temps, les colonnes d'attaque partiraient de Caï-Maï à l'extrême gauche pour rompre en un point la circonvallation, se replier ensuite sur le camp retranché pris à revers, et, se rapprochant de la flottille, saisir l'ennemi comme dans un étau.

Le 24 février 1861, les troupes françaises et le bataillon espagnol débouchent de Caï-Maï, abordent les lignes annamites à la hauteur du fort de la Redoute, qu'elles enlèvent. Le 25, tandis que l'amiral Page éteint l'un après l'autre les forts de la rivière, deux colonnes d'infanterie, appuyées par l'artillerie de campagne, se lancent à l'assaut du camp de Ki-hoa. La colonne de droite, à découvert sous un feu terrible, se fait un passage à travers les chausse-trapes, les trous de loup, les fossés garnis de bambous aigus, escalade les remparts que les Annamites défendent à coups de lance et de fusil ; elle a pénétré dans l'enceinte, mais elle se heurte à un ouvrage intérieur d'où part une grêle de balles. Au centre et à gauche, les obstacles accumulés, l'acharnement de la résistance retardent les progrès de

Une rue de Saïgon après la prise (1860).
(Musée des Colonies.)

l'attaque. Enfin, au moment où le lieutenant de vaisseau Jaurès, à la tête d'une poignée de marins, enfonce à coups de hache les portes du fort intérieur, la deuxième colonne fait à son tour irruption dans l'enceinte. Tout ce qui n'est pas tué ou blessé prend la fuite, laissant un millier d'hommes sur la place ; 300 des nôtres sont hors de combat.

Saïgon était débloquée. Nos troupes occupèrent presque sans coup férir Tong-Kéou, où le maréchal Nguyen avait ses magasins ; elles s'avancèrent jusqu'à Tay-Ninh, sur la frontière du Cambodge. Une grande partie de l'armée annamite s'était dispersée, cependant ses débris essayaient de se reformer, au nord, à Bien-Hoa, sur le Donnaï, au sud, à l'abri de la forteresse de Mytho, sur un des bras du bas Mékong. L'amiral résolut de s'emparer de Mytho. Une escadrille de canonnières, soutenue d'une petite colonne d'infanterie, s'avança par l'arroyo de la Poste, qui prolonge l'arroyo chinois et débouche dans le Mékong à Mytho même. Elle le trouva défendu par des barrages et des forts qu'il fallut détruire un à un. Ce furent quinze jours de combats, de travaux épuisants, dans l'eau, dans la vase, sous un soleil de feu, en proie à la dysenterie et au choléra. Quand on arriva devant Mytho, le drapeau tricolore y flottait déjà; le contre-amiral Page, entré par l'embouchure du Mékong, avait trouvé la place abandonnée par ses défenseurs.

La saison des pluies ne fit qu'interrompre les hostilités. L'amiral Charner laissa à son successeur, le contre-amiral Bonard, le soin de les poursuivre. Elles furent reprises en décembre. Le 16, après une rapide campagne de trois jours, nous étions maîtres de la citadelle de Bien-hoa. L'amiral se porta aussitôt vers la montagne de Baria, sur le littoral, où l'ennemi essayait de se reformer, le chassa de son camp et le rejeta en désordre dans l'Annam. Au mois de mars suivant, il attaqua la forteresse de Vinh-Long, qui commandait la branche nord du Mékong, vers l'endroit où il se ramifie en quatre bras. Pendant toute la journée du 21, les Annamites soutinrent un vif combat d'artillerie, mais ils n'attendirent pas l'assaut; le 22, nos troupes entraient dans la citadelle.

Ces coups répétés firent impression sur Tu-Duc. La corvette le *Forbin*, croisant à l'entrée de la rivière de Hué, arrêtait les arrivages de riz; une insurrection, provoquée par un descendant plus ou moins authentique de la dynastie des Lé, éclatait au Tonkin. Le *Forbin* amena à la remorque la corvette annamite l'*Aigle des Mers*, qui portait deux hauts dignitaires du royaume, chargés de négocier la paix. Le traité du 5 juin 1862 nous céda les trois provinces de Saïgon, Mytho, Bien-hoa, ouvrit au commerce les ports de Tourane, Balat, Quang-An, garantit à la France le payement d'une indemnité de 20 millions, accorda la liberté religieuse aux missionnaires et à leurs prosélytes indigènes.

On attendait encore l'échange des ratifications quand, au mois de décembre, le gouverneur reçut une lettre dans laquelle Tu-Duc lui notifiait qu'il n'avait jamais entendu céder les trois provinces, mais seulement quelques ports pour y faire le commerce. Le message était arrivé à Saïgon le 12; le 16, l'insurrection, dès longtemps préparée, éclatait avec une telle soudaineté et un tel ensemble, que l'amiral Bonard put craindre un moment de se trouver débordé. Il demanda du secours à l'escadre des mers de Chine. En février, l'arrivée des renforts lui permit de ressaisir une vigoureuse offensive. La prise de Gocong, centre principal de la rébellion, eut un effet décisif. Dès le mois d'avril, l'amiral put aller chercher à Hué la ratification du traité, que Tu-Duc accorda dans une audience solennelle.

Il ne se résignait pourtant pas à la perte de ces belles provinces, « les nourricières de l'Annam », d'où sa famille était sortie, où se trouvaient les tombeaux de ses ancêtres. Pour les reprendre, il eut recours à tous les moyens. Il encouragea sous main la révolte du mandarin Quan-Dinh, audacieux chef de partisans qui s'intitulait « généralissime, héros des forêts, grand chef militaire chargé de la répression des Européens ». Il essaya de négociations directes avec le gouvernement français. Une ambassade, conduite par le vice-grand-censeur Phan-Tan-Gian, le même qui avait conclu le traité de 1862, partit pour Saïgon et de là pour Paris. Elle devait offrir, pour la rétrocession des trois provinces, une indemnité en argent pouvant aller jusqu'à 100 millions. Si quelqu'un était capable de réussir dans une telle démarche, c'était bien ce beau vieillard, dont la dignité gracieuse, l'élévation d'esprit et la noblesse de sentiments gagnaient les sympathies de tous ceux qui l'approchaient. Le gouvernement impérial, alors embarrassé dans l'expédition du Mexique, était assez disposé à faire bon marché de la Cochinchine. Un projet de traité fut préparé. Moyennant la reconnaissance de son protectorat sur toute la basse Cochinchine et un tribut annuel de 2 à 3 millions, la France n'aurait conservé que les quatre postes de Saïgon, Cholon, Thudaumot et Mytho, avec des routes d'accès et le libre parcours des fleuves.

Des protestations s'élevèrent à Saïgon, où l'amiral La Grandière remplaçait l'amiral Bonard, et à Paris même, où la Cochinchine trouvait de chaleureux défenseurs parmi les officiers qui avaient combattu pour la conquérir. Deux d'entre eux, le lieutenant de vaisseau Rieunier et l'enseigne Francis Garnier, plaidèrent sa cause dans des brochures qui firent sensation. Des membres importants de l'opposition libérale, Thiers, Lambrecht, se déclarèrent convaincus. Dans l'entourage de l'empereur, Rigault de Genouilly, Victor Duruy, le baron Brenier joignirent leurs instances à celles du ministre de la marine, Chasseloup-Laubat, qui insistait pour la conservation de la jeune colonie.

Cependant le consul de France au Siam, M. Aubaret, était parti avec la mission de négocier le nouveau traité. Après s'être arrêté à Bangkok, puis à Saïgon, il était arrivé à Hué. Heureusement Tu-Duc ne se pressa pas de conclure; il demanda des modifications qui, en altérant toute l'économie du projet, en faisaient ressortir les côtés désavantageux et humiliants. Toutefois les pourparlers continuèrent; une audience royale était indiquée pour le 22 juillet, quand, le 21 au soir, un ordre de Paris, transmis en toute hâte par l'amiral La Grandière, invita M. Aubaret à suspendre les négociations. Profitant de ce délai inespéré, l'amiral adressa à Paris de nouvelles et plus pressantes représentations. Le mémoire présenté à la fin de 1864 par Chasseloup-Laubat acheva de former la conviction de l'empereur. Après avoir donné une idée de l'importance et des ressources de la Cochinchine, il démontrait que l'occupation restreinte serait une charge inutile, exigeant autant de sacrifices que la conservation des trois provinces, sans compensation d'aucune sorte ; qu'elle nous atteindrait dans notre honneur autant que dans nos intérêts, en livrant aux vengeances des mandarins les chrétiens indigènes et les populations qui s'étaient données à nous. « Il est inutile de dire quelle cruelle atteinte en subirait notre influence... C'est cette atteinte qui préoccupe si vivement les hommes qui sont le mieux à même d'en mesurer la portée et qui, tenant haut le drapeau de la France sur tous les points du globe, ne peuvent le voir sans une profonde douleur arracher du sol où ils l'ont si noblement planté. » Ce patriotique langage fut entendu. A la fin de janvier 1865, l'ordre arriva de rompre définitivement les négociations et de s'en tenir au traité de 1862. La Cochinchine était sauvée.

Puisque l'on y restait, il fallait faire le nécessaire pour s'y affermir. La conquête demeurait précaire parce qu'elle était incomplète. Menacés de front par Hué et l'Annam central, nous étions pris à revers par les provinces occidentales. C'est de là que partaient les émissaires, les mots d'ordre secrets, les appels impérieux ; c'est là que se réfugiaient, pour reparaître au premier jour, les bandes de rebelles et de pirates, vainement pourchassées sur notre territoire. Nos troupes s'épuisaient dans cette poursuite ingrate d'un insaisissable ennemi ; les lettrés conspiraient ; la masse indigène, qui n'eût demandé qu'à cultiver en paix ses rizières, troublée, intimidée, incertaine du lendemain, restait défiante quand elle n'était pas hostile. « Si vous voulez que nous devenions Français, disaient les mieux intentionnés, prenez encore Vinh-Long, Hatien, An-Giang (Chaudoc), fermez l'étroite frontière de Hué du côté de Baria, et, délivrés de tout contact étranger, de toute excitation séditieuse, n'ayant plus à craindre ces menées occultes qui assiègent aujourd'hui tous ceux qui se soumettent, nous serons à vous sans arrière-pensée [1]. »

Cette nécessité d'une extension vers l'Ouest, dont nos sujets eux-mêmes se rendaient compte, ne pouvait échapper au chef de la colonie. L'amiral La Grandière en était depuis longtemps pénétré. Dès qu'il eut réussi à faire entrer le gouvernement dans ses vues, il n'attendit plus pour agir qu'une occasion; elle se présenta bientôt. Au mois de mai 1867, la saison des pluies, interrompant comme d'habitude les travaux agricoles, ramena l'agitation périodique provoquée par les agents de Tu-Duc. Une expédition fut aussitôt préparée dans le plus grand secret. En quelques jours, toutes nos troupes étaient sur pied. Le 19 juin, elles entraient à Vinh-Long; le 22, à Chaudoc; le 24, à Hatien. Nulle part, les Annamites n'essayèrent de résister. Le noble Phan-Than-Gian, spectateur attristé d'un désastre que ses sages conseils n'avaient pu prévenir, voulut du moins éviter une inutile effusion de sang. Il donna à tous les gouverneurs placés sous son commandement l'ordre de faire leur soumission. Quand tout fut fini, résistant aux instances de l'amiral, qui eût souhaité d'attacher à la France un pareil serviteur, désespérant de pouvoir désormais se rendre utile à sa patrie et à son souverain, il rentra dans l'humble paillote où il avait toujours conservé sa demeure, adressa aux siens ses dernières recommandations et s'empoisonna. Il avait vécu comme un sage et mourut comme un stoïcien.

Cette nouvelle conquête ajoutait à nos possessions un territoire de 1,200,000 hectares, avec un demi-million d'habitants. Elle coupait court aux espérances et aux menées du gouvernement de Hué. Dès lors, l'œuvre de pacification, à peine troublée par quelques révoltes partielles, avança rapide-

---

1. Garnier, *la Cochinchine française en* 1864.

ment. L'ordre rétabli, la sécurité garantie, rendirent possible le développement régulier de la colonie et la mise en valeur de ses richesses naturelles.

Sitôt Saïgon débloquée, l'amiral Charner avait ébauché un

Notables annamites.

commencement d'organisation. L'amiral Bonard, qui vint après lui, mit au service des idées les plus généreuses et les plus larges une infatigable activité. Il estimait que les Annamites n'étaient pas des barbares, que leur civilisation, pour différente qu'elle fût de celle de l'Europe, n'était pas à mépriser, que leurs croyances et leurs coutumes méritaient d'être respectées, qu'enfin il n'était ni politique, ni équitable de prétendre leur imposer les nôtres. Au lieu d'une administration directe, que notre inexpérience du pays et le manque d'un personnel compétent rendaient malaisément praticable, il aurait voulu se borner à une haute direction politique s'exerçant sur des fonctionnaires indigènes nommés et contrôlés par l'autorité française. Cette conception était juste, mais il eût fallu pour l'appliquer avec succès le concours de la classe des lettrés, seule capable de fournir de bons auxiliaires. Il nous fit entièrement défaut. La cour de Hué s'étudiait à nous rendre la tâche impossible en faisant le vide autour des Français. Ceux de ses fidèles qui ne s'étaient pas jetés dans la révolte ouverte reçurent pour consigne de recommander autour d'eux l'abstention. Tout ce qui comptait dans la société annamite se tint obstinément à l'écart. Les communes et les cantons, avec leurs notables et leurs chefs élus, accoutumés à régler leurs affaires intérieures, à percevoir l'impôt, à faire tout seuls la police locale, avaient repris assez vite un train d'existence régulier. L'embarras commença quand on voulut nommer des agents de l'autorité centrale, des *phus* et des *huyens*, sortes de préfets et de sous-préfets. On prit ce qu'on trouva, et ce qu'on trouva ne valait guère. Pour remédier à l'insuffisance de ce personnel indigène, l'amiral La Grandière plaça dans chaque arrondissement un inspecteur des affaires indigènes. C'était ordinairement un officier détaché d'un des corps de la marine, ayant auprès de lui un secrétaire français, avec un ou deux interprètes, deux ou trois lettrés. Il surveillait les phus et les huyens, les *tongs* ou chefs de canton, les *xas* ou maires de village, assurait la rentrée de l'impôt, administrait la justice, et, sans autre force que les milices indigènes, tenait en main le pays. Malgré l'institution de tribunaux français pour les Européens, les Annamites conservaient leur juridiction particulière. On créa pour leur usage des écoles où l'enseignement était donné dans leur langue, mais avec les caractères latins (*quoc-ngu*); des établissements spéciaux formaient des interprètes et des secrétaires. L'impôt jusqu'alors payé en nature fut perçu en argent. Le premier budget de la Cochinchine, établi pour 1865, évalua les recettes à 4,083,000 francs. Elles atteignirent, en 1868, à 8,670,000 francs. Elles suffisaient dès lors à payer les dépenses intérieures, et même à couvrir en partie la métropole des dépenses militaires demeurées à sa charge. Le bon aménagement des ressources permettait d'entreprendre et de mener à bien d'importants travaux, d'entretenir et de développer les

Un chef de canton.

voies navigables, de porter à 2,000 kilomètres le réseau des routes, d'installer des lignes télégraphiques, d'édifier des casernes, des hôpitaux, des écoles, un arsenal, d'assainir la fourmilière chinoise de Cholon, de faire surgir des marais de Saïgon, dans la verdure des tamariniers, une coquette cité européenne, la plus jolie ville coloniale de l'Extrême-Orient. Le mouvement du port, où se rencontraient les navires européens, les jonques chinoises, les barques annamites, était de plus de 500,000 tonneaux. L'exportation des riz, nulle avant la conquête, devenait de plus en plus active et déterminait un contre-courant d'importation presque aussi considérable. La colonie faisait avec le dehors pour 70 millions d'échanges.

La conquête de la Cochinchine nous avait mis en contact avec le Cambodge. Ce malheureux royaume n'avait échappé à l'absorption annamite que pour tomber sous la dépendance des Siamois. Ceux-ci lui avaient enlevé ses provinces les plus

PALAIS DU GOUVERNEUR, A SAÏGON.

fertiles, Angkor et Battambang, intervenaient en maîtres dans ses affaires intérieures, tenaient ses princes en tutelle. Un mandarin siamois résidait dans la capitale, le roi ne faisait pas un mouvement sans sa permission. Abandonner le Cambodge à la domination du Siam, qui obéissait lui-même à l'influence anglaise, c'était nous fermer, avec la route du Mékong, tout espoir d'expansion vers le nord. Les gouverneurs français le comprirent. Dès 1862, l'amiral Bonard alla visiter le Cambodge. L'année suivante, l'amiral La Grandière y établit une station navale, sous le commandement de Doudart de

Lagrée. Lagrée se fit géographe, linguiste, archéologue, diplomate. Il parcourut le pays, en étudia les ressources, la langue, l'histoire, les antiquités, les monuments, imposa par sa fermeté à l'envoyé siamois, gagna la confiance du roi Norodom. Quand l'amiral vint lui-même à Oudong, il trouva le terrain tout préparé et n'eut pas grand'peine à obtenir un traité par lequel le roi acceptait la protection de l'empereur des Français, recevait à sa cour un résident, concédait à la France une station à Pnom-Pen, point de croisement de quatre routes fluviales, ouvrait ses États au commerce, accordait aux missionnaires le droit de prêcher et d'enseigner. Doudart de Lagrée, devenu résident, continua de lutter contre les intrigues et les prétentions des Siamois et finit par en

DOUDART DE LAGRÉE.

avoir raison. Il empêcha Norodom de leur demander une investiture qui l'eût replacé sous leur suzeraineté; quand ils se furent décidés à renvoyer les insignes royaux qu'ils détenaient à Bangkok, un représentant officiel du gouverneur assista à la cérémonie du couronnement. Le résident siamois quitta le Cambodge et Norodom alla à Saïgon rendre à l'amiral sa visite. Après de longues hésitations, des velléités de retour vers le Siam que sut arrêter la vigilance de notre résident, il parut se livrer sans arrière-pensée à l'influence française. Le Siam lui-même reconnut notre protectorat sur le Cambodge. Malheureusement, pour prix de cette reconnaissance dont nous pouvions nous passer, le traité de 1867 lui confirma la possession des provinces d'Angkor et de Battambang.

Doudart de Lagrée n'était plus au Cambodge. L'amiral La Grandière l'avait choisi comme le chef le plus capable de diriger la mission qui allait tenter d'explorer le Mékong : « D'où venait ce fleuve gigantesque? Quelles régions arrosait-il? A quelles populations donnait-il accès? Ne pouvait-il fournir à son tour une solution à ce problème géographique qui agitait si vivement les Indes anglaises, celui d'une communication commerciale entre l'Inde et la Chine? » Telles étaient les questions, toutes d'un haut intérêt pour la science, pour la civilisation, pour l'avenir de la politique française en Indo-Chine, qu'il s'agissait d'éclaircir.

LE ROI NORODOM.

Lagrée avait sous ses ordres le lieutenant de vaisseau Francis Garnier, l'enseigne Delaporte, les docteurs Joubert et Thorel, et Louis de Carné, attaché aux affaires étrangères. La mission quitta Saïgon le 5 juin 1866. Elle séjourna quelque temps au Cambodge pour compléter ses approvisionnements et visiter, sous la conduite de son chef qui les avait déjà explorées en détail, les superbes ruines d'Angkor. A Kratieh, elle dit adieu au vapeur français qui l'avait amené jusque-là pour se confier à des pirogues du pays. Ce fut sur ces frêles embarcations qu'elle aborda les premiers rapides du Mékong, ceux de Sambor. Elle put les franchir sans trop de peine, mais les cataractes de Khône l'obligèrent à un second transbordement.

Arrivée le 10 septembre à Bassac, chef-lieu d'une principauté laotienne, elle y séjourna jusqu'à la fin de l'année, poussant des reconnaissances sur les affluents du fleuve, pendant que Garnier retournait à Pnom-Pen pour en rapporter des passe-

LE TEMPLE D'ANGKOR-WAT.

ports expédiés par le gouvernement chinois. Le 20 avril, on atteignait Luang-Prabang, autre capitale laotienne; on en repartit le 25 mai, après avoir élevé un monument à la mémoire de l'explorateur Mouhot, qui était venu y mourir en 1861.

Il avait fallu renvoyer, sauf un, tous les Français de l'escorte, plus embarrassants qu'utiles en raison de la difficulté des transports. On dut laisser en arrière les collections, la plus grande partie des bagages et des provisions, tout ce qui n'était pas strictement indispensable. A l'entrée du Laos birman, la navigation devenait impossible, même en pirogues. Alors commença par terre, le long du fleuve, conservé sur la droite « comme fil conducteur », une marche de cinquante jours que rendirent excessivement pénibles les atteintes du climat, les plaies causées par les piqûres d'insectes, le manque des choses les plus nécessaires, la rareté des porteurs, l'état des chemins à peine tracés à travers des rizières vaseuses, des torrents débordés, des forêts impénétrables. Plus loin, on eut à compter avec la malveillance des mandarins birmans, les défiances des princes indigènes, qui voyaient dans tous les Européens des Anglais, et dans les Anglais des ennemis. Enfin le 10 octobre, les voyageurs franchirent la frontière chinoise du Sud-Ouest, qu'aucun homme de race blanche n'avait encore passée.

La province de Yunnan, où ils arrivaient, était alors bouleversée par la révolte des populations musulmanes. A poursuivre la marche vers le Nord, on risquait de se trouver pris entre les partis en lutte. Puisqu'on était fixé désormais sur la valeur du haut Mékong comme voie navigable, ne valait-il pas mieux, plutôt que de s'obstiner à le remonter, rechercher s'il n'existait pas une autre route de pénétration dans le sud-ouest de la Chine. Lagrée résolut donc de se porter vers l'Est. Le 20 novembre, on atteignit à Youen-Kiang la branche principale du haut Song-Koï. La mission s'y embarqua en arborant les couleurs françaises. Garnier fit une pointe vers le Sud et en rapporta des renseignements affirmant que, à quelques journées de là, se trouvait le grand marché de Mang-hao, à partir duquel le fleuve devenait navigable jusqu'à la mer.

On revint alors vers le Yunnan à travers un pays désolé par la guerre, semé de ruines, de morts et de mourants. Malgré l'état d'épuisement où il se trouvait réduit, Lagrée, au lieu de prendre la route du retour par le Yang-tsé-Kiang, décida de marcher vers l'Ouest pour mieux étudier le Yunnan intérieur. Mais ses forces le trahirent, il fut contraint de s'arrêter, terrassé par la maladie. Garnier, avec la fraction la plus valide de la mission, s'aventura jusqu'à Taly, au cœur des pays insurgés. Il y fut mal reçu, et le sultan lui intima de la manière la plus menaçante l'ordre de rétrograder. La petite troupe effectua fièrement sa retraite. Quand elle revint à Tong-Tchouen, Doudart de Lagrée avait succombé depuis trois semaines aux atteintes d'une maladie de foie, aggravée par les fatigues inouïes qu'il avait endurées depuis deux ans.

Garnier ne voulut pas abandonner ses restes en terre chinoise. Il les fit exhumer et transporter avec lui, d'abord à bras d'hommes, puis par eau, pour les ramener à Saïgon. Le 20 avril, la mission s'embarqua sur un affluent du Yang-tsé; le 26, elle atteignit le grand fleuve et en commença la descente. A Han-Keou, elle prit passage sur un steamer qui la transporta à Shanghaï. Le 29 juin, elle rentrait à Saïgon après une absence de plus de deux ans, ayant traversé l'Indo-Chine du sud au nord, la Chine de l'ouest à l'est, parcouru, entre Kratieh et Han-Kéou, plus de 10,000 kilomètres en barque ou à pied, visité des pays que la géographie ignorait, étudié des peuples jusqu'alors inconnus. Son chef avait péri à la peine. Un autre de ses membres, de Carné, devait mourir peu après d'une maladie contractée au cours de ce terrible voyage. L'exploration, une des plus remarquables qui aient été accomplies en Asie, fut surtout fertile en résultats scientifiques; Garnier en rapporta la conviction que la vraie route du Yunnan était celle du fleuve Rouge, et ce fut là l'origine de la conquête du Tonkin. L'idée de la pénétration par le Mékong ne devait être reprise que beaucoup plus tard.

CHAPITRE IV

LES COLONIES FRANÇAISES VERS LA FIN DU SECOND EMPIRE [1]

Acquisitions coloniales de 1815 à 1870, la Nouvelle-Calédonie. — Les vieilles colonies, les Antilles et Bourbon, la Guyane, les comptoirs de l'Inde, Saint-Pierre et Miquelon. — Étendue, population, valeur de l'empire colonial français; comparaison avec les colonies des autres puissances. — L'opinion publique et les colonies.

L'Algérie, le Sénégal, la Cochinchine furent, de 1815 à 1870, les seules grandes entreprises coloniales de la France. Toutefois, dans ce long intervalle, elle ajouta à son domaine d'autres acquisitions de moindre importance. Elle prit possession en Afrique d'Assinie, de Grand-Bassam et du Gabon sur la côte occidentale (1842), d'Obock au débouché de la Mer Rouge (1863), de Nossi-Bé (1841), de Mayotte (1842) aux abords de la grande île de Madagascar, en vue de laquelle elle avait déjà, dès 1818, relevé son drapeau à Sainte-Marie. En Océanie, où ses navigateurs avaient pris une part si brillante aux voyages de découverte, elle laissa échapper la Nouvelle-Zélande; le capitaine marchand Langlois, qui y avait tenté un établissement en 1835, ne fut pas soutenu; en 1842, quand le gouvernement se décida, il était trop tard : l'Angleterre nous avait devancés. Le protectorat des petits archipels des Marquises et de Taïti, plus tard l'occupation de la Nouvelle-Calédonie (1853) n'apportè-

---

1. OUVRAGES A CONSULTER : Jules Duval, *les Colonies et la politique coloniale de la France;* Paris, 1864. — Rambosson, *les Colonies françaises;* Paris, 1868. — *Annuaire historique;* Paris, 1818-1861. — *Notices sur les colonies françaises, publiées par ordre du marquis de Chasseloup-Laubat, ministre de la marine;* Paris, 1866. — *Tableau décennal du commerce de la France et de ses colonies (1859-1869);* Paris, 1870.

rent à cette grave déconvenue que des compensations insuffisantes.

Comptoirs de traite, stations navales ou postes stratégiques, aucune de ces possessions nouvelles n'était susceptible d'un grand développement. La mise en valeur agricole de la Nouvelle-Calédonie, troublée par les révoltes des Canaques et par les démêlés de l'administration avec les Pères Maristes, plus entravée que favorisée par la colonisation pénitentiaire qui y fit ses débuts en 1864, n'avança que très lentement. En 1868, après quinze ans d'occupation, le commerce n'atteignait pas à 3,250,000 francs, dont moins de 190,000 à l'exportation. Dans la mer des Indes, les tentatives sur Madagascar, auxquelles nos établissements de Sainte-Marie, Mayotte et Nossi-Bé devaient servir de points d'appui, ne réussirent pas mieux par les voies pacifiques, en 1862, que par la force des armes, en 1829. Elles

Femme canaque.

eurent au moins ce résultat d'empêcher que les anciens droits de la France sur la grande île ne fussent oubliés ou prescrits.

Parmi les vieilles colonies, les jumelles des Antilles et Bourbon, qui se trouvaient, malgré l'énormité de la distance, dans des conditions à peu près analogues, furent soumises aux mêmes changements de régime et passèrent par les mêmes vicissitudes. Sous la monarchie parlementaire, dotées par la loi de 1833 d'une constitution presque autonome, elles tentèrent d'en abuser pour se soustraire au contrôle et à l'action du gouvernement métropolitain, qui travaillait, d'accord avec l'opinion publique et les Chambres, à préparer par des mesures graduelles l'abolition de l'esclavage. Leurs conseils coloniaux, représentants d'une seule classe, se plaignaient amèrement qu'on voulût désorganiser le travail au moment où la concurrence des sucres de betterave, en avilissant les prix de leur principale denrée d'exportation, leur infligeait une crise que les expédients législatifs avaient été impuissants à conjurer. La révolution de 1848 trancha le débat en prononçant l'émancipation ; elle appela les esclaves libérés aussi bien que les autres habitants à l'exercice du suffrage universel. De graves désordres se produisirent aux Antilles ; les haines de race se manifestèrent par des violences, des meurtres, des incendies ; la guerre civile parut sur le point d'éclater. A la Guadeloupe, il fallut proclamer l'état de siège. Le second Empire supprima le suffrage universel des colonies et leur représentation au Parlement, mais il leur rendit, par le sénatus-consulte de 1854, des conseils locaux qui envoyaient des délégués auprès du gouvernement métropolitain. Le sénatus-consulte de 1866, en élargissant les attributions des conseils généraux, ramena un régime assez peu différent de celui qu'avait institué la loi de 1833 ; toutefois il laissa aux gouverneurs la nomination directe ou indirecte des assemblées locales, qui avait appartenu autrefois au suffrage censitaire. La force avait imposé silence aux passions ennemies ; un apaisement s'était produit, au moins à la surface. Pour remédier à l'insuffisance de la main-d'œuvre

CANAQUE (Nouvelle-Calédonie).

fournie par les noirs libérés, on avait recours à l'importation de travailleurs libres, recrutés sur le littoral africain ou dans l'Inde. De grands efforts furent faits, surtout à la Martinique, pour relever et améliorer la production du sucre; ce fut l'époque de la création des grandes usines ou usines centrales. La Réunion, à qui sa position géographique permettait d'amener à meilleur compte les immigrants, traversa entre 1852 et 1860 une période de brillante prospérité. Mais des fléaux de toute nature : cyclones, tremblements de terre, incendies, épidémies, vinrent éprouver de nouveau les trois colonies. Dans le même temps, toute leur existence économique était bouleversée par la révolution douanière de 1861, qui, en substituant à l'ancien pacte colonial par lequel leurs produits trouvaient dans la métropole un traitement de faveur, le régime

MULATRESSES DE LA POINTE-A-PITRE EN GRAND COSTUME.

de la liberté commerciale, les obligeait à chercher à l'étranger de nouveaux clients. Vers la fin du second Empire, le malaise était général, et les trois colonies s'accordaient à réclamer des réformes politiques, sur l'efficacité desquelles elles comptaient, non sans illusion, pour retrouver leur prospérité.

La Guyane, déjà languissante avant 1848, ressentit comme les Antilles la crise de l'émancipation. Faute de bras et aussi de capitaux, les rares plantations de canne à sucre, de café, de girofle furent abandonnées. Le choix que l'on fit de cette colonie pour y envoyer d'abord les déportés politiques, plus tard les condamnés aux travaux forcés, lui fut plus funeste que tous les fléaux. La mortalité qui sévit sur les transportés ajouta à son renom d'insalubrité; la promiscuité infamante du bagne écarta jusqu'à l'idée de la colonisation libre. La colonisation pénitentiaire, entreprise avec des vues chimériques, sans plan arrêté ni études sérieuses, donna lieu à d'énormes dépenses et à d'effrayantes hécatombes de forçats; elle n'apporta au pays aucun profit réel. La décision prise en 1868 de n'y plus diriger que les condamnés arabes était l'aveu d'un complet échec. La découverte des gisements aurifères procura à la Guyane des ressources passagères, mais l'exploitation des mines en accaparant la main-d'œuvre porta un dernier coup à la culture.

Une Cayennaise.

En Asie les établissements de l'Inde, dans l'Amérique du Nord les îlots de Saint-Pierre et Miquelon, débris de notre ancien empire dans ces deux parties du monde, à défaut d'une importance politique que leur interdit l'étroitesse de leur territoire, conservaient une remarquable activité économique. L'Inde alimentait un mouvement d'échanges de 25 à 30 millions, le commerce de Saint-Pierre et Miquelon, qui devait se développer encore, dépassait le chiffre de 10 millions. Cette dernière colonie permettait à la France d'entretenir une de ses plus importantes industries maritimes, la pêche à la morue, qui fait vivre des milliers de familles et forme à sa rude école les meilleurs matelots de nos escadres.

Vers la fin du second Empire, les colonies françaises, en comptant l'Algérie et les protectorats de l'Océanie et du Cambodge, occupaient une superficie d'environ 700,000 kilomètres carrés, avec un peu plus de 6 millions d'habitants. Depuis 1815, elles avaient quintuplé d'étendue, plus que décuplé leur population. Elles ajoutaient un contingent de un sixième à la population de la métropole et faisaient plus que doubler son territoire européen. Elles coûtaient, en dépenses d'administration, de garde et de souveraineté un peu plus de 100 millions par an; mais elles alimentaient un commerce de 600 millions, dont les deux tiers se faisaient avec la France; le mouvement de navires et de marchandises entre leurs ports et ceux de la métropole re-

Un chercheur d'or.

présentait comme tonnage la dixième partie de la navigation nationale.

Ni pour la richesse, ni pour l'étendue, ni pour la population, elles ne pouvaient être comparées au colossal empire anglais, qui accaparait déjà, avec ses 20 millions de kilomètres carrés et ses 200 millions de sujets, la sixième partie des terres habitables et la sixième partie du genre humain; elles n'approchaient pas même des 1,700,000 kilomètres carrés et des 20 millions d'habitants des colonies hollandaises. Mais elles dépassaient de beaucoup en contenance et elles égalaient presque en population les 300,000 kilomètres carrés et les 8 à 9 millions d'habitants de l'empire espagnol; elles n'étaient inférieures qu'en étendue, mais supérieures en population aux colonies du Portugal, qui ne comptaient guère plus de 3 millions d'habitants sur leurs 1,800,000 kilomètres carrés. La France avait donc repris rang, bien loin en arrière de son ancienne et victorieuse émule, parmi les puissances coloniales de second ordre.

Nos colonies étaient disséminées, et cet éparpillement en rendait l'administration plus onéreuse et la défense plus difficile. Mais la France y gagnait d'avoir dans toutes les parties du monde des centres d'influence, sur toutes les mers des stations pour ses navires, des points de ralliement où flottait son pavillon. Quelques-uns de ces points, à peine perceptibles sur la carte, devaient à leur emplacement une valeur de position sans rapport avec leur importance intrinsèque. Ainsi les deux Antilles commandaient la grande route de l'Atlantique entre l'isthme de Panama et l'Europe; Taïti et la Nouvelle-Calédonie, la grande route du Pacifique entre Panama et l'Australie; la Réunion, Sainte-Marie, Mayotte, Nossi-Bé montaient la garde autour de Madagascar.

L'Algérie, le Sénégal, la Cochinchine formaient des groupements territoriaux déjà considérables, des noyaux d'empire. L'Algérie faisait à la France une situation sans pareille dans la Méditerranée occidentale, dont les flots baignaient au nord et au sud des rivages français. L'Algérie et le Sénégal lui donnaient une double entrée en Afrique, une double prise sur le Maroc et le Sahara, une double base d'opérations pour agir sur le monde musulman, que son influence pénétrait d'ailleurs par l'Égypte et le Levant. L'extension de la Cochinchine lui ménageait à un siècle de distance la revanche de l'Inde perdue, une position dominante dans l'Extrême-Orient, le contact et l'accès de l'immense agglomération chinoise.

Ces avantages n'étaient appréciés que de quelques-uns.

L'Algérie, ardemment contestée pendant tout le règne de Louis-Philippe, n'avait dû sa conservation qu'à la popularité de sa glorieuse histoire militaire. Pour beaucoup de Français qui se piquaient de jugement, elle n'était qu'une charge inutile, un poids mort à traîner, tout au plus une fantaisie coûteuse, une « loge à l'Opéra ». Une légende sinistre planait sur le Sénégal et la Cochinchine, représentés comme des nécropoles où s'en allaient périr par milliers, victimes de la manie conquérante, nos soldats et nos marins. Seuls, un petit nombre d'hommes d'État, de publicistes, de commerçants, de marins, de militaires s'intéressaient aux colonies. Elles avaient peu de partisans, un peu plus de détracteurs. La grande masse les ignorait. Leurs progrès ou leur décadence laissaient l'opinion indifférente. Il semblait que ce fussent des excroissances parasites, non des parties vivantes de l'organisme national, nécessaires à son équilibre et à son développement. Tel qui donnait son sang pour ne pas céder un pouce de territoire les aurait toutes sacrifiées sans un regret.

LIVRE II

DE 1870 A 1896

CHAPITRE PREMIER

L'EXPANSION COLONIALE

Caractère de généralité du mouvement d'expansion coloniale. — Causes sociales. — Causes économiques. — L'Extrême-Orient et l'Afrique. — La politique coloniale en France.

A partir de 1870, une nouvelle période s'ouvre dans l'histoire de la colonisation. Depuis le commencement du siècle, seule de toutes les nations européennes, l'Angleterre a pratiqué une politique coloniale active, systématique, voulue. Les autres se sont bornées, quand elles l'ont pu, à conserver tout ou partie de leur ancien domaine; si elles l'ont accru, ce n'est que par le hasard des circonstances et comme à leur corps défendant. A cette indifférence à peu près générale succède tout à coup un entraînement presque universel, auquel se laissent aller des pays tels que l'Allemagne, l'Italie, la Belgique, qui ont paru jusqu'alors le plus complètement absorbés par d'autres intérêts ou d'autres ambitions.

Des causes profondes ont déterminé cette rapide évolution. Depuis des siècles, l'immense majorité des Européens a vécu du travail des champs. Mais la culture, depuis qu'elle emprunte à l'industrie son outillage, ses machines, sa vapeur, ne réclame plus un aussi grand nombre de bras. La nécessité de chercher ailleurs des moyens d'existence, l'éveil de besoins jadis ignorés, l'appétit du bien-être, l'appât des salaires plus forts et des besognes moins dures, ébranlent, déracinent du sol les immobiles masses rurales. Dans les pays purement agricoles, elles gagnent les ports d'embarquement pour les émigrations lointaines; dans les pays d'industrie, elles émigrent à l'intérieur, elles affluent vers les villes. Mais dans les villes aussi, les agents mécaniques ont restreint la part de la main-d'œuvre, il y a bientôt pléthore de travailleurs. Les multitudes ouvrières pâtissent de la concurrence qu'elles se font à elles-mêmes, des luttes qu'elles engagent pour conquérir des améliorations parfois impossibles, des brusques arrêts qui succèdent sans transition aux périodes de production fiévreuse, des multiples perturbations de l'atmosphère économique. Le contact de la richesse, l'étalage des élégances et des splendeurs d'une civilisation raffinée irrite leur souffrance en y mêlant la cuisante aigreur des convoitises. De proche en proche, le malaise gagne les classes moyennes, qui se débattent péniblement contre les complications croissantes de la vie, dans l'encombrement des carrières et l'insécurité du lendemain. A côté de tous les malcontents s'agitent les aventureux, les natures d'initiative et d'action, à l'étroit dans le cadre banal de l'existence commune. Ainsi s'accumulent, dans tous les pays de vieille civilisation, des impatiences, des rancunes, des haines menaçantes pour la paix publique, des énergies déclassées, des forces tumultueuses qu'il importe de capter pour les employer au dehors à quelque grande œuvre, si l'on ne veut pas qu'elles fassent explosion au dedans.

La production industrielle et le commerce d'exportation qui en assure l'écoulement ont constitué longtemps pour un petit nombre d'États un fructueux monopole. Mais les autres à leur tour créent chez eux des industries auxquelles ils s'efforcent de réserver le marché intérieur et d'ouvrir des débouchés au dehors. La plupart, pour se défendre de la concurrence étrangère, en reviennent aux vieux errements de la politique protectionniste. Où cette réaction se manifeste avec le plus d'énergie, c'est chez les plus grands, chez ceux que leur richesse et la masse de leur population mettaient en mesure d'absorber une quantité énorme de produits manufacturés. Ainsi les marchés d'exportation se ferment ou se res-

Canal de Suez. — Entrée des petits lacs.

treignent, et, sur ceux qui demeurent ouverts, la lutte devient plus âpre entre des concurrents plus nombreux. Cependant, entraînée par son activité propre et par celle de la science, l'industrie a poursuivi ses progrès. Il lui faut maintenant en plus grande abondance des produits naturels, des caoutchoucs, des gutta-perchas, des indigos, des vernis, des matières grasses, sucrées, amidonnées, que seules les contrées intertropicales sont aptes à lui fournir. Les anciens marchés d'approvisionnement ne suffisent plus. De là une tendance commune à tous les peuples industriels et commerçants, ou plutôt un besoin impérieux, irrésistible, qui les pousse à chercher, en dehors du cercle trop étroit de la civilisation européenne, dans les continents non encore exploités, des réserves de matières premières pour alimenter leur production, des réserves de consommateurs pour l'absorber. A défaut de l'Amérique du Nord, devenue trop semblable à l'Europe, de l'Amérique du Sud, dont la mise en valeur ne va pas assez vite pour répondre aux exigences de l'offre et de la demande européennes, on s'adressera à l'Extrême-Orient et à l'Afrique.

L'Extrême-Orient, autrefois si écarté et si impénétrable, se trouve maintenant rapproché de moitié par le percement du canal de Suez. La vapeur et le raccourci de cette route nouvelle ont presque supprimé l'obstacle de la distance. Les barrières élevées par les répugnances des peuples et la politique défiante des gouvernements tombent une à une. La Chine s'entr'ouvre. Le Japon se convertit à la civilisation occidentale. L'Afrique, dont on ne connaissait guère que le pourtour, vient d'être pénétrée en tous sens par d'héroïques explorations. Des problèmes géographiques posés depuis des siècles: celui des sources du Nil, celui des origines du Congo, celui du Niger ont été résolus. D'immenses territoires qu'on se figurait désolés, improductifs, inhabités et inhabitables, se sont révélés peuplés, fertiles, capables de nourrir des nations. Au bord des puissants fleuves qui semblent rouler dans leurs flots la fécondité et la vie, autour des grands lacs, vastes et profonds comme des mers, s'épanouit une nature exubérante dont la richesse vierge n'attend que la mise en œuvre des civilisés. Des millions et des millions d'hommes sont là, en proie aux horreurs de la barbarie et de l'esclavage, qu'il s'agit d'affranchir, d'initier à la vie sociale, de faire entrer dans la grande communauté humaine. Un champ d'action presque illimité s'ouvre à toutes les entreprises, à toutes les audaces, à toutes les ambitions, à tous les dévouements.

Ce que l'Orient des croisades a été pour l'Europe féodale

du moyen âge, ce que l'Amérique et les Indes furent pour l'Europe monarchique du xve au xviiie siècle, l'Afrique et l'Extrême-Orient le seront pour l'Europe démocratique du xixe et du xxe. Là est le salut du présent, l'espérance de l'avenir. C'est pour cela que le sentiment des nécessités urgentes, l'instinct des destinées futures poussent dans ces deux directions les gouvernements et les peuples. Chacun se presse de se faire sa part, de prendre ses positions. Il y a désormais une question de l'Afrique, une question de l'Extrême-Orient, qui s'imposent aux préoccupations de la politique européenne.

Des Français ont été au premier rang parmi les découvreurs de l'extrême Asie et de l'Afrique. Ils ont marqué la place qui doit appartenir à la France. Nation industrielle autant qu'agricole, atteinte comme toutes les autres par la crise économique, elle a besoin d'alimenter à des sources nouvelles sa prospérité compromise, de guérir par l'hygiène virile de l'action le malaise moral et social qui trouble son organisme. Au lendemain des désastres de 1870, au milieu d'une Europe hostile ou défiante, elle a dû se condamner à une attitude d'attente et de recueillement. Mais ses forces une fois rétablies, sans devancer l'heure des réparations nécessaires, pourquoi n'irait-elle pas chercher au dehors, dans un renouveau de son activité colonisatrice, de glorieuses compensations?

Cette idée, déjà apparue dans la *France nouvelle,* le livre presque prophétique de Paradol, inspire aussitôt après la paix de Francfort la loi qui réserve aux optants d'Alsace-Lorraine des terres de colonisation en Algérie; elle se répand par la vulgarisation des études géographiques, par la propagande du livre, de la chaire d'enseignement, des sociétés savantes; en attendant que les héroïques odyssées des explorateurs lui aient conquis les imaginations populaires, elle se précise dans l'esprit des hommes d'État, elle devient la pensée maîtresse, la directrice de toute une politique.

Cette politique n'est d'abord ni comprise ni acceptée par

le pays. L'éducation d'un peuple n'est pas l'œuvre d'un jour, et c'est bien ici une éducation qu'il s'agit de faire ou de refaire. Par malheur les événements n'attendent pas. Quand ils se précipitent, réclamant impérieusement des résolutions décisives, l'opinion surprise se trouble, se dérobe, se cabre contre ceux qui voudraient la guider. L'odieux esprit de parti, toujours prêt à faire litière de l'intérêt national pour assouvir la fureur de ses haines, l'affole de terreurs chimériques et de soupçons empoisonnés. Elle entraîne dans ses soubresauts incohérents les pouvoirs publics dont elle est la maîtresse. Pendant que les oppositions se déchaînent, que les Chambres s'intimident, que les gouvernements ne savent plus vouloir, le temps fuit, les occasions passent. Nous manquons ainsi les plus belles, les bouches du Niger en 1881, l'Égypte en 1882. Quand malgré tout on les saisit, la prise est si molle, que c'est miracle si elles n'échappent point. A chaque fois les atermoiements, les hésitations, les demi-mesures compromettent ou retardent un succès qu'il faut ensuite acheter au prix de douloureux sacrifices. C'est l'histoire de la Tunisie, et plus encore du Tonkin et de Madagascar.

En dépit de ces défaillances à jamais regrettables, la France a réussi à se constituer un empire indo-chinois, à se tailler un lot dans le partage de l'Afrique. Surtout elle est revenue de ses préventions et de ses incertitudes. Elle marche délibérément dans la voie que lui ont tracée les grands citoyens dont la courageuse obstination a su vaincre ses répugnances et entraîner sa conviction. Elle sait que désormais pour compter dans le monde, il ne suffit plus de compter en Europe. Elle veut être et elle est une grande puissance coloniale.

CHAPITRE II

L'ALGÉRIE COLONISÉE — LA FRANCE AU SAHARA [1]

L'Insurrection de 1871, Mokrani, Si-Aziz, Bou-Mezrag. — Le régime civil. — La colonisation. — Progrès économiques. — Les chemins de fer. — Les indigènes. — Le Sahara, la mission Flatters, insurrection du Sud oranais, la question Touareg.

La guerre de 1870, qui nous coûta deux provinces, manqua nous faire perdre aussi l'Algérie. Nos désastres retentirent profondément dans l'esprit des indigènes. Lorsque tant de Français se demandaient avec angoisse s'il ne fallait pas désespérer de la France, ils jugèrent que c'en était fait de sa grandeur et que sa force était brisée pour jamais : « On m'avait dit et je croyais, déclare dans son interrogatoire un des chefs de l'insurrection, que la France était finie, *qu'elle était rien du tout.* »

On a imputé cette insurrection au Gouvernement de la Défense nationale, qui l'aurait provoquée par les décrets introduisant en Algérie le régime civil et l'institution du jury et naturalisant les israélites algériens. Ces réformes, préparées avant la révolution du 4 Septembre, répondaient alors au vœu presque unanime de l'opinion. Le gouvernement impérial était sur le point de les accomplir quand la guerre contre la Prusse éclata. L'erreur fut de vouloir les appliquer en pleine crise.

---

1. OUVRAGES A CONSULTER : Rinn, *Histoire de l'insurrection de 1871 en Algérie;* Alger, 1891. — De la Sicotière, *Rapport au nom de la Commission d'enquête sur les actes du Gouvernement de la Défense nationale;* Versailles, 1874. — Maurice Wahl, *l'Algérie;* Paris, 1889. — Brosselard, *la Première mission Flatters;* Paris, 1883. — Bernard (capitaine), *Deuxième mission Flatters, historique et rapport rédigé au service central des affaires indigènes;* Alger, 1882. — *Statistique générale de l'Algérie;* Alger, 1885-1894. — Burdeau, *l'Algérie en 1891;* Paris, 1892. — Schirmer, *le Sahara;* Paris, 1894.

La première surtout, la plus importante, qui bouleversait toute l'organisation du pays, qui entraînait à la fois un changement de politique et un renouvellement de personnel, ne convenait pas à une époque aussi troublée. L'effet en fut singulièrement aggravé par l'attitude de la partie la plus bruyante, sinon la plus nombreuse, de la population civile. Les Arabes virent avec stupeur les chefs militaires, qu'ils s'étaient accoutumés à craindre et à respecter, malmenés quelquefois autrement qu'en paroles par leurs propres compatriotes. Entre l'autorité civile, qui n'avait pas d'action sur eux, et l'autorité militaire, qui n'en avait plus, ils demeurèrent sans direction, livrés à eux-mêmes, en butte aux menées des agitateurs, des ambitieux et des fanatiques.

Les excitations ne leur manquèrent pas. La Prusse avait trop d'intérêt à opérer une diversion en Algérie pour ne pas s'y employer activement. Un fils d'Abd-el-Kader, Maheddine, après s'être abouché avec l'explorateur allemand Gerard Rohlfs, entra en Algérie par le Sud-Est, groupa des partisans et fit mine d'attaquer Tébessa. Désavoué par son père, il dut rentrer en Tunisie pour regagner l'Égypte, puis Damas. Cet incident et quelques autres, comme les échauffourées locales de Souk-Ahrras et d'El-Milia, n'avaient pas par eux-mêmes une très grande gravité, surtout au moment où ils survenaient. La guerre franco-allemande se terminait, on allait bientôt pouvoir renforcer le corps d'occupation. L'Algérie serait sortie sans trop d'encombre de cette redoutable épreuve, si deux hommes, Mokrani et Si-Aziz, n'avaient profité du désarroi pour tenter d'organiser un soulèvement général.

Mokrani, bach-agha de la Medjana, dans la province de Constantine, appartenait à cette aristocratie militaire, qui, ralliée de bonne heure à la conquête française, avait obtenu en échange d'un concours alors utile de hautes dignités et de grands commandements. Depuis qu'il était question du régime civil, il se montrait inquiet et mécontent. Il sentait sa situation compromise; son orgueil se révoltait à l'idée de servir sous des chefs qui ne seraient pas des hommes de race ou des hommes d'épée. Ses affaires privées se trouvaient d'ailleurs en assez fâcheux état. Pour fournir des avances à ses compatriotes éprouvés par la famine, il avait engagé sa signature pour des sommes considérables. En se mettant à la tête d'un mouvement, il espérait se faire une position politique assez belle pour dominer de haut ces embarras et contenter ses ambitions.

L'ordre des Rahmanya ou fidèles de Sidi-Abderrahman est en Algérie la plus répandue de ces associations religieuses qui se partagent le monde musulman. Si-Aziz était le fils du grand-maître Cheikh-el-Haddad, dont l'obédience englobait avec la Kabylie tout le nord de la province de Constantine. C'était un ambitieux plutôt qu'un fanatique. Froissé des préférences témoignées à l'un de ses rivaux indigènes, il jugeait le moment opportun pour satisfaire ses rancunes et se donner le grand rôle auquel il aspirait. Il entraîna sans peine Cheikh-Haddad, vieillard plus qu'octogénaire, qu'il dominait entièrement. Le prestige religieux du père servit aux desseins politiques du fils. L'ordre des Rahmanya, avec sa hiérarchie disciplinée de *mokaddems* (vicaires) et de *khouans* (frères), lui fournit des agents, des lieutenants et des soldats.

Mokrani se déclara le premier. Le 9 mars 1871, il renouvelait sa démission, déjà offerte avant la guerre; le 15, il donnait le signal de l'insurrection. A la tête de 8,000 à 10,000 hommes, il alla brûler la petite ville de Bordj-bou-Arreridj. Mais le fort, où s'étaient repliés la garnison et les habitants, résista assez pour donner aux secours le temps d'arriver. Le bach-agha éprouva plus d'un mécompte; les grands chefs dont il avait espéré le concours se dérobaient; la plupart livrèrent ses lettres à l'autorité française en protestant de leur fidélité. Mokrani se rejeta alors sur l'alliance des Khouans. Le 8 avril, le vieux Cheikh-Haddad proclama la « guerre sainte ». A son appel répondirent 250 tribus, toute une population de près de 600,000 personnes, capable de mettre en ligne 120,000 combattants. L'insurrection s'étendit tout le long du littoral, depuis les montagnes qui ferment à l'est la Mitidja jusqu'aux abords de Constantine. Au sud de cette dernière ville, elle se propagea dans la région accidentée du Belezma; elle se relia aux mouvements partiels jusqu'alors localisés vers la frontière et dans le Sahara oriental.

Village Kabyle.
(D'après une photographie de M. Gervais-Courtellemont.)

Dans le Tell, Dra-el-Mizan, Fort-National, Tizi-Ouzou, Dellys, Bougie, Djidjelli, Bordj-bou-Arreridj furent investies, Sétif, Batna et Aumale menacées. Les rebelles incendiaient les habitations isolées, les villages ouverts, se ruaient à l'attaque des forts, organisaient des sièges en règle, menaient des approches, pratiquaient des mines. Les chefs affectaient de faire une guerre régulière et de ménager les personnes. Il y eut des assassinats, même des tueries comme à Palestro; mais les colons de Bordj-Ménaïel qui s'étaient rendus ne furent pas maltraités, non plus que les survivants de Palestro, faits prisonniers et emmenés dans la montagne.

TYPES KABYLES.
(D'après un document de M. Gervais-Courtellemont.)

Il fallut couvrir la banlieue et la ville même d'Alger. La petite colonne de troupes de ligne, de mobilisés, de francs-tireurs et de miliciens qui vint se poster à l'Alma y devança à peine les Kabyles, prêts à déborder dans la Mitidja. Après les avoir repoussés, le colonel Fourchault courut jusqu'à Palestro, où il ne trouva plus que des décombres et des cadavres. Des renforts arrivèrent, qui permirent bientôt de dégager l'entrée de la Mitidja et de reprendre l'offensive. L'insurrection se trouva arrêtée de ce côté. Elle avait à peine entamé le sud de la province d'Alger et n'avait pu s'étendre à celle d'Oran. Quand elle éclata tardivement en juillet chez les Beni-Menacer, à l'ouest de la Mitidja, elle y fut très vite réprimée. En somme, elle demeura cantonnée dans l'Est : les deux tiers de l'Algérie n'y prirent aucune part.

En attendant qu'on fût en force pour pénétrer dans le pays insurgé, des colonnes en surveillèrent les abords, empêchant l'incendie de se répandre. Celle du général Cérèz, qui manœuvrait au nord d'Aumale, rencontra le 5 mai les contingents de Mokrani. Le bach-agha fut tué raide d'une balle dans le cou; il tomba la face en avant, murmurant les premiers mots de la profession de foi musulmane. Sa mort ne termina rien. Son frère Bou-Mezrag, moins intelligent, mais plus actif et plus énergique, se chargea de le remplacer. L'heure du découragement n'était pas encore venue. Les insurgés étaient fiers de leur nombre, que grossissaient tous les jours des adhésions volontaires ou forcées. Mais le rapatriement des prisonniers d'Allemagne, la défaite de la Commune de Paris permettaient de reconstituer une véritable armée d'Afrique. Néanmoins les généraux Lallemand, Saussier, Cérez n'eurent pas trop de trois mois pour débloquer les places et refaire la conquête de la Grande-Kabylie. Si-Aziz, puis le vieux Cheikh-Haddad se rendirent. A la fin de juillet, l'insurrection était étouffée dans son foyer principal. Le général de Lacroix soumit la Petite-Kabylie, entre Constantine, Collo et Djijelli. La colonne Saussier, après avoir contraint Bou-Mezrag et les siens à abandonner le Tell, termina par la réduction de Belezma et du Bou-

Taleb une campagne de deux cent trente-trois jours, pendant laquelle ne s'étaient pas livrés moins de cinquante combats.

Bou-Mezrag s'était réfugié auprès de l'aventurier saharien Bou-Choucha, le même qui, profitant des discordes de nos

CAMPEMENT PRÈS DE TUGGURT.
(D'après une photographie communiquée par M. Jean Dybowski.)

chefs indigènes, leur avait enlevé successivement Ouargla et Tuggurt. Le général de Lacroix marcha contre eux. Tuggurt et Ouargla furent réoccupés. Une colonne légère se lança à travers les parcours du pays des Chamba. C'est là que furent tirés les derniers coups de fusil. La capture de Bou-Mezrag, ramassé mourant aux portes d'Ouargla, marqua la fin de l'insurrection (janvier 1872). La marche de la colonne Gallifet sur El-Goléa en 1873, la prise de Bou-Choucha en 1874 achevèrent la soumission du Sud.

La répression fut sévère. Des condamnations frappèrent les chefs ; les tribus qui avaient pris les armes furent punies d'une contribution de guerre de 36 millions et de la mise sous

Intérieur kabyle.
(D'après une photographie de M. Gervais-Courtellemont.)

séquestre d'une partie de leurs propriétés, qu'elles durent ou racheter ou abandonner à la colonisation.

Avant que la lutte eût pris fin, le gouvernement de l'Algérie avait été réorganisé. Le régime civil subsista, mais les premiers gouverneurs chargés de l'appliquer furent des officiers généraux, l'amiral de Gueydon, puis le général Chanzy. En 1879, celui-ci fut remplacé par un membre du Parlement, M. Albert Grévy, auquel succédèrent des administrateurs de carrière, MM. Tirman et Jules Cambon.

L'Algérie conserva une représentation au Parlement. Un conseil supérieur, dans lequel entraient des délégués des Conseils généraux, assista le gouverneur. Chacune des trois provinces continua d'être partagée en territoire civil, administré comme un département français par un préfet, des sous-préfets et des maires, et en territoire de commandement, confié à l'autorité militaire. Mais le territoire civil alla s'accroissant, de manière à englober avec le Tell une partie des Hauts-Plateaux, et même des enclaves sahariennes. En 1876, il comprenait seulement 42,000 kilomètres carrés et 1,300,000 habitants; en 1896, il occupe 128,000 kilomètres peuplés de 3 millions et demi d'hommes. Le territoire de commandement sur ses 350,000 kilomètres carrés, auxquels s'ajoutent les parcours à peu près illimités de l'extrême Sud, n'a guère qu'un demi-million d'habitants. En annexant au territoire civil des régions presque exclusivement peuplées d'indigènes, il a fallu leur donner une organisation spéciale ; on les a découpées en communes mixtes, dont la surface moyenne équivaut au quart d'un de nos départements, et qui sont placées sous l'autorité d'un administrateur investi de pouvoirs très étendus.

CHANZY.

L'œuvre de la colonisation depuis longtemps délaissée fut

reprise. Le séquestre et la contribution de guerre fournissaient des ressources en terres et en argent. On put distribuer des concessions, agrandir les anciens centres, en créer de nouveaux. De 1871 à 1891, on ne livra pas à la colonisation moins de 600,000 hectares, sur lesquels furent établies 40,000 personnes. La population européenne, de 220,000 habitants en 1866 monta à 350,000 en 1876, à 435,000 en 1886, à 490,000 en 1891. Sur ce dernier nombre, 200,000 appartiennent à la population agricole, 270,000 sont des Français.

Les cultures s'étendaient. La production des céréales passait de 10 à 15 millions de quintaux métriques. Le bétail, aux trois quarts détruit pendant les années de misère et de révolte, se reconstituait peu à peu. Après avoir essayé de diverses cultures industrielles comme le coton, les Européens se mettaient à planter des vignes ; les ravages exercés en France par le phylloxéra déterminèrent une émigration de vignerons expérimentés et ouvrirent aux vins de la colonie le marché national. Le vignoble algérien, qui n'occupait en 1850 que 792 hectares, en couvrit 120,000, donnant une récolte de 3 à 4 millions d'hectolitres. Des industries naissaient pour mettre en œuvre les produits naturels du sol : on exploitait les prairies d'alfa des Hauts-Plateaux, les forêts de chênes-lièges, les mines de fer de Mokta-el-Hadid près de Bône et du Rio-Salado près d'Oran. Le mouvement de la navigation, de 1,275,000 tonnes en 1868, passait à 4 millions de tonnes et se faisait pour les 7/8 sous pavillon français. Le commerce, de 8 millions en 1831, de 250 millions vers 1870, atteignait à une valeur de plus d'un demi-milliard et la France y figurait pour les 4/5. Les recettes fiscales dépassaient le chiffre de 40 millions, suffisant pour couvrir les dépenses des services civils.

L'accroissement de la richesse avait été favorisé et en grande partie déterminé par les travaux d'utilité publique, dessèchement de marais, construction de barrages, de canaux d'irrigation, de puits artésiens, de routes, de voies ferrées, de lignes télégraphiques, de ports, de phares, création de grands services de navigation, installation de câbles sous-marins. Le premier chemin de fer, entre Alger et Blida, avait été inauguré en 1862; en 1870, il existait deux lignes : Constantine à Philippeville et Alger à Oran, ayant ensemble une longueur de

PALAIS DU BEY, A CONSTANTINE.

513 kilomètres, encore la dernière n'était-elle pas ouverte sur tout son parcours. Depuis lors, le réseau a atteint un développement de plus de 3,000 kilomètres. Une grande ligne longitudinale, parallèle à la côte, s'approche à l'ouest de la frontière marocaine et se soude à l'est aux chemins de fer de Tunisie, reliant Alger avec Oran et Tlemcen d'une part, avec Constantine et Tunis de l'autre. Des lignes secondaires viennent s'y embrancher, soit pour la rejoindre aux principaux ports quand elle s'en écarte, soit pour s'enfoncer dans l'intérieur. Dans l'Ouest, celle d'Arzeu à Saïda, prolongée à travers

les Hauts-Plateaux, s'avance jusqu'à la hauteur de l'oasis marocaine de Figuig, à près de 500 kilomètres de la côte ; dans l'Est, celle de Philippeville à Biskra, après un parcours de 325 kilomètres, arrive à la lisière du Sahara, où elle doit se continuer sur Tuggurt et Ouargla.

Tous ces progrès profitaient aussi aux indigènes. Ils vendaient mieux leur blé et leur bétail, trouvaient dans les exploitations européennes des salaires rémunérateurs. Leur nombre, tombé entre 1866 et 1872, par les ravages du typhus, de la famine et de la guerre, de 2,650,000 à 2,125,000, s'est relevé à plus de 2,800,000 en 1881, à plus de 3 millions et demi (3,554,000) en 1891. Le seul fait de cet accroissement rapide et continu témoigne que la conquête française leur a été bienfaisante. Elle a apporté à beaucoup l'aisance ; à presque tous elle a assuré une vie moins précaire. A toutes les époques et sous tous les régimes, la France a tenu à honneur d'améliorer le sort de ses sujets mulsulmans. Après 1871, elle crut pouvoir modifier leurs institutions, pour les amener rapidement à un état social plus voisin de celui des peuples civilisés. La loi de 1873 eut pour objet de substituer à la jouissance vague et collective du sol la propriété individuelle constatée par des titres réguliers. La loi de 1882 ordonna la création d'un état civil des indigènes. Le décret de 1886 enleva à leurs magistrats, taxés d'ignorance et de corruption, la connaissance de leurs litiges civils, qui fut attribuée à la justice française. Mais ces réformes, inspirées par les intentions les plus généreuses, ne tenaient pas assez de compte des idées, des habitudes, ni même des réels besoins. Elles se heurtèrent à la résistance des mœurs, plus fortes que les lois. Elles produisirent parfois des effets opposés à ceux qu'on en attendait. Ainsi la loi de 1876, qui ne put s'exécuter au prix de dépenses énormes que dans une partie restreinte du territoire, amena la dépossession d'un certain nombre d'indigènes, victimes de leur imprévoyance ou de spéculations frauduleuses. La juridiction

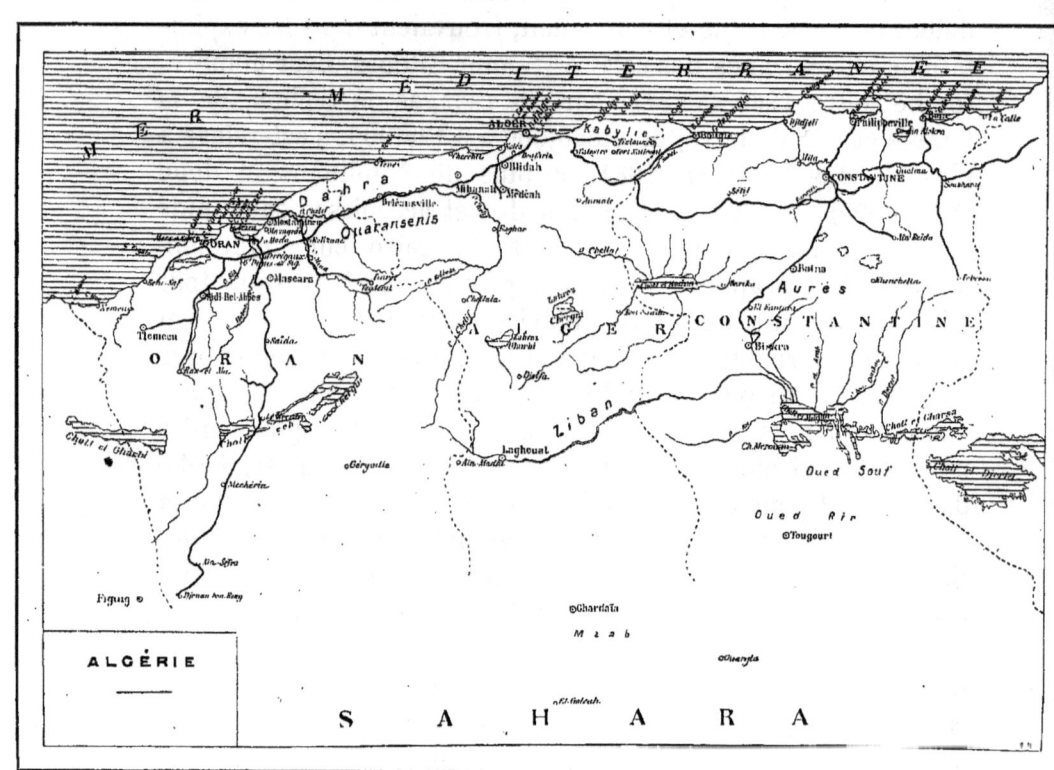

Carte de l'Algérie.

de nos tribunaux, avec ses complications, ses lenteurs et ses frais, leur fut plus onéreuse que la justice des cadis, souvent vénale, mais expéditive et simple. D'autre part, en négligeant de répandre chez eux l'instruction française, on se privait, comme à plaisir, d'un puissant moyen d'action morale et de progrès intellectuel ; on les laissait livrés à leur ignorance et à leurs préjugés. D'appréciables efforts ont été faits depuis 1883, mais le nombre des enfants indigènes qui fréquentent nos écoles n'est encore que de 15,000, sur un demi-million ayant l'âge de scolarité.

Le grand résultat acquis dès à présent, c'est l'installation d'un demi-million d'Européens, solidement implantés dans le pays, fixés à son sol, adaptés à son climat, capables d'y vivre, d'y travailler, d'y produire, d'y faire souche. Cette terre d'Afrique est bien aujourd'hui une annexe de l'Europe méditerranéenne, définitivement arrachée à la barbarie, dont elle abritait, avant 1830, la menaçante avant-garde. Mais que d'efforts encore nécessaires pour mettre en pleine valeur ses richesses naturelles, pour acheminer vers la civilisation son peuple stationnaire d'Arabes et de Kabyles. Elle n'est ni une colonie de peuplement comme le Canada ou l'Australie, ni une colonie de domination comme l'Inde anglaise. Elle est l'une et l'autre à la fois. Faire vivre ensemble ses colons et ses indigènes, si dissemblables par les mœurs et les croyances, concilier leurs intérêts distincts et parfois opposés, désarmer les préventions, apaiser les défiances, opérer sinon une fusion encore impossible, au moins un rapprochement qui les associe dans une collaboration féconde ; laisser aux uns, tout en maintenant les prérogatives de la souveraineté nationale, cette liberté de mouvements dont les jeunes sociétés ont besoin pour grandir ; surveiller, protéger, guider les autres, que leur ignorance de demi-barbares constitue à l'état de peuple mineur, telle est la tâche ardue et compliquée qui s'impose en Algérie à la politique française.

Parmi les questions qu'il lui faut résoudre, celle du Sahara n'est pas une des plus faciles. Quelques illusions qu'on se soit faites à d'autres époques, il ne paraît pas qu'on puisse attendre des relations avec le Sud les bénéfices d'un mouvement d'échanges considérable. Le pays est trop pauvre en produc-

FORAGE D'UN PUITS DANS L'OUED RIR.
(D'après une photographie communiquée par M. Jean Dybowski.)

tions et en habitants pour avoir jamais beaucoup à demander ou à offrir, et, quant au transit des caravanes qui le traversent de la Méditerranée au Soudan, il ne représente qu'un trafic presque insignifiant. Mais de tout temps, dans l'Afrique du Nord, les maîtres du Tell se sont vus obligés de s'avancer dans le Sahara : leur sécurité était à ce prix. La France n'a pas échappé à cette loi commune. De bonne heure, elle a pu s'apercevoir que, pour tenir les sédentaires et les demi-nomades du Nord, il lui fallait mettre aussi la main sur les nomades du Sud. Avant même d'avoir réduit Abd-el-Kader, on commençait à prendre position dans le Sahara.

Vers 1860, nous y exercions, au moins dans la partie attenante à l'Algérie, une prépondérance incontestée. La prise de Zaatcha et celle de Laghouat avaient porté au loin la terreur de nos armes. Les Ouled-Sidi-Cheikh, alors nos alliés, mettaient à notre service leur influence féodale et religieuse. Le général Desvaux et l'ingénieur Jus commençaient les forages artésiens qui, en revivifiant les oasis de l'oued-Rir, nous montraient capables de faire reculer le désert. Duveyrier visitait le Mzab, les oasis de Ghadamès, de Ghat, de Mourzouk, les parcours des Touareg de l'Est. Le moment sembla venu d'établir des relations avec l'intérieur du Grand-Désert, et de ramener vers l'Algérie les courants commerciaux qui, depuis la conquête, s'étaient détournés vers le Maroc et la Tripolitaine. Ce fut l'objet de plusieurs missions. Mais Colonieu et Bourin à l'Ouest ne purent pénétrer dans le Touât. Le traité de commerce, conclu à Ghadamès par Polignac et Mircher avec des représentants plus ou moins accrédités des Touareg Azguer, demeura à l'état de lettre morte. La révolte des Ouled-Sidi-Cheikh, en 1864, nous ferma pour longtemps les routes de l'Ouest. Le voyageur Soleillet, qui s'y engagea de nouveau en 1874, se vit interdire l'entrée d'Insalah. La même année, Dournaux-Duperré et Joubert étaient assassinés par les Touareg entre Ghadamès et Ghat.

L'idée, au moins prématurée, d'un chemin de fer transsaharien, qui devait rejoindre nos possessions d'Algérie à celles du Sénégal, détermina de nouvelles tentatives. Trois missions d'études furent organisées sous la conduite des ingénieurs Choisy et Pouyanne et du colonel Flatters. Le colonel Flatters était chargé de reconnaître un itinéraire traversant du nord au sud le pays des Touareg, pour aboutir au Soudan entre le Niger et le Tchad. Une première fois, en 1880, il fut arrêté par les Touareg Azguer au lac Menghough, à 120 kilomètres de Ghat. En 1881, après s'être avancé au delà du 25° de latitude, il fut attiré dans un guet-apens; les Touareg Hogghar massacrèrent les chefs et s'emparèrent des chameaux et des bagages. Perdus en plein désert, à soixante-quinze jours de marche d'Ouargla, sans montures, sans provisions, sans guides, les survivants commencèrent vers le Nord une lamentable retraite, à marches forcées sous le soleil brûlant, s'arrêtant pour combattre les Touareg qui leur disputaient l'accès des puits et les harcelaient sans relâche, se nourrissant de débris retrouvés aux étapes, d'herbe, d'os pilés. A la fin, affolés par la souffrance, comme les naufragés de la *Méduse*, ils tuèrent les plus faibles pour les manger. Les quelques Européens qui avaient échappé au sabre des Touaregs succombèrent

TOUAREG.

aux privations et à l'épuisement. Dix Français et quatre-vingt-six indigènes étaient partis d'Ouargla, une douzaine d'indigènes y revinrent, mais des Français pas un.

Presque en même temps éclatait dans le Sud oranais la révolte du marabout Bou-Amama, à laquelle se joignirent bientôt les Ouled-Sidi-Cheikh accourus du Maroc. L'échec du colonel Innocenti, qui perdit son convoi à Chellala, redoubla l'audace des insurgés. Ils vinrent jusqu'auprès de Saïda, aux portes du Tell, incendier les chantiers d'alfa et massacrer les ouvriers espagnols. Le général Saussier, appelé au commandement du XIXe corps, accourut avec des forces imposantes et reprit une vigoureuse offensive. Le chemin de fer d'Arzeu à

CAVALIERS MÉHARISTES.

Saïda, prolongé jusqu'au Kreider, puis jusqu'à Méchéria, assura les ravitaillements. Six colonnes furent mises en campagne. A la fin de 1881 l'ennemi était rejeté au Maroc. Des négociations habilement conduites par le général Thomassin ramenèrent sur notre territoire les Ouled-Sidi-Cheikh et la majeure partie des dissidents. En 1883, la pacification put être considérée comme achevée.

Mais Flatters n'avait pas été vengé. Enhardis par l'impunité, les Touareg firent subir le même sort au lieutenant Palat, qui s'était aventuré en 1886 sur la route d'Insalah. Un autre voyageur français, Camille Douls, fut encore assassiné dans le Sahara occidental, qu'il avait abordé par la côte de l'Atlantique (1891). En haine de la France, Ghadamès et Ghat avaient depuis longtemps appelé des garnisons turques. Le Touât, à son tour, se plaça sous l'autorité de l'empereur du Maroc et devint un foyer d'intrigues antifrançaises. Dans ces dernières années, quelques courageux explorateurs : Foureau, Méry, d'Attanoux, se sont encore hasardés dans le Sahara pour tenter de renouer avec les Touareg des relations pacifiques. Ils se sont heurtés à une hostilité farouche ou n'ont obtenu que des promesses illusoires. Plus efficaces ont été les mesures prises pour reporter en avant nos postes stratégiques et notre zone d'action : l'annexion du Mzab en 1882, l'installation de garnisons respectables à El-Goléa, Ghardaïa, Aïn-Sefra, la construction de forts avancés (fort Mac-Mahon et fort Miribel, à 160 et 140 kilomètres d'El-Goléa, fort Lallemand, à 110 kilomètres d'Ouargla), la création d'un corps de méharistes, montés sur des chameaux de course, la prolongation jusqu'à Aïn-Sefra et Djenan-bou-Rezg, en face de Figuig, du chemin de fer du Sud oranais. Mais à chaque instant des démonstrations menaçantes, des agressions audacieuses viennent nous rappeler que nos adversaires n'ont pas désarmé. Nous avons réussi à reculer nos frontières sahariennes, sans parvenir encore à les pacifier.

CHAPITRE III

LE PROTECTORAT EN TUNISIE [1]

La Tunisie sous le gouvernement des beys. — Détresse financière, la commission financière internationale. — L'influence française et les rivalités étrangères. — Menées italiennes, Maccio contre Roustan. — Agression des Khroumirs. — Première campagne de Tunisie, traité du Bardo. — Attitude des puissances. — L'insurrection, deuxième campagne de Tunisie. — Le régime du protectorat, réorganisation intérieure, la colonisation, les travaux publics.

La Tunisie appartient, comme l'Algérie, à cette région si particulière du nord-ouest africain que la Méditerranée rapproche de l'Europe tandis que le Sahara l'isole, la détache presque de la masse continentale. Dans les deux pays, c'est le même contraste d'un Tell de montagnes et de plaines, riche en céréales, en oliviers, en vignobles, et d'un sud pastoral, où la vie n'est sédentaire que dans les oasis; la même succession de dominateurs carthaginois, romains, vandales, byzantins, arabes, berbères, turcs; le même mélange de Berbères et d'Arabes confondus dans l'unité de la foi islamique. La Tunisie, cependant, avec son double front maritime, sa faible épaisseur continentale, ses plaines largement ouvertes, a quelque chose de plus hospitalier et de plus accessible. Son climat est moins extrême, sa fertilité moins inégale, sa population moins rude et moins belliqueuse. Après les deux Carthage, punique

---

1. OUVRAGES A CONSULTER : Rousseau, *Annales tunisiennes;* Alger, 1864. — Rambaud, *les Affaires de Tunisie;* Paris, 1882. — P. H. X. (Paul d'Estournelles de Constant), *la Politique française en Tunisie;* Paris, 1891. — Narcisse Faucon, *la Tunisie avant et depuis l'occupation française;* Paris, 1893. — Duveyrier, *la Tunisie;* Paris, 1881. — De la Berge, *la Tunisie, récit de l'expédition française;* Paris, 1881. — Ministère des affaires étrangères, *Rapports au Président de la République sur la situation de la Tunisie;* Paris, 1890-1895. — De Lanessan, *la Tunisie;* Paris, 1887. — Paul Leroy-Beaulieu, *l'Algérie et la Tunisie;* 1887.

et romaine, Kairouan, puis Tunis y ont été tour à tour de brillantes capitales musulmanes. Les mêmes causes qui favorisèrent l'épanouissement des civilisations anciennes, dont on retrouve à chaque pas les vestiges épars sur son sol, y ont préparé un milieu nullement réfractaire à la civilisation moderne.

Comme les deys d'Alger, les beys de Tunis sont des princes d'origine turque, anciens vassaux devenus indépendants; seu-

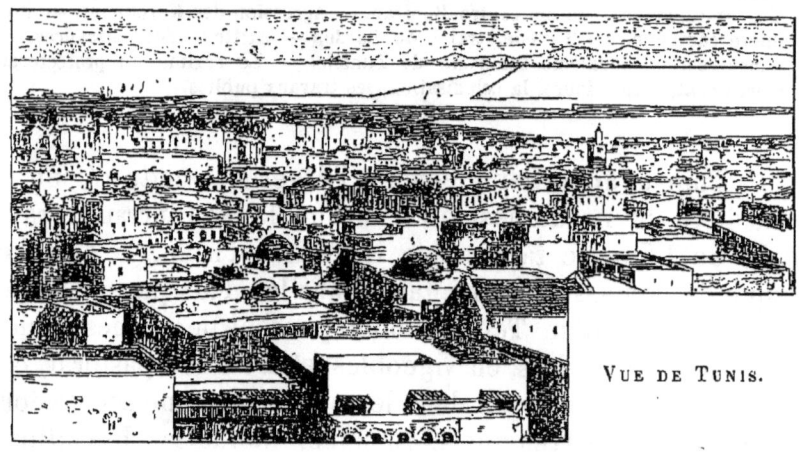

VUE DE TUNIS.

lement leur pouvoir, au lieu d'être viager, appartient depuis deux siècles à la dynastie de Hussein. A cette différence près, l'état politique des deux pays était presque semblable, le commerce de la Méditerranée occidentale avait également à souffrir des déprédations de leurs corsaires. Ce fut seulement à partir de 1830, quand la France se fut installée à Alger, que les Tunisiens renoncèrent à la piraterie. Ils s'appliquèrent à entretenir avec les nouveaux maîtres de l'Algérie des relations de bon voisinage. L'influence française devint prépondérante à Tunis. Nos consuls, Mathieu de Lesseps, Léon Roches, furent les conseillers écoutés des beys. De grandes réformes furent alors entreprises; on put espérer quelque temps que la Tunisie allait, de son propre mouvement, se transformer pour prendre rang parmi les États civilisés. Par malheur cette tentative ne fut pas menée avec l'esprit de suite, ni surtout avec la prudence et la mesure qui pouvaient seules en assurer le succès. Abusés par des spéculateurs sans scrupules, entraînés par des ministres concussionnaires, comme ce Mustapha Khaznadar qui fut trente-cinq ans le véritable chef du gouvernement, les beys se lancèrent dans des dépenses extravagantes, contractèrent pour y subvenir des emprunts ruineux, à la sûreté desquels ils aliénaient leurs revenus, et dont ils furent bientôt incapables de servir les intérêts.

Vers la fin du second Empire, la Tunisie était aux abois. Comme l'Algérie, à la même époque, elle avait été éprouvée par une série de mauvaises récoltes, la misère avait amené la famine, la famine avait engendré le typhus. Sur son peuple exténué pesaient des impôts écrasants, encore aggravés par une répartition arbitraire et par l'infidélité rapace des collecteurs. Des révoltes éclataient, les paysans désespérés fuyaient en Tripolitaine et jusqu'en Égypte. Les créanciers européens faisaient entendre de bruyantes réclamations. La France, l'Angleterre et l'Italie intervinrent. Le bey dut accepter une commission financière internationale, chargée de liquider les dettes de la Régence et d'assurer le service des intérêts en administrant les revenus publics. Les trois puissances y étaient représentées. L'énormité de la dette, arrêtée au chiffre de 125 millions et dont les annuités absorbaient la moitié des ressources, l'insuffisance des recettes, l'appauvrissement continu du pays, la coûteuse immoralité de l'administration indigène rendaient la tâche ingrate et presque impossible. Elle se compliquait de conflits entre les divers éléments qui composaient la commission, de dissentiments personnels, de rivalités nationales.

La France, en effet, n'était plus seule à Tunis. Les ambitions concurrentes crurent pouvoir se donner carrière pendant la guerre de 1870. L'Angleterre se borna à obtenir pour ses nationaux des concessions de chemins de fer. Mais, l'Italie, au premier prétexte, menaça le bey d'une rupture et prépara une escadre. Il fallut, pour en empêcher le départ, l'énergique attitude de notre ministre à Florence, auquel se joignirent

PALAIS DU BARDO. — L'ESCALIER DES LIONS.

cette fois les représentants de l'Angleterre et de la Turquie. L'Angleterre ne se souciait nullement de voir les Italiens à Tunis. Quant à la Turquie, elle entendait y aller elle-même. En 1871, le général tunisien Khéreddine, envoyé à Constantinople, en rapporta pour son maître un firman d'investiture qui replaçait la Régence sous la suzeraineté du sultan.

La chute du néfaste Mohammed-Khaznadar, la bonne

administration de Khéreddine valurent à la Tunisie quelques années de répit. Mais en 1877 Khéreddine était renversé, le pouvoir passait aux mains du gendre et favori du bey, le jeune Mustapha-ben-Ismaël, aussi corrompu que le vieux Khaznadar. Heureusement la France, représentée par un consul énergique et habile, M. Roustan, n'était pas demeurée inactive. Elle possédait, depuis 1861, le monopole des services télégraphiques ; elle obtint la concession du chemin de fer de Tunis à la frontière algérienne, d'abord accordée à une compagnie anglaise ; les travaux commencés en 1876 étaient presque achevés en 1880. Mais si l'Angleterre, fidèle aux engagements pris au congrès de Berlin par lord Salisbury, cessait de contrarier notre action, l'Italie, d'autant plus ardente qu'elle avait éprouvé dans le règlement des affaires d'Orient des déceptions plus pénibles, nous combattait avec violence. Ses hommes d'État déclaraient que la Tunisie était « la dernière porte ouverte à l'expansion italienne ». Un véritable duel s'engagea entre son nouveau consul Maccio et le consul français Roustan.

Maccio essaye d'abord de nous enlever le monopole des télégraphes que la France exerce en vertu d'un droit incontesté depuis la convention de 1861. Battu sur ce terrain, il cherche et trouve une revanche. Le petit chemin de fer de Tunis à la Goulette, construit et exploité par une compagnie anglaise, est mis en vente. Deux compagnies, Bône-Guelma, française, et Rubattino, italienne, se présentent pour l'acquérir. Une première vente en faveur de la compagnie française est annulée pour un vice de forme. La seconde fois, il est adjugé à la compagnie Rubattino, que les subventions du gouvernement italien ont mise à même d'en offrir un prix quatre fois supérieur à la valeur réelle. Il ne s'agit plus là d'une concurrence entre des particuliers. L'intervention du gouvernement italien donne à l'affaire une physionomie politique bien caractérisée. Il est clair que l'on manœuvre pour nous évincer de la Régence.

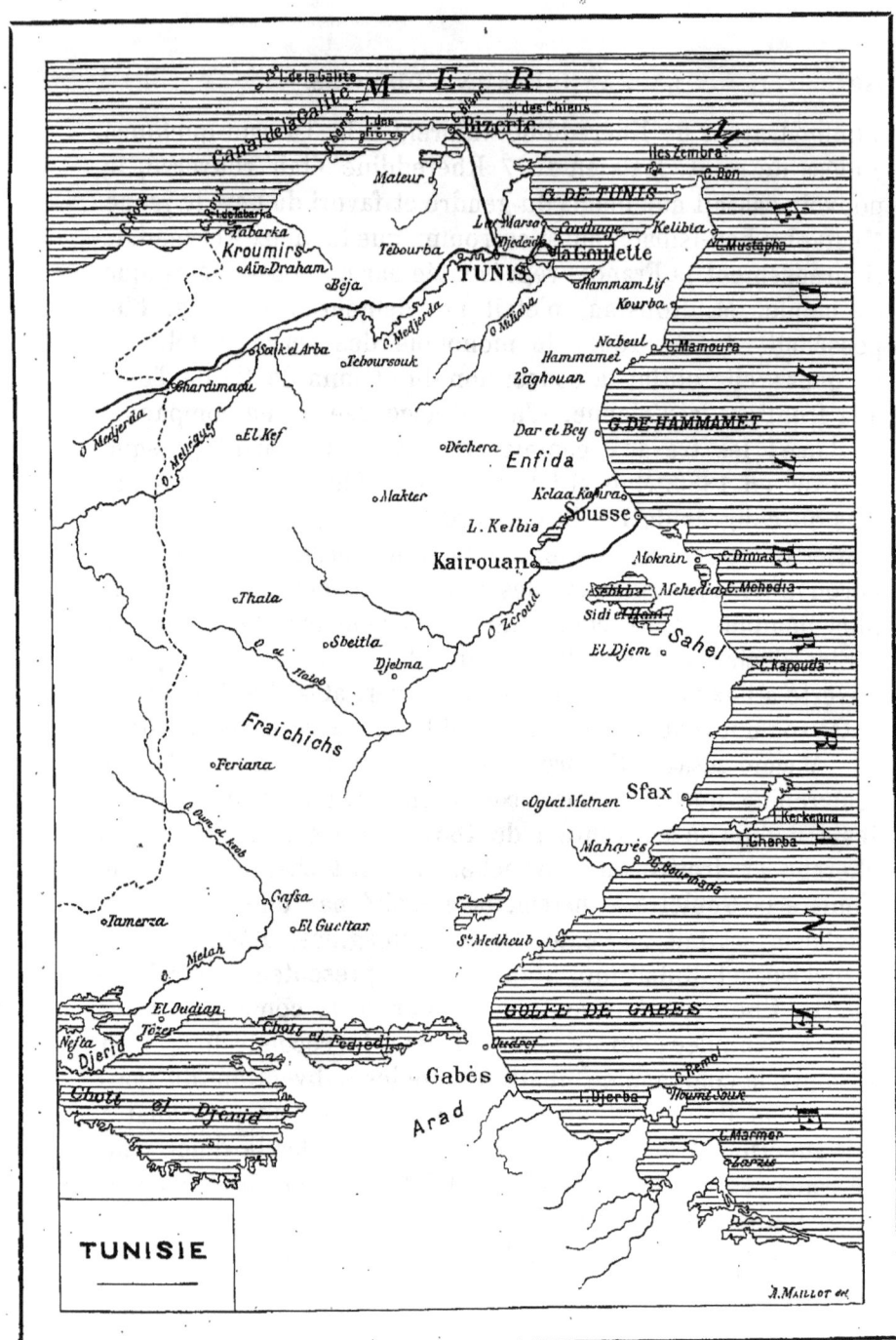

Carte de la Tunisie.

Les abus et les désordres ont recommencé, ramenant à leur suite les difficultés financières. Les populations sont livrées au pillage, la cour beylicale aux intrigues, les revenus ne suffisent plus au service de la dette. De 12 fr. 50, le coupon est réduit à 7 fr. 50. C'est une banqueroute qui se prépare. Cependant, le bey circonvenu témoigne à nos nationaux une véritable hostilité. Elle s'est déjà manifestée en 1877, lorsqu'on a tenté d'enlever brutalement au comte de Sancy sa concession de Sidi-Tabet; elle s'accentue dans l'affaire de l'Enfida où un sujet Anglais, s'armant de droits imaginaires, conteste à une société française la propriété d'un domaine acquis régulièrement du général Khéreddine. Un paquebot français, l'*Auvergne,* venu à la côte devant l'île de Tabarca, est pillé par les montagnards khroumirs, sujets tunisiens. Le journal arabe *El Mostakel,* qui s'imprime à Cagliari, d'où il est répandu à profusion dans la Régence, se livre contre nous à une polémique enragée. Les tribus frontières : Ouchtetas, Fraichichs, Khroumirs, deviennent plus agressives que jamais, nos indigènes algériens sont assaillis, dépouillés, assassinés. Les réclamations adressées au bey demeurent sans effet. Il n'a jamais été en état de se faire obéir des montagnards de la Khroumirie. Pourrait-il donner satisfaction qu'il ne le voudrait pas. Il se croit assuré de puissants appuis. Ses illusions sont telles qu'il ne recule pas devant la perspective d'un conflit. Lui et son entourage en sont arrivés à braver ouvertement la France.

Le gouvernement français aurait pu régler la question tunisienne dès 1878, quand les déclarations si formelles adressées à ses représentants au congrès de Berlin lui garantissaient l'assentiment des principales puissances, la résignation des autres. Par une modération peut-être excessive, il s'est contenté du maintien du *statu quo.* Mais la crise est arrivée à son période aigu. Livrée à l'anarchie, hors d'état de satisfaire à ses obligations internationales, avec un gouvernement qui n'a ni ressources, ni force, ni volonté propre, la

Tunisie ne peut plus échapper à une mainmise étrangère. La question n'est plus de savoir si elle restera ou non indépendante, mais si elle deviendra italienne ou française. A la France de voir s'il lui convient d'abandonner une prépondérance acquise par tant de patients efforts, de laisser une puissance qui ne compte plus parmi ses alliés, et qui s'apprête à se ranger du côté de ses ennemis, occuper une des plus fortes positions de la Méditerranée, d'accepter en Afrique un voisinage autrement dangereux qu'en Europe, car il n'y a pas là de barrière des Alpes. L'Italie, en Tunisie, c'est l'Italie « attachée à nos flancs, sur la ligne de retraite de toutes les insurrections algériennes, tenant dans sa main le calme et la tempête ».

L'imprudence de nos adversaires brusqua la solution. L'effervescence qu'ils avaient entretenue parmi les tribus de la frontière les porta à de telles agressions qu'il devint impossible de temporiser davantage. En février 1881, les Khroumirs viennent assaillir nos tribus chez elles. Le 31 mars, ils reparaissent, s'attaquent non plus seulement aux indigènes, mais aux soldats français. Nos troupes régulières ont une dizaine d'hommes tués ou blessés, l'ennemi a mis en ligne 3,000 ou 4,000 combattants, il a fallu, pour le faire reculer, l'arrivée de tout un bataillon. Une agitation menaçante se propage le long de la frontière, du littoral à l'extrême Sud. Le gouvernement français ne peut tolérer plus longtemps de telles insultes, qui compromettent et notre prestige en Tunisie et notre sécurité en Algérie. Il demande aux Chambres des crédits qui lui sont accordés par la presque unanimité des représentants de la nation. Le bey, à qui l'on a offert de coopérer avec nous à la répression des Khroumirs, déclare s'opposer à l'entrée de nos troupes sur son territoire. Il se fait fort de châtier lui-même ses sujets rebelles. L'expérience a montré ce que valent ses promesses. La France passe outre.

On peut s'attendre à voir l'armée beylicale prendre part

aux hostilités ; si peu sérieuse qu'elle soit, elle n'en fournirait pas moins un point d'appui, surtout un encouragement à l'insurrection des tribus. Le pays des Khroumirs est difficile, c'est une Kabylie tunisienne. Eux et leurs voisins immédiats peuvent aligner 25,000 fusils. Si les résistances se prolongent, outre qu'elles nous obligeront à de plus lourds sacrifices, elles donneront à des interventions étrangères le temps de se produire. Il importe d'en finir vite, et pour cela de déployer des moyens puissants. 23,000 hommes amenés de France débarquent dans les ports algériens de Bône et de la Calle ; l'armée d'Afrique fournit 8,000 soldats ; le général Forgemol, commandant de la division de Constantine, prend la direction des opérations.

Elles commencèrent vers le 25 avril. Pendant que la colonne du général Delebecque, partie de Bône, abordait directement la Khroumirie, celle du général Logerot, entrée par Souk-Arrhas, marchait par la vallée de l'Oued-Mellègue vers la plaine de la Medjerda, afin d'isoler le pays insurgé en le séparant du sud de la Régence. Le général Logerot entra sans combat au Kef et rejoignit la ligne ferrée à Souk-el-Arba. Sur son invitation, les troupes tunisiennes que commandait le prince Sidi-Ali, frère et héritier présomptif du bey, se retirèrent prudemment à une distance de 60 kilomètres. Après un seul engagement à Ben-Béchir, le 30, la colonne se trouva établie dans la plaine de la Medjerda, maîtresse du chemin de fer, prête à prendre à revers la Khroumirie que le général Delebecque avait attaquée de front. De ce côté, la marche retardée par les intempéries et la difficulté du terrain avait été moins rapide. Nos troupes, aidées de l'escadre, s'emparèrent d'abord du fort de Tabarca ; elles s'avancèrent ensuite dans le massif où elles occupèrent la position dominante d'Aïn-Draham. Dès le 8 mai, après la prise du marabout de Sidi-Abdallah-bou-Djemel, la résistance avait complètement cessé ; les Khroumirs demandaient l'aman.

L'attitude du bey n'avait pas changé ; il multipliait les protestations, les appels à l'intervention des puissances. Il fallait l'amener lui aussi à composition. Le 1ᵉʳ mai, une escadre française parut devant Bizerte et commença le débarquement de la brigade Bréart, forte de 8,000 hommes. Le 8, le général Bréart se porte en avant ; le 11, il est à Djedeida sur la ligne du chemin de fer ; le 12, à la Manouba, aux portes de Tunis. Là, il arrête le mouvement de ses troupes et, accompagné de M. Roustan, qui est venu à sa rencontre, il se rend à la villa de Ksar-Saïd, où est le bey. Il lui remet le projet de traité dont il est porteur. Le bey demande à réfléchir, le général exige une réponse avant la fin de la journée. Mohammed-Saddok hésite, délibère, mais il sait que son frère Taïeb est là, tout prêt à prendre sa place. Il se décide enfin ; à 8 heures du soir, le traité est signé.

La France confirme les conventions existantes entre elle et la Tunisie, se porte garante des traités conclus par la Régence avec les puissances européennes, assure au bey son appui contre tout danger qui menacerait sa personne, sa dynastie ou la tranquillité de ses États, s'engage à établir, d'accord avec lui, une organisation financière par laquelle les droits des créanciers seront sauvegardés. Elle est autorisée à faire occuper par ses troupes les points qu'elle jugera nécessaires pour assurer le rétablissement de l'ordre et la tranquillité des frontières. Elle aura à Tunis, non plus un consul, mais un résident chargé de veiller à l'exécution du traité. Le bey ne conclura aucun acte international sans son assentiment préalable.

Ces conditions étaient modérées, mais elles nous donnaient l'essentiel : le droit d'occupation militaire, l'administration des finances, la haute main sur les relations extérieures. On pouvait regretter, comme susceptible de nous créer de graves embarras dans l'avenir, l'article qui garantissait l'exécution des traités conclus avec les puissances. Le gouvernement français avait jugé indispensable de faire cette concession aux susceptibilités de l'opinion européenne. Celle-ci se montra généralement favorable. Si une partie de la presse anglaise témoignait de l'aigreur, le gouvernement britannique, respectueux des engagements pris à Berlin, s'abstenait de toute démarche qui pût gêner notre action. Son consul à Tunis recevait l'ordre de ne plus traiter avec le bey que par l'intermédiaire de M. Roustan. L'Italie, qui avait déjà rappelé M. Maccio, se contenta de renverser le ministère Cairoli, rendu responsable de sa déception, mais elle observa pour le moment une attitude plutôt réservée; la tension qui allait bientôt se produire dans nos rapports avec elle ne fut pas le fait des gouvernements. Seule, la Turquie parut un instant disposée à répondre aux appels du bey réclamant sa protection de puissance suzeraine. Elle se prépara à envoyer deux cuirassés à la Goulette. Mais notre ambassadeur à Constantinople, M. Tissot, déclara « que nous ne laisserions pas passer un seul bâtiment turc à cette destination ». Les cuirassés ne partirent pas.

JULES FERRY.

Les vraies difficultés vinrent de France. L'entreprise, la première que nous eussions tentée depuis nos désastres de 1870, avait pleinement réussi. Elle faisait honneur à ceux qui l'avaient préparée et conduite, au président du conseil Jules Ferry, au ministre des affaires étrangères, Barthelémy-Saint-Hilaire, au ministre de la guerre, le modeste et savant général Farre. Elle n'en fut que plus violemment critiquée par les partis d'opposition. On osa dire qu'elle n'avait été engagée que pour favoriser des spéculations à la hausse sur les fonds tunisiens; on publia que les Khroumirs n'avaient jamais existé; on accusa le gouvernement d'avoir été dupe, peut-être complice des combinaisons machiavéliques de M. de Bismarck, pour qui c'était une double bonne fortune de nous faire user nos forces dans une aventure africaine et de nous brouiller avec l'Italie. L'opinion publique se serait soulevée contre des ministres qui auraient abandonné la Tunisie; elle ne soutint pas ceux qui venaient de l'acquérir à la France. Les élections générales approchaient; il était à craindre qu'elles ne se ressentissent du trouble jeté dans les esprits. Il parut urgent de les rassurer en montrant que l'expédition était finie. Le bey avait accepté nos conditions, le nord de la Tunisie était pacifié. Le gouvernement crut pouvoir rappeler la moitié des troupes. Il eut bientôt lieu de le regretter.

Ni le bey ni son entourage ne s'étaient soumis sans arrière-pensée. Le massacre de Flatters, l'insurrection du Sud oranais, les succès partiels qu'elle obtenait réveillèrent les illusions et exaltèrent les espérances. Si nous rappelions nos troupes, n'était-ce pas pour obéir aux injonctions du sultan? Les garnisons de la Tripolitaine renforcées, les préparatifs menés à grand bruit, l'attitude provocante des autorités turques semblaient annoncer une prochaine intervention. Les impatients ne l'attendirent pas. Le mouvement éclata dans le Sud, où les colonnes françaises ne s'étaient pas montrées. Le 27 juin le djehad est proclamé, le 28 la ville de Sfax est envahie, les Européens menacés de mort n'ont que le temps de chercher un refuge sur les navires en rade, le consul de France est blessé en couvrant la retraite. Sfax et la ville sainte de Kairouan, où jamais encore n'a pénétré un infidèle, deviennent les centres de l'insurrection; plus au sud, elle occupe Gabès, Zarzis, l'île de Djerba. Elle fait ainsi face au littoral des Syrtes, s'appuie par sa droite à la Tripolitaine, menace par sa gauche la Medjerda et la capitale.

C'était une campagne à recommencer. L'escadre de la Méditerranée parut devant Sfax, bombarda la ville, et, malgré les

KAIROUAN. — PORTIQUE DE LA GRANDE MOSQUÉE.

difficultés de l'approche, lança à l'assaut ses compagnies de débarquement, renforcées des troupes du colonel Jamais. L'ennemi résista avec énergie, de quartier en quartier, de rue en rue; le combat engagé le matin ne se termina qu'à dix heures du soir (16 juillet). La prise de Gabès coûta moins d'efforts. L'escadre revint à la Goulette après avoir fait occuper Djerba et Zarzis. Mais l'insurrection restait maîtresse de tout l'intérieur au sud de la Medjerda. Elle resserrait nos garnisons dans leurs postes, poussait des pointes vers le littoral et jusqu'aux abords de Tunis. Le colonel Corréard, qui s'avançait pour dégager le port de Hammamet, fut arrêté dans sa marche et contraint de rétrograder. L'aqueduc de Zaghouan qui alimente Tunis fut coupé pendant plusieurs jours. Sur le

PRISE DE SFAX. (D'après le tableau de M. A. Brun.)

chemin de fer, les insurgés enlevaient les rails, incendiaient la gare de l'oued Zergua et brûlaient vifs les employés français.

Mais les renforts arrivaient. Le général Saussier, investi du commandement supérieur de la Tunisie en même temps que de l'Algérie, arrêta son plan d'opération. On occupa d'abord Tunis (10 octobre). Trois fortes colonnes, sous les généraux Logerot, Étienne, Forgemol, partirent de Tunis, de Sousse, de Tébessa pour exécuter une marche concentrique sur Kairouan. La colonne Forgemol, qui avait à traverser la Tunisie dans toute sa largeur, en trouvant sur sa route les belliqueuses tribus des Hammamas et des Fraichichs, éprouva seule quelques résistances. Le 26 octobre, le général Étienne, arrivé le premier devant Kairouan, vit les portes s'ouvrir à la première sommation. Le 29, nos trois colonnes opéraient leur jonction dans la ville sainte. L'effet fut décisif. Le Nord et le Centre ne bougèrent plus. La marche des généraux Forgemol et Logerot sur Gafsa et Gabès nettoya le Sud jusqu'aux chotts et rejeta les dernières bandes sur les confins de la Tripolitaine. En janvier 1882, la campagne était terminée.

La nouvelle Chambre élue au mois d'août 1881 avait voté, à la suite d'une longue discussion, l'ordre du jour proposé par Gambetta : « La Chambre, résolue à l'exécution intégrale du traité souscrit par la nation française le 12 mai 1881, passe à l'ordre du jour. » Il s'agissait maintenant de savoir ce que nous allions faire de notre conquête. Gambetta, qui succédait à Jules Ferry comme chef du gouvernement, déclara qu'il ne pouvait être question ni d'abandon ni d'annexion. On allait appliquer en Tunisie la politique du protectorat, qui permettait, tout en conservant la dynastie régnante, d'attribuer à la France la réalité du pouvoir, avec un minimum de charges et de responsabilités. Le ministère Freycinet, arrivé aux affaires après la chute de Gambetta, chargea M. Paul Cambon de l'inaugurer. Elle fut continuée après lui par MM. Massicault, Rouvier et Millet. A la mort de Mohammed-Saddok (octobre 1882), son frère Ali, qui lui avait succédé, sans que cette transmission de pouvoir donnât lieu au moindre trouble, signa une nouvelle convention, qui précisait et complétait les termes du traité de Ksar-Saïd. Il s'engagea à procéder aux réformes administratives, judiciaires et financières que le gouvernement français jugerait utiles.

Pour accomplir ces réformes, il ne suffisait pas que nous fussions assurés du concours du bey; il fallait aussi que la liberté de nos mouvements ne fût pas gênée par des ingérences étrangères. Comment réorganiser la Tunisie, tant que la commission financière internationale disposerait de la moitié de ses revenus et aurait le droit d'exercer un contrôle sur toutes les parties de l'administration; comment la gouverner avec autorité, tant que l'existence des capitulations laisserait en dehors du droit commun et sous la juridiction des consuls non seulement les résidents, mais les protégés européens?

M. PAUL CAMBON.

Le gouvernement beylical contracta un nouvel emprunt, auquel la France donna sa garantie et qui put être réalisé au taux réduit de 4 pour 100. Il remboursa ses créanciers ou leur donna des obligations nouvelles en échange des anciennes. Dès lors, la commission financière n'avait plus raison d'être, puisque les créanciers qu'elle représentait avaient obtenu satisfaction. Elle fut supprimée en octobre 1884, aussitôt qu'eurent pris fin les opérations du remboursement et de la conversion. La Tunisie recouvrait son indépendance financière, tout en réalisant, par l'abaissement du taux d'intérêt, une économie annuelle de plus d'un million et demi. Plus tard, une seconde, puis une troisième conversion permirent de créer un fonds d'amortissement et de diminuer encore le taux des annuités. La France avait, il est vrai, engagé sa signature ; mais, en dépit des pronostics fâcheux de l'opposition, cette garantie ne devait entraîner pour elle aucun sacrifice effectif.

Quant aux capitulations, la France, qui s'était engagée à respecter les traités conclus avec les puissances, ne pouvait les abolir sans leur aveu. Ce fut l'objet de négociations délicates. L'Angleterre consentit à supprimer son tribunal consulaire en juillet 1883, l'Italie suivit son exemple sous certaines réserves en janvier 1884. Les autres États, l'Allemagne en tête, s'étaient déclarés prêts à faire abandon de leurs privilèges judiciaires, dès que la France leur assurerait les garanties d'une justice régulière, rendue par des magistrats européens.

Débarrassée de cette double entrave, l'action du protectorat put s'exercer librement. Son organisation, dont les grandes lignes avaient été arrêtées en 1882, se compléta peu à peu par des retouches et des additions successives. Elle ne s'édifiait pas à grands frais sur les ruines de l'organisation ancienne : elle s'y incorporait insensiblement pour la pénétrer de son esprit de progrès. La souveraineté du bey subsista, tous les actes publics étaient soumis à sa sanction et revêtus de sa signature. Mais le vrai chef de gouvernement fut désormais le résident général, ministre des affaires étrangères et président du conseil des ministres, dans lequel siègent le commandant du corps d'occupation, ministre de la guerre, les directeurs des finances, des travaux publics, de l'enseignement, des postes et télégraphes, tous Français, et avec eux les chefs de l'administration indigène, le secrétaire général, français, le premier ministre et le ministre de la plume, tunisiens. Le conseil des ministres arrête le budget et règle la marche des différents services. Dans ces services sont employés un petit nombre de fonctionnaires français, qui donnent l'impulsion, et une très grande majorité de fonctionnaires indigènes, qui la reçoivent.

Sauf dans les villes importantes, où furent instituées des municipalités mixtes, on conserva la hiérarchie des caïds et des cheikhs. Les caïds restèrent chargés de percevoir les impôts personnels et fonciers. Mais ce personnel indigène, épuré avec soin, fût astreint à des règles sévères et soumis à la surveillance de contrôleurs civils français, qui remplacèrent les bureaux militaires de renseignements établis au lendemain de la conquête.

Le régime fiscal que nous avions trouvé dans la Régence n'était pas seulement imparfait, mais barbare ; mais les populations y étaient accoutumées : une refonte immédiate aurait bouleversé les habitudes, inquiété les intérêts, risqué de rendre toutes les réformes impossibles en tarissant la source des revenus publics. On se résigna donc à maintenir provisoirement les impôts existants, mais on fit cesser tout d'abord les scandaleux abus de la perception. Les contribuables ne payèrent plus que contre quittances régulières et ne payèrent ainsi que ce qu'ils devaient réellement. Ce fut pour eux un immense soulagement. Les mêmes taxes donnant à l'État un revenu de beaucoup supérieur le mirent en mesure de pratiquer des dégrèvements, de supprimer les impôts les plus onéreux et les plus vexatoires. On abolit les douanes intérieures, une partie des droits d'exportation et d'importation, une partie des monopoles. Le même pays qui s'épuisait auparavant à fournir une douzaine de millions en donna sans peine le double.

Même prudence dans la réorganisation de la justice, qui

laissa subsister les cadis et les tribunaux supérieurs du *Chara* et de l'*Ouzara*, mais en limitant leur compétence, en améliorant leur procédure, en instituant à côté d'eux des tribunaux français et des juges de paix pour les affaires qui concernent les Européens. Le protectorat s'est aussi préoccupé de développer l'instruction publique, mais il n'a pas cherché à détruire les petites écoles musulmanes (*kouttabs*), ni les écoles supérieures des mosquées; il s'est contenté de soutenir les écoles de toute nature qui donnaient l'instruction française, d'en augmenter le nombre par des créations successives, d'y attirer, avec les enfants de nos nationaux, les élèves étrangers et indigènes. En 1883, il n'y avait dans la Régence que 24 écoles françaises; en 1895, on en comptait 101, avec 14,000 élèves, dont plus de 3,000 musulmans.

L'occupation de la Régence avait déterminé un important mouvement d'immigration française et étrangère. Pour favoriser la colonisation libre, la seule à laquelle on voulût recourir, il fallait rendre la propriété accessible aux Européens, en assurant la facilité et la sécurité des opérations immobilières. Ce fut l'objet de la réforme qui introduisit en Tunisie le système Torrens, déjà expérimenté en Australie. Au moyen d'une immatriculation prononcée par un tribunal spécial franco-tunisien, les opérations d'emprunt ou de vente deviennent réalisables avec une simplification de formalités, de délais et de frais que la France peut envier à la Tunisie. Les colons qui ne disposent pas d'un gros capital à immobiliser ont la ressource de louer à perpétuité, par une cession dite à *enzel*, qui se fait aujourd'hui aux enchères publiques, des biens consacrés ou *habbous*, dont la nue-propriété est inaliénable en vertu d'une donation pieuse.

Le nombre des Français établis en Tunisie ne dépasse guère 15,000, dont un peu plus des deux tiers arrivés depuis 1882. Mais beaucoup d'entre eux ont apporté des capitaux importants qu'ils ont employés à la création de grands domaines. Ils ont acquis environ 450,000 hectares de terres sur lesquels plus de 50 millions ont été engagés. Ils ont eu longtemps à souffrir des rigueurs du régime douanier, qui, appliquant à leurs produits les droits du tarif général, leur fermaient l'accès du marché français. La loi du 19 juillet 1890 leur a donné une satisfaction partielle en accordant à la plupart

BIZERTE. — LE GRAND CANAL.

des produits tunisiens, jusqu'à concurrence d'une quantité fixée chaque année par décret, soit la franchise totale, soit des tarifs de faveur.

La bonne administration des finances, le relèvement des recettes, portées de 12 à 25 millions, ont permis d'alléger les charges des contribuables, de réduire les annuités de la dette, de constituer un fonds de réserve en prévision des années mauvaises, d'affecter aux travaux publics d'importantes dotations. Près de 900 kilomètres de routes carrossables ont été construits, 20 millions ont été employés aux travaux des ports. Tunis, autrefois isolée de la mer, reçoit maintenant les paquebots à quai; Bizerte possède un bon port de commerce, en attendant d'avoir un port de guerre; les travaux de Sousse et de Sfax sont poussés activement. Un seul chemin de fer nouveau a été ouvert, c'est celui qui relie Bizerte à la grande ligne de la Medjerda, mais 250 autres kilomètres sont en construction ; quand ils seront achevés, la Tunisie possédera un réseau encore incomplet de 500 kilomètres. Sans attendre l'achèvement de cet outillage de ports, de routes, de voies ferrées, l'activité commerciale s'est rapidement développée. Avant l'occupation française, le total des importations et des exportations réunies ne dépassait guère, dans les années les plus favorisées, le chiffre de 25 millions; il atteint aujourd'hui une moyenne de 70 à 80 millions. La part de la France, qui n'était que de 21 pour 100, est de plus de 50 pour 100.

L'œuvre accomplie en Tunisie est de celles dont une nation a le droit de s'enorgueillir. Le protectorat a montré qu'on pouvait en quelques années restaurer un pays ruiné, mettre l'ordre à la place de l'anarchie, réformer un mauvais gouvernment, faire vivre en bonne intelligence une société musulmane et une colonie européenne, améliorer sans les détruire les institutions d'un peuple attardé et le conquérir pacifiquement à la civilisation.

CHAPITRE IV

L'EXTENSION DU SÉNÉGAL — LE SOUDAN
LE DAHOMEY [1]

Les projets de pénétration au Soudan. — La mission Galliéni. — Campagnes du colonel Borgnis-Desbordes, premières luttes contre Samory. — Campagnes du colonel Boilève et du commandant Combes. — Campagne du colonel Frey, Mahmadou-Lamine. — Commandement du colonel Galliéni, explorations, le lieutenant Caron à Tombouctou, voyage du capitaine Binger. — La France dans les rivières du Sud et sur le golfe de Guinée, les Anglais sur le bas Niger. — La convention du 5 août 1890, nouvelles explorations, mission Monteil, mission Marchand. — Luttes contre Ahmadou et contre Samory, campagnes du colonel Archinard, du colonel Humbert, du colonel Combes, occupation de Tombouctou, Samory dans le pays de Kong. — Affaires du Dahomey. — Première guerre contre Behanzin. — Deuxième guerre contre Behanzin, le colonel Dodds, conquête du Dahomey. — Explorations dans l'arrière-pays, missions Decœur, Toutée, Ballot.

En 1878, l'attention générale se portait vers l'Afrique. Au commerce en peine de débouchés, aux capitaux en quête d'un emploi fructueux, on montrait les pays du Soudan qui devaient devenir nos Indes noires. Pour atteindre cet immense marché encore inexploité, on proposait de lancer un chemin de fer à

---

[1]. OUVRAGES A CONSULTER : Faidherbe, *le Sénégal, la France dans l'Afrique occidentale;* Paris, 1889. — *Annales sénégalaises;* Paris, 1885. — Ancelle, *Explorations au Sénégal;* Paris, 1880. — Archinard, *le Sénégal et le Soudan français;* dans la *France coloniale* de Rambaud. — Rambaud, *Sénégal et Soudan français (Revue des Deux Mondes;* 1er octobre 1885) et *Campagnes de 1890 et 1891 au Soudan (Revue bleue;* 4 et 11 octobre 1890, 26 décembre 1891, 9 janvier 1892). — Colonel Frey, *Campagnes dans le haut Sénégal et le haut Niger;* 1888. — Capitaine Péroz, *Au Soudan français;* 1889. — Galliéni, *Mission d'exploration du haut Niger;* Paris, 1885, et *Deux campagnes au Soudan français;* Paris, 1891. — Binger, *Du Niger au golfe de Guinée par le pays de Kong et le Mossi;* Paris, 1892. — Archinard, *le Soudan français en 1889, 1890 et 1891; Rapport sur la campagne de 1890-1891;* Paris, 1891. — *Bulletin du comité de l'Afrique française;* Paris, 1891-1896. — Monteil, *De Saint-Louis à Tripoli par le Tchad;* Paris, 1895. — D'Albéca, *la France au Dahomey;* Paris, 1895. — Capitaine Fonssagrives, *Au Dahomey, Souvenirs des campagnes de 1892-1893;* Paris, 1895.

travers le Sahara. Quelques-uns jugèrent qu'il était plus simple de reprendre les anciens projets de pénétration du général Faidherbe, avec le Sénégal pour base. La commission instituée au ministère des travaux publics décida que des études seraient faites parallèlement des deux côtés. Mais tandis qu'au Nord la catastrophe de Flatters faisait ajourner pour longtemps l'idée du chemin de fer transsaharien, au Sud, au contraire, l'entreprise presque aussitôt commencée devenait le point de départ de toute une action politique et militaire, qui allait nous entraîner à la conquête du Soudan occidental.

AHMADOU.

Le projet présenté par le ministre de la marine, amiral Jauréguiberry, comportait la création de trois lignes ferrées : Dakar à Saint-Louis, M'pal près Saint-Louis à Médine, Médine au Niger; elles devaient relier le port de Dakar, seul accessible aux grands navires, avec le chef-lieu de la colonie, doubler la voie fluviale du Sénégal, peu praticable pendant une partie de l'année, et atteindre dans sa partie navigable le grand fleuve soudanais qui leur servirait ensuite de prolongement. La première ligne, de Dakar à Saint-Louis, fut concédée à l'industrie privée avec le concours de l'État, l'exécution de la seconde fut ajournée comme moins urgente. Quant à la troisième, qui devait traverser des contrées demeurées jusque-là en dehors de notre domination, il fallait, avant de la construire, reconnaître et préparer le terrain. Les circonstances paraissaient d'ailleurs favorables. Le grand empire toucouleur fondé par El-Hadj-Omar s'était après sa mort fractionné entre ses fils et ses neveux. Le plus puissant, Ahmadou, avait fort à faire de se défendre contre les révoltes des Bambaras et des Malinkés et contre ses propres parents. Du reste, il ne nous témoignait pas d'hostilité.

Le gouverneur Brière de l'Isle, après avoir installé au confluent du Bafing et du Bakoy le nouveau poste de Bafoulabé, chargea le capitaine Galliéni d'explorer le pays qui s'étend de

Une rue a Ségou.

là jusqu'à Bammakou sur le Niger, et d'aller à Ségou négocier un traité avec le sultan toucouleur. Galliéni était accompagné des lieutenants Piétri et Vallière et des docteurs Bayol et Taulin, avec une escorte d'une trentaine d'hommes. Il emportait des présents destinés aux potentats indigènes. Partie de Médine le 20 mars 1880, la mission stationna à Bafoulabé, traversa sans encombre le pays de Kita et s'engagea dans le Bélédougou, au milieu des populations bambaras en révolte contre Ahmadou. Galliéni s'efforça de leur dissimuler le but de son voyage, mais son convoi excita d'irrésistibles convoitises. Une embuscade lui fut dressée au marigot de Dio. Avant qu'on eût pu se reconnaître, la moitié des tirailleurs d'escorte étaient tués. Galliéni et Tautain avec les survivants se firent jour en emmenant les blessés, mais sans pouvoir sauver le convoi. Le lendemain, après une marche forcée, ils ralliaient devant Bammakou les lieutenants Piétri et Vallière, arrivés par une autre route. L'attitude des gens de Bammakou n'était guère plus rassurante que celle des Bambaras. On décida néanmoins de poursuivre la marche sur Ségou. Le Niger fut franchi à gué. Galliéni et ses compagnons entrèrent sur le territoire d'Ahmadou.

Un Bambara.

Ils arrivaient non plus en ambassadeurs, avec une suite imposante et des présents, mais en fugitifs et les mains vides. Ahmadou ne les laissa pas parvenir jusqu'à sa capitale; il les interna au village de Nango où ils restèrent dix mois, tenus comme autrefois Mage dans une sorte de captivité, sans voir la fin des interminables pourparlers auxquels semblaient se complaire l'irrésolution du sultan. Ce fut seulement à la nouvelle de la marche d'une colonne française vers le Niger qu'il se décida à les renvoyer au Sénégal, après avoir conclu un traité qui ne fut d'ailleurs jamais ratifié.

On n'avait pas attendu d'être fixé sur les dispositions d'Ahmadou pour commencer l'occupation du Haut-Fleuve. Pendant que la brigade topographique du commandant Derrien levait la carte du pays au delà de Médine, et préparait le tracé du futur chemin de fer, le colonel Borgnis-Desbordes, à la tête de 320 combattants et de 350 ouvriers ou convoyeurs indigènes, s'avançait jusqu'au point de Kita, désigné autrefois par Mage comme une des principales étapes de la route vers le Niger. Un seul village, Goubanko, se montrait hostile. Il fut attaqué par 300 hommes avec 4 canons. L'artillerie fit brèche dans l'épaisse muraille d'argile ferrugineuse qui formait l'enceinte, mais la colonne se heurta à des défenses intérieures disputées avec acharnement ; elle ne s'en rendit maîtresse qu'après avoir perdu 6 tués et 24 blessés, le dixième de son effectif. On travailla ensuite plus librement à la construction du fort de Kita, qui se trouva bientôt assez avancée pour qu'il fût possible d'y installer une garnison.

La campagne suivante fut retardée par une violente épidémie de fièvre jaune. Le colonel Borgnis-Desbordes ne put partir de Médine avant le mois de novembre 1882. Il devait se borner à terminer le fort de Kita, en le reliant à Bafoulabé par un poste intermédiaire. Les événements l'entraînèrent à entrer en lutte avec Samory.

Après d'humbles débuts, ce fils d'un colporteur malinké, d'abord esclave, puis chef

FEMME BAMBARA.

d'armée, condottière et roi, était parvenu à se tailler un empire dans le Ouassoulou, au sud du haut Niger. Comme tous les conquérants africains, c'était un grand tueur d'hommes : tout village qui lui résistait était incendié, la population massacrée dans d'affreux supplices. Il aimait la guerre qui avait fait sa fortune, qui lui donnait des tributaires et des esclaves à vendre. Il s'était monté une armée relativement redoutable, consistant surtout en cavalerie. Il savait mener une campagne, concentrer ou éparpiller ses forces, éclairer sa marche, observer un ennemi, investir une place au moyen de *sagnés* ou camps fortifiés. Il était doué d'une certaine finesse politique, d'un flair subtil de barbare. Samory au Sud, Ahmadou à l'Est et au Nord, c'étaient deux puissances que nous trouvions devant nous dans notre mouvement vers le Niger. On avait essayé sans grand

Entrée du fort de Kita.

succès d'une entente avec Ahmadou; avec Samory on en vint aux mains tout d'abord.

Il essayait alors de s'installer sur la rive gauche du haut Niger. Ses émissaires travaillaient les pays du Manding, du Niagassola, du Bouré, qui avaient traité avec nous l'année précédente. Lui-même attaquait la ville de Kéniera; un officier indigène envoyé de Kita pour intercéder en faveur des assiégés avait été fort mal reçu. Le colonel Borgnis-Desbordes résolut de se porter à leur secours. Il partit de Kita avec une colonne volante de 220 hommes et passa le Niger le 24 février. Mais quelque diligence qu'il eût faite, Kéniera était prise quand il arriva. Samory occupait encore les quatre sagnés dont il avait entouré la place. Son armée, qui comptait au moins 4,000 soldats aguerris, s'enfuit en désordre aux premiers coups de canon et

KAYES.

(D'après une photographie. — Musée des Colonies.)

l'entraîna dans sa déroute. On trouva Kéniera en ruines, sa population détruite, 200 prisonniers avaient été brûlés vifs. Il ne fallait pas songer à poursuivre l'ennemi; ce fut lui qui nous poursuivit; grâce aux obus et à la longue portée de nos fusils, il ne put nous faire grand mal, mais il nous harcela jusqu'aux portes de Kita. La colonne y rentra le 11 mars, ayant parcouru 550 kilomètres en vingt-deux jours et combattu glorieusement contre des forces très supérieures. Mais l'effet politique était manqué. Samory s'établit sur la rive gauche du Niger, publiant partout que nos troupes avaient fui devant lui et qu'il ne nous permettrait plus de nous approcher du fleuve.

Cependant on avait pu préparer les travaux du chemin de fer, expédier un matériel, créer des installations au village de Kayes, en aval de Médine, qui devait être le point de départ de la ligne. En octobre 1882, le colonel Borgnis commença une troisième campagne. Il s'agissait cette fois de prendre position sur le Niger, en installant un fort à Bammakou. Le colonel détruisit d'abord le village ennemi de Mourgoula dont la population toucouleur dut se retirer dans le Kaarta. Il arriva devant Daba, dont les habitants avaient été les principaux auteurs du guet-apens dirigé en 1880 contre la mission Galliéni. Loin de venir à récipiscence, ils assassinèrent un parlementaire indigène, reçurent à coups de fusil le capitaine Piétri qui leur faisait des offres de paix. On les attaqua le 19 janvier ; l'artillerie ouvrit une brèche par laquelle entra le premier le capitaine Combes, et après lui les soldats de marine et les tirailleurs. « Toutes les maisons étaient de vraies casemates défensives, entourées de petits tatas qui se reliaient les uns aux autres avec des flanquements et qui ne laissaient pour la circulation dans le village que des rues tortueuses et étroites,... enfilées par des créneaux... » L'assaut dura deux heures, il nous coûta 6 tués et 47 blessés ; ce fut une des actions les plus meurtrières des campagnes du Soudan. Mais tous les autres villages compromis dans l'agression de 1880 sollicitèrent leur pardon et payèrent des amendes. La colonne s'avança sans autre résistance jusqu'à Bammakou, qu'elle atteignit le 1er février. Les travaux furent aussitôt mis en train. Tout à coup on apprit que Samory était rentré en campagne. La brigade qui installait le télégraphe entre Kita et Bammakou avait été attaquée, le télégraphe détruit, la ligne de ravitaillement coupée. La colonne fortement éprouvée par le climat n'avait plus qu'un effectif réduit. Borgnis-Desbordes prit cependant l'offensive. Le capitaine Piétri se détacha avec 80 hommes et un canon, battit les bandes de pillards et rouvrit les communications avec Kita. Mais pendant ce temps l'armée malinké, commandée par un frère de Samory, Fabou, se présentait devant Bammakou. Le colonel marcha à sa rencontre avec 240 hommes. L'ennemi en avait 3.000, alignés le long du marigot de Oueyako. Vigoureusement assailli, il nous déborda sur les ailes; on dut repasser le marigot, former le carré et battre en retraite sous une chaleur écrasante. Les soldats européens étaient accablés, « les chevaux des spahis ne tenaient plus debout ». Quand on rentra à Bammakou, un dixième de l'effectif était hors de combat. Mais les Malinkés avaient éprouvé des pertes autrement cruelles; dans une nouvelle sortie exécutée après le retour du capitaine Piétri, ils ne tinrent pas, et laissèrent presque sans combat enlever et incendier leur camp. Samory ramena ses troupes en arrière et rentra dans le Ouassoulou.

FEMME TOUCOULEUR.

Pendant la campagne de 1883-1884, le lieutenant-colonel Boilève se contenta de ravitailler et de consolider notre ligne par la création d'un nouveau fort à Koundou. Une route praticable aux colonnes légères reliait Médine à Bammakou. Mais les travaux du chemin de fer n'avançaient qu'avec une lenteur extrême et au prix d'énormes dépenses; la Chambre ayant refusé de nouveaux crédits, ils se trouvèrent complètement arrêtés en 1884. D'autre part, le climat, des fatigues inouïes, une mauvaise alimentation avaient déterminé une effrayante mortalité; depuis 1880, les colonnes du Haut-Fleuve avaient perdu de 40 à 45 pour 100 de leurs effectifs. Le commandant Combes n'en reprit pas moins en 1885 les hostilités contre Samory. Il installa un fort à Niagassola, entre le Bakoy et le Niger, repoussa jusqu'au fleuve les bandes de l'almamy et alla lui brûler sur la rive droite un de ses villages. Il était déjà rentré à Bammakou quand il apprit que le détachement du lieutenant Louvet, laissé en arrière, était cerné dans le village de Niafadié. Sans se donner le temps de rassembler ses forces éparses, il accourt à marches forcées avec son escorte de 15 spahis et de 21 tirailleurs, qui se grossit en route de quelques renforts, bouscule l'armée assiégeante et recueille la petite troupe du lieutenant Louvet, qui se défend depuis huit jours et qui n'a plus ni vivres, ni eau, ni munitions. La retraite sur Niagassola ne fut qu'un combat continu. Le 14 juin, la colonne, serrée de près par les troupes de Samory, trouva le chemin barré devant elle par la rivière Kokoro que gardait le corps de Fabou solidement retranché. L'artillerie couvre les positions ennemies de ses obus à balles, le lieutenant Péroz, d'un élan furieux, franchit le gué avec 35 tirailleurs, défonce les palissades derrière lesquelles s'abritent les Malinkés et les précipite dans la rivière. Le passage est frayé, la colonne victorieuse s'y engage et à deux heures, « l'arme sur l'épaule, marchant au pas cadencé, clairons sonnants, elle fait son entrée dans le fort ».

La même année, la canonnière *Niger*, amenée de France par pièces et montée à Bammakou, effectua sur le fleuve une première reconnaissance. Elle s'avança jusqu'à Diafarabé, à 400 kilomètres de Tombouctou. Les habitants de Nyamina chassèrent les sofas d'Ahmadou et demandèrent la protection de la France. Ahmadou, irrité, interdit le commerce avec nous sous peine de mort et massa une armée dans le Kaarta.

Le colonel Frey, en 1885-1886, eut à la fois à observer Ahmadou et à combattre Samory. Il mena contre ce dernier une rapide et vigoureuse campagne, infligea à son armée une complète défaite au marigot de Fata-Djingo et lui fit une telle impression que, pour la première fois, l'almamy demanda à traiter. Une mission française alla négocier avec lui dans son royaume et ramena son fils Karamoko, qu'il envoyait visiter le Sénégal et la France. Ce n'était pas encore une paix bien solide, mais si précaire qu'elle fût, elle nous rendait la liberté de nos mouvements, dont nous avions grand besoin d'un autre côté. Un nouvel ennemi venait de surgir, plus dangereux peut-être qu'Ahmadou et que Samory. Le marabout Mahmadou-

NYAMINA.

Lamine avait soulevé contre nous tout le pays entre Kayes et Bakel. Il avait attiré dans une embuscade le capitaine Joly, tué ou blessé la moitié de ses hommes, enlevé un canon qu'il promenait triomphalement à travers les villages. Il osait essayer contre Bakel une attaque de vive force. Le colonel Frey se hâta de revenir sur Kayes, qu'il mit en état de défense. Au lieu de marcher contre le marabout, au risque de dégarnir le Haut-Fleuve et de provoquer, soit de nouvelles défections, soit une intervention d'Ahmadou, il tomba sur ses alliés, le forçant ainsi à se porter à leur secours. Le 19 avril, il le battit à

Tombokané, puis, se lançant à sa poursuite, le défit encore sur la Falémé et le rejeta au fond du Bondou. A la fin de mai, les deux rives du Sénégal étaient pacifiées.

L'anxiété avait été vive à Saint-Louis, tellement qu'on avait fait venir de France un bataillon de renfort. On ne craignait pas seulement pour la colonne du Haut-Fleuve, le Cayor aussi donnait des inquiétudes. Déjà, en 1882, il avait fallu faire campagne contre Lat Dior, qui s'opposait à la construction du chemin de fer de Dakar à Saint-Louis. Lat Dior avait été déposé, le chemin de fer achevé et inauguré en 1885. Mais le nouveau damel Samba-Laobé prenait à son tour une attitude agressive. Il fut tué dans une échauffourée. Lat Dior périt peu après dans un engagement avec nos troupes.

De 1886 à 1888, le commandement du Haut-Fleuve fut exercé par Galliéni, l'explorateur de 1880, devenu lieutenant-colonel. Il s'attacha surtout à combattre Mahmadou-Lamine, qui s'était fortifié à Diana, vers la Gambie, et avait tenté un retour offensif sur Sénoudébou, capitale du Bondou, pendant que son fils Soybou courait sur la rive droite du Sénégal. Soybou serré entre nos troupes et les forces d'Ahmadou, qui avait pris nettement parti contre lui, fut capturé et passé par les armes. Deux colonnes remontèrent la Falémé par ses deux rives ; elles pénétrèrent dans la forteresse de Diana, qu'elles trouvèrent évacuée, et reçurent la soumission de tout le pays compris entre le Bondou et la Gambie. Mahmadou-Lamine s'échappa encore et alla s'établir à Toubakouta, sur la frontière de la Gambie anglaise. Le capitaine Fortin vint l'y chercher en décembre 1887. Le village fut emporté, mais le marabout avait fui. Les auxiliaires lancés à sa poursuite parvinrent à le rejoindre. Il était dans un tel état d'épuisement qu'il mourut entre leurs mains. Ils lui coupèrent la tête, qu'ils apportèrent au camp toute sanglante.

Galliéni avait poursuivi à outrance ce fanatique, en passe de devenir, si nous ne l'avions arrêté, un nouvel Hadj-Omar.

Il estimait, au contraire, qu'il était possible d'établir des relations pacifiques avec Ahmadou et Samory. Les négociations qu'il engagea eurent un plein succès. Ahmadou, après nous avoir prêté son concours contre Soybou, consentit à reconnaître le protectorat de la France, ouvrit ses États à nos traitants, autorisa nos bâtiments à circuler sur le Niger et ses affluents. Le capitaine Péroz, envoyé à Bissandougou auprès

INSTRUMENTS DE MUSIQUE DU FOUTA-DJALON.
(Musée des Colonies.)

de Samory, en rapporta un traité par lequel l'almamy se soumettait également à notre protectorat et acceptait pour limite le haut Niger et son affluent le Tankisso. Les travaux du chemin de fer, depuis longtemps délaissés, étaient repris activement, et la ligne menée jusqu'à Bafoulabé. Des écoles rudimentaires, installées dans les postes, avec l'aide de l'*Alliance française*, répandaient l'usage de notre langue et dressaient parmi les enfants indigènes de futurs auxiliaires pour notre œuvre de civilisation. Les pays ouverts à notre influence ou conquis par nos armes étaient explorés en tous sens. Plusieurs missions visitaient le Fouta-Djalon pour renouveler avec les almamys les traités passés par le docteur Bayol en 1881 ; une compagnie de tirailleurs, sous la conduite des capitaines Audéoud et Le Châtelier, y entra par l'Est pour aller déboucher à Benty sur la Mellacorée.

Deux voyages eurent à cette époque un grand retentissement, ceux du lieutenant de vaisseau Caron et du capitaine d'infanterie Binger. Le lieutenant Caron, avec la canonnière

USTENSILES DE MÉNAGE DU FOUTA-DJALON.
(Musée des Colonies.)

Niger, partit le 1ᵉʳ juillet 1887 du mouillage de Manambougou, en aval de Bammakou. Il passa devant Nyamina, Ségou, Sansanding, s'arrêta à Mopti pour aller visiter le roi Macina Tidjani, cousin d'Ahmadou. Malgré la froideur presque hostile de son accueil, il reprit sa route par le lac Déboé et le bras du Bara-Issa. Le 18 août, il jetait l'ancre devant Koriumé, le port de Tombouctou. Mais les Touareg, maîtres de la ville, manifestèrent des dispositions si malveillantes que le lieutenant Caron dut se décider au retour sans avoir pu même débarquer. Une violente tornade l'accueillit à la sortie du lac Déboé. Quand on arriva le 6 octobre à Manambougou, « les barreaux de grille étaient tombés les uns après les autres dans le feu, et le bois brûlait sur les cendriers. Les mécaniciens noirs étaient hors d'état de continuer leur service, et les voyageurs, européens comme indigènes, étaient à bout de force ».

Le capitaine Binger s'était chargé de reconnaître la boucle du Niger, et de relier nos établissements du Soudan à ceux de la Côte-d'Ivoire, sur le golfe de Guinée. Il partit sans appareil militaire, avec deux domestiques noirs et quelques porteurs, muni d'une pacotille qui devait lui fournir des cadeaux diplomatiques et une monnaie d'échange. De Bammakou, il s'engagea dans les États de Samory. Celui-ci, alors en paix avec nous, assiégeait son ennemi Tiéba, roi du Bélédougou. Binger alla le visiter dans son camp devant Sikasso, en traversant des régions dévastées par la guerre. Marchant ensuite vers le Sud et le Sud-Est, par le pays de Tiéba, il atteignit Kong, où il fit son entrée le 20 février 1888, juste un an après son départ de Bordeaux : « Les toits, les rues, les arbres, les carrefours étaient pleins de gens qui se battaient pour se trouver sur son passage, » curieux de voir comme était fait un blanc. Dans cette ville pacifique et commerçante de 12,000 à 15,000 habitants, il fut bien accueilli par les chefs et par le roi Karamoko-Oulé. De Kong, par le pays des Bobos, le Dafina, le Gourounsi, il s'avança au Nord, puis

CAPITAINE BINGER.

à l'Est jusqu'à Ouagadougou, capitale du Mossi. L'héritier présomptif du royaume, Boukary, lui fit une réception cordiale, mais son frère, le « roi des rois », Naba Sanom, mis en défiance par l'approche d'une mission allemande partie du Togo, refusa de signer un traité et ne lui permit pas de pousser plus avant dans l'Est. Binger dut se résoudre à revenir au Sud, à travers les populations pillardes du Gourounsi. Il se reposa chez les musulmans hospitaliers de Oual-Oualé, au bord de la Volta, visita l'important marché de Salaga et regagna Kong, où il arriva épuisé. Il y trouva un autre explorateur français parti à sa recherche du comptoir d'Assinie, Treich-Laplène, qui avait conclu en passant un traité de protectorat avec Ardjouma, chef du Bondoukou. Binger en négocia d'autres avec son grand ami Karamoko-Oulé, puis avec les chefs du Djimini et de l'Anno, sur la rive droite du fleuve Comoé, qu'il descendit, tantôt à pied, tantôt en pirogue, pour atteindre les établissements de la Côte-d'Ivoire. Au mois de mars 1889, il arrivait à Grand-Bassam. Dans ce voyage de près de deux années, où, sans faire une seule fois emploi de la force, il avait, par des prodiges de patience et d'énergie, réussi à surmonter toutes les difficultés et tous les périls, il avait parcouru 4,000 kilomètres, au milieu de pays et de peuples à peu près inconnus. Il rapportait une ample moisson de faits géographiques, d'observations scientifiques, de renseignements pratiques dont le commerce et l'industrie nationale pourraient faire leur profit. Par les traités de protectorat qu'il avait conclus, tous les territoires placés entre les États de Samory et le golfe de Guinée relevaient désormais de la France. La jonction était faite entre nos possessions du Soudan et celles de la Côte-d'Ivoire.

Les campagnes du haut Sénégal et du Soudan, le voyage à Tombouctou du lieutenant Caron, renouvelé en 1889 par le lieutenant Jaime, avaient fait tomber bien des illusions. Le moyen Niger, dans sa vaste courbe vers le Nord, coule entre des rives presque désertes, des pays pauvres, mal pourvus d'eau, dont la végétation rabougrie rappelle celle du Sahara. Par contre, les missions dirigées au Sud par MM. Péroz, Levasseur, Audéoud, Plat, celle de Binger surtout, avaient révélé des contrées riches, peuplées, relativement salubres, des vallées bien arrosées, des plateaux fertiles. C'était donc de ce côté qu'il fallait chercher à nous étendre, en devançant nos concurrents européens, en établissant nos droits de priorité par des traités qui placeraient sous notre influence les États indigènes, en utilisant pour la pénétration politique et commerciale les routes naturelles qui aboutissent au littoral avec les fleuves et les rivières.

Ces routes forment trois groupes : d'une part, les nombreuses rivières qui descendent du Fouta-Djalon à la mer, depuis notre Sénégal jusqu'à la colonie anglaise de Sierra-Leone, de l'autre les cours d'eau comme le Bandama, le Comoé, la Volta, l'Ouémé, qui partent du plateau de Kong et de ses prolongements pour aboutir au golfe de Guinée, enfin le bas Niger, qui ouvre en même temps par ses affluents de gauche une voie vers le Soudan central et la région du Tchad.

Sur les rivières du sud du Sénégal, nous possédions depuis longtemps des comptoirs, des postes et des protectorats. Des traités passés avec l'Allemagne, le Portugal, l'Angleterre, dont les établissements s'enchevêtraient avec les nôtres, écartèrent les Allemands et fixèrent les limites des territoires portugais et anglais. A la suite des campagnes contre Mahmadou-Lamine et Samory et des missions conduites dans le Fouta-Djalon, nos possessions de la côte se trouvèrent rejointes à celles du Soudan. La partie nord a été depuis rattachée au Sénégal, dont le sépare seulement l'étroite bande de la Gambie anglaise, la partie sud, au delà de la Guinée portugaise, a été constituée en colonie distincte, sous le nom de Guinée française.

Sur la côte du golfe de Guinée, les postes d'Assinie et de Grand-Bassam avaient été évacués en 1870, mais un négociant de La Rochelle, M. Verdier, qui s'était installé dans le pays, y maintint le drapeau français jusqu'au moment où l'on se décida à les réoccuper. Le grand voyage de Binger en montra toute l'importance. D'autres voyages eurent pour effet de nous donner tout le littoral entre la république de Libéria et la colonie anglaise de la Côte-d'Or, avec les débouchés du Bandama et du Comoé. Plus à l'est, en faisant valoir d'anciens traités, nous réussissions à placer sous notre protectorat le petit royaume de Porto-Novo, et à nous établir à Kotonou et à Grand-Popo, à l'entrée du Dahomey, entre les Allemands du Togo et les Anglais de Lagos.

Deux compagnies françaises, la *Compagnie du Sénégal* et la *Société française de l'Afrique équatoriale,* avaient essayé de s'installer sur le bas Niger. Cette dernière surtout, représentée par le comte de Sémellé, qui mourut à la peine, puis par le commandant Mattéi, lutta vigoureusement contre nos concurrents anglais. Mais ceux-ci groupèrent leurs forces d'abord divisées et constituèrent la puissante *United african Company*, avec un capital de 25 millions. Tandis que le gouvernement britannique et ses agents soutenaient la compagnie anglaise, les sociétés françaises ne trouvaient d'appui ni auprès de l'État ni dans l'opinion alors indifférente. Ne pouvant plus prolonger une lutte devenue trop inégale, elles traitèrent en 1884 avec la compagnie anglaise, et lui cédèrent leurs comptoirs, leur matériel et leurs marchandises. L'United african devenue la *Royal Niger Company*, avec une charte qui lui conférait des droits souverains, s'établit solidement sur le bas Niger et la Bénoué, prétendant y faire régner sans partage le commerce et l'influence de l'Angleterre.

Les conséquences de cet abandon apparurent bientôt. Les puissances européennes ayant des intérêts en Afrique se préoccupaient de déterminer par des sortes de partages amiables les limites de leur action respective. L'acte de Berlin en 1885, tout en proclamant la liberté de navigation sur le Niger et ses affluents, comme sur le Congo et ses tributaires, reconnut aux

Anglais la possession du bas Niger jusqu'au confluent de la Bénoué. La convention particulière du 5 août 1890, entre la France et l'Angleterre, fit à celle-ci la part encore plus belle : « Le gouvernement de Sa Majesté britannique, était-il dit, reconnaît la zone d'influence de la France au sud de ses possessions méditerranéennes jusqu'à une ligne de Say sur le Niger, à Barroua sur le lac Tchad, tracée de façon à comprendre dans la zone d'action de la Compagnie du Niger tout ce qui appartient équitablement au royaume de Sokoto. » Des commissaires devaient être chargés de déterminer cette ligne de séparation et de délimiter la zone d'influence des deux pays dans les contrées à l'ouest et au sud du moyen et du bas Niger. Comme le déclarait non sans ironie son ministre, lord Salisbury, l'Angleterre nous laissait généreusement des « terres légères », le Sahara méridional et les parties attenantes du Soudan ; elle se réservait les riches contrées entre le Niger et la Bénoué, la route du Soudan occidental par le bas Niger, celle du Soudan central et du Tchad par la Bénoué.

Utiliser les routes qui nous restaient ouvertes, prendre possession de l'immense domaine de plus de 7 millions de kilomètres carrés qui nous était attribué entre la Méditerranée et le golfe de Guinée, relier entre elles ses diverses parties, préparer la mise en valeur au moins des plus fertiles, telle était la tâche qui s'imposait dès lors à notre politique dans le nord-ouest africain. Les explorations prirent un nouvel essor. Vers le Sénégal, la mission Marmier étudia un projet pour le prolongement du chemin de fer entre Bafoulabé et Kita et entre Kita et le Niger ; le commandant Deporter visita les pays musulmans du Nord, depuis Bakel jusqu'à Ségou. Dans la boucle du Niger, le capitaine Quiquandon alla résider pendant près d'une année (mai 1890-mars 1891) chez le Fama Tiéba, l'ennemi de Samory, l'accompagna dans ses campagnes et prit part avec lui au long siège de Kinian. Le docteur Crozat, se détachant vers l'Est, parcourut le pays des Bobos pour gagner le Mossi, le royaume aux 333 provinces. Il y trouva installé comme roi des rois le même Bokary qui avait été l'hôte de Binger, et essaya de négocier avec lui un traité. Le naba n'écouta guère ses raisons, mais se laissa persuader par ses cadeaux.

Le capitaine Monteil entreprit d'aller reconnaître les contrées à peu près inconnues que la convention d'août 1890 avait attribuées à la France dans la boucle du Niger et du Niger au Tchad. Le 23 décembre 1890, il quittait Ségou, emmenant avec lui l'adjudant Badaire et une caravane plutôt qu'une escorte. Marchant à l'Est, il gagna San, centre commercial important dont l'almamy passa un traité et lui donna d'utiles recommandations. Il alla dans le royaume de Tiéba se ravitailler auprès de Quiquandon, traversa les territoires des Bobos et du Mossi, déjà visités par Binger et Crozat. A partir de Ouagadougou, capitale du Mossi, il entrait dans l'inconnu. Les défiances des indigènes, les guerres de peuplade à peuplade, la peste bovine qui ruinait le pays et démontait la caravane, la dysenterie dont son compagnon Badaire et lui-même faillirent être victimes, rien n'arrêta sa marche. Tantôt bien reçu, comme à Dori, où trois prétendants au trône se disputèrent son amitié, tantôt mal accueilli, comme à Zebba, où il connut « le dernier degré de la misère », il se refit auprès du chef d'Oura Gulladjo, dont le père avait eu autrefois de bonnes relations avec Barth. Le 19 août il revoyait le Niger et découvrait la ville de Say, « enfoncée dans les champs de mil ». Pour la première fois, des Européens avaient traversé dans toute sa largeur la boucle du Niger. Par les « terribles pays » du Guerma, du Maouri et du Kebbi, en proie à un perpétuel brigandage, la mission atteignit Sokoto. Le sultan, le *Liam-Dioulbé*, traita avec Monteil et lui donna, en échange de ses marchandises, des traites payables à Kano. Il eut quelque peine à les négocier dans cette ville ; le séjour forcé qu'il y fit lui permit d'étudier le commerce dont elle est le centre et qu'il n'évalue pas à moins de 25 ou 30 millions. Le bon renom qui l'avait précédé, la franchise de ses explications, le tact avec lequel il sut se soumettre aux usages du pays lui ouvrirent le royaume de Bornou, d'où venait d'être expulsée la mission anglaise de Mac-Intosh. 50,000 personnes se pressaient sur son passage quand il fit son entrée à Kouka. Dans une audience solennelle, il remit au cheikh Achem les lettres qui l'accréditaient de la part « du roi Carnot et du vizir Étienne ». Pour s'aventurer sur la route du Nord, par laquelle il avait décidé de revenir, il lui fallut attendre quatre mois le départ d'une caravane à laquelle il pût se joindre. Longeant alors les rives plates du Tchad, il atteignit le 22 août 1892 Barroua, point extrême de la limite tracée par la convention anglo-française. La végétation tropicale avait disparu, c'était déjà

Le lieutenant-colonel Monteil.

l'aridité du Sahara, à travers lequel s'accomplit la dernière partie de la route, jalonnée de loin en loin par les oasis de Bilma, de Kaouar et du Fezzan. Le 25 octobre, la mission arrivait à Mourzouk et reprenait auprès des autorités turques le contact du monde civilisé ; en décembre elle était à Tripoli, où elle s'embarqua pour la France. Comme son camarade Binger, Monteil avait accompli en pleine Afrique un immense voyage de deux ans sans tirer un coup de fusil ; comme lui, il avait su partout sur son passage gagner des sympathies, établir des relations pacifiques, conclure des traités de commerce et de protectorat. Binger avait rattaché nos établissements du Soudan au golfe de Guinée, Monteil les avait reliés au lac Tchad et aux rives de la Méditerranée.

Pendant ce temps, vers les Rivières du Sud, le capitaine Brosselard-Faidherbe étudiait un projet de chemin de fer à mener au Niger supérieur par la Mellacorée. Les missions Beckmann et Alby allaient renouveler les traités et entretenir les relations avec les almamys du Fouta-Djalon. Sur la Côte-d'Ivoire, le capitaine Ménard partait de Grand-Bassam pour refaire en sens inverse, mais par une route un peu différente, le grand voyage de Binger. Il avait parcouru heureusement la majeure partie de son itinéraire, lorsqu'il fut tué dans un combat contre les gens de Samory. Peu après, c'était le docteur Crozat, envoyé par la route de Kong vers le pays de Tiéba, pour essayer de retrouver les documents du malheureux Ménard, qui mourait de maladie avant d'avoir atteint le but de son voyage. Il avait fait partie de la mission chargée d'opérer la délimitation entre la Côte-d'Ivoire et la Côte-d'Or anglaise; les prétentions des commissaires anglais ne permirent pas d'arriver à une entente, ce fut seulement en juillet 1893 qu'un traité, négocié à Paris entre les gouvernements, fixa le tracé de la frontière. Binger, chef de la mission, profita de son séjour dans le pays pour conclure de nouveaux traités, et alla à Kong avec ses compagnons, le lieutenant Braulot et Marcel Monnier, revoir son ancien hôte Karamoko-Oulé, qu'il trouva toujours aussi bien disposé pour la France. En 1893, il devint gouverneur de la Côte-d'Ivoire; nul n'était mieux désigné pour administrer cette colonie, dont il avait le premier fait valoir toute l'importance.

Il restait à reconnaître la route de la boucle du Niger par la vallée du Bandama. Ce fut l'œuvre de la mission Marchand. De ce côté, nous étions tenus en échec par le village de Tiassalé, situé à une centaine de kilomètres de l'embouchure, dont les chefs, accoutumés à percevoir des péages sur les marchandises qui traversaient leur territoire, ne voulaient pas laisser des relations directes s'établir entre le littoral et le haut pays. La mission Armand et Tavernost avait échoué en 1890; en 1891, deux jeunes traitants français, Voituret

PONT SUR LE BAOULÉ.

et Papillon, avaient été massacrés. Intimidé un instant par une démonstration militaire, Tiassalé avait conclu un traité de paix en 1892; mais quand le capitaine Marchand vint, l'année suivante, demander libre passage, on lui répondit par des menaces. Une petite colonne remonta le fleuve et força presque sans coup férir l'entrée du village, où fut installé un roi de notre façon avec un résident français. Appuyé sur Tiassalé, Marchand, malgré la mort de son compagnon, le capitaine Manet, noyé dans un rapide, put pénétrer dans le Baoulé, effectuer à pied à travers les montagnes ou la forêt équatoriale un parcours de 1,300 kilomètres, explorer une des régions les plus fertiles de l'Afrique, « un pays de bénédictions ». La grande forêt équatoriale, qui présente partout ailleurs un obstacle de 300 à 400 kilomètres d'épaisseur, se réduit sur la ligne du Bandama à une centaine de kilomètres à travers lesquels le fleuve fait sa trouée. Le Bandama est navigable, au moins pour les chalands, jusqu'à Tiassalé; de là des routes commerciales fréquentées rayonnent en tous sens vers le Baoulé, le Kong, les pays bambaras. Le capitaine Marchand trouva un bon accueil parmi les populations du Baoulé, même chez les cannibales de la forêt, qu'il eut quelque peine à empêcher d'immoler en son honneur une douzaine de captifs. Mais quand il voulut se porter au Nord-Ouest, dans la direction du haut Cavally, il rencontra devant lui les bandes de Samory. Force lui fut de se reporter à l'Est, dans la direction du Comoé. Il passa encore des traités, revint installer sur le haut Bandama le poste de Kouadiofikorou et rentra par Grand-Lahou à son point de départ de Grand-Bassan.

Dans le Soudan occidental, le colonel Galliéni recommandait « d'enrayer notre marche vers Tombouctou et d'entretenir des rapports pacifiques avec Ahmadou, pour ne pas dépeupler par la guerre des pays déjà trop pauvres en habitants ». Le commandant Archinard, qui lui succéda en 1888, s'inspira de vues toutes différentes. Il résolut de détruire complètement la puissance d'Ahmadou et celle de Samory. Ahmadou fut attaqué le premier. Le 15 février 1890, une colonne partit du camp sous Médine et longea la rive gauche du Niger, que descendait une flottille de pirogues, escortée par les canonnières du lieutenant Hourst; le 6 avril, on passa le fleuve en vue de Ségou, sous la protection de l'artillerie qui battait les remparts en brèche. On n'eut pas à donner l'assaut : le fils d'Ahmadou, Madani, gouverneur de la ville, s'était enfui avec ses guerriers; il n'en restait pas un pour ouvrir les portes du *diamfoutou* (citadelle), qu'il fallut enfoncer à coups de canon.

On y trouva les femmes du sultan, un de ses fils, le petit Abdoulaye, et même son trésor, que Mage avait estimé autrefois à 20 millions, et qui se trouvait valoir 250,000 francs au plus. La résistance fut autrement sérieuse à Ouossébougou, gros village qui commandait la route de Ségou au Kaarta. La garnison, animée par son chef, le brave bambara Bandiougou-Diara, supporta sans broncher un violent bombardement. La

Médine. — Fort et village.

colonne, entrée par la brèche, se heurta à un dédale de fortifications intérieures défendues avec acharnement. La nuit arriva sans que l'affaire fût décidée. Mais le lendemain nos auxiliaires bambaras, électrisés par une harangue du commandant, se ruèrent les premiers à l'attaque et emportèrent le diamfoutou, dans lequel Bandiougou-Diara se fit sauter avec les siens. L'armée d'Ahmadou, arrivée trop tard pour secourir la place, tenta de surprendre la colonne, qui rentrait par le chemin de fer de Bafoulabé à Kayes, et se fit battre. Au mois de décembre suivant, une série de combats heureux nous ouvrit la route de Nioro. Ahmadou, découragé, n'essaya pas de défendre sa capitale, les Maures facilitèrent sa fuite, et il parvint avec une poignée d'hommes à se réfugier dans le Macina.

Samory s'était laissé imposer un nouveau traité par lequel il nous cédait le pays entre le Tankisso et le Niger. Mais il avait tenté de nouer contre nous une coalition avec Ahmadou et les almamys du Fouta-Djalon. Une colonne française passa le haut Niger et s'avança sur son territoire. Elle trouva les villages incendiés, le pays ravagé et vide d'habitants. Elle entra à Kankan, brûla Bissandougou sans avoir éprouvé de résistance sérieuse. La campagne suivante (janvier-mars 1892), conduite par le lieutenant-colonel Humbert, nous ramena à Bissandougou et de là à Sanankoro et à Kérouané, à 80 kilomètres plus au sud. Cette fois, l'ennemi fit tête assez résolument; du 20 janvier au 14 mars, il ne nous livra pas moins de seize combats, dont le plus acharné fut celui de Bessé, où Samory commandait en personne. Quelques jours après, il faillit être enlevé par la garnison de Kérouané, et ne dut son salut qu'au dévouement des Sofas, qui se firent tuer pour couvrir sa retraite.

En 1893, le lieutenant-colonel Combes, l'ancien adversaire de Samory, fut appelé au commandement des troupes sous la haute direction du colonel Archinard, nommé commandant supérieur du Soudan. Il partagea ses forces en plusieurs fractions. Tandis que ses lieutenants allaient vers le Sud-Ouest fermer les routes du Sierra-Leone, par lesquelles l'almamy faisait venir ses armes et ses munitions, lui-même se lançait à l'Est et courait jusqu'à 650 kilomètres de Kérouané, bousculant dans toutes les rencontres les bandes de Samory. Celui-ci était en fuite; il avait perdu l'une après l'autre toutes ses provinces. Mais il fallut nous détourner contre Ahmadou, qui avait réussi à se refaire un royaume dans le Macina, et menaçait les petits États indigènes que nous avions installés sur ses anciens territoires. Le colonel Archinard ne lui laissa pas le temps de reprendre l'offensive. Il enleva d'assaut le tata de Djenné, fit avancer les canonnières jusqu'à Mopti, en plein Macina, et occupa la capitale Bandiagara où fut placé comme roi un autre fils d'El-Hadj-Omar, Aguibou, depuis longtemps rallié à notre cause. Réduit encore une fois à la condition de fugitif, Ahmadou s'enfonça dans l'Est. On l'a vu reparaître du côté de Say, à l'autre extrémité de la boucle du Niger.

Il semblait qu'une dernière campagne dût nous permettre d'en finir également avec Samory. Le lieutenant-colonel Bonnier l'avait vigoureusement entamée dès la fin de novembre 1893. Il avait arrêté, par une brusque attaque, la marche de l'almamy, qui s'avançait le long de notre frontière pour aller envahir le Bissandougou, affaibli par la mort de Tiéba. Battu au combat de Koloni, serré de près par nos spahis, Samory parvint encore à s'échapper ; mais il se trouvait rejeté vers le Sud, où une deuxième colonne, formée à Kankan, s'apprêtait à le recevoir. Mais alors de graves événements appelèrent d'un autre côté notre attention et nos forces.

LE COLONEL ARCHINARD.

Les brillantes expéditions qui venaient d'agrandir dans tous les sens l'étendue du Soudan français imposaient au budget national des charges de plus en plus lourdes. Des plaintes s'étaient fait entendre dans les Chambres ; on reprochait au gouvernement de se laisser entraîner à une politique de conquête indéfinie. On se décida à envoyer au Soudan un gouverneur civil dont le rôle devait être, sinon d'arrêter, au moins de régler l'action militaire en la subordonnant aux vues générales des pouvoirs publics. Quand il arriva, nous étions déjà engagés à Tombouctou [1]. La flottille du Niger s'était portée de Mopti à Kabara. Le lieutenant de vaisseau Boiteux, qui la commandait, prit terre avec une dizaine d'hommes et se dirigea vers le village; reçu à coups de fusil, il riposta, enleva Kabara et, deux jours après, le 25 décembre, il fit son entrée dans Tombouctou. Mais les Touareg, d'abord surpris, reparurent en force : l'enseigne Aube, attaqué entre Tombouctou et Kabara, fut tué avec un second maître et 18 laptots. Le lieutenant Boiteux canonna les Touareg et les chassa de Kabara où ils étaient rentrés, mais sa position n'en restait pas moins des plus dangereuses.

Le colonel Bonnier, abandonnant la poursuite de Samory, s'était avancé le long du Niger. A Ségou, il reçut une dépêche par laquelle le gouverneur l'informait qu'aux termes de ses instructions, aucune expédition ne devait plus être engagée sans l'autorisation formelle du département. Il se borna à accuser réception et continua sa route. Deux colonnes étaient organisées : l'une, sous le commandant Joffre, marcha sur Tombouctou par terre, en s'écartant aussi peu que possible de la rive gauche du Niger; l'autre, dirigée par Bonnier avec son état-major, descendit le fleuve sur des pirogues. Le 10 janvier, le colonel arrivait à Tombouctou; le 12, sans attendre son artillerie et une de ses compagnies demeurées en arrière, il sortit pour opérer une reconnaissance sur les campements touareg. Les Touareg sont des ennemis autrement redoutables que les noirs soudanais. Ils excellent dans les surprises. Pendant la nuit du 14 au 15, ils tombèrent brusquement sur la colonne endormie et mal gardée. Ce ne fut pas un combat, mais un massacre. Le colonel Bonnier, le commandant Hugny,

---

[1]. M. Grodet arriva à Kayes le 25 décembre; le même jour le lieutenant Boiteux entrait à Tombouctou.

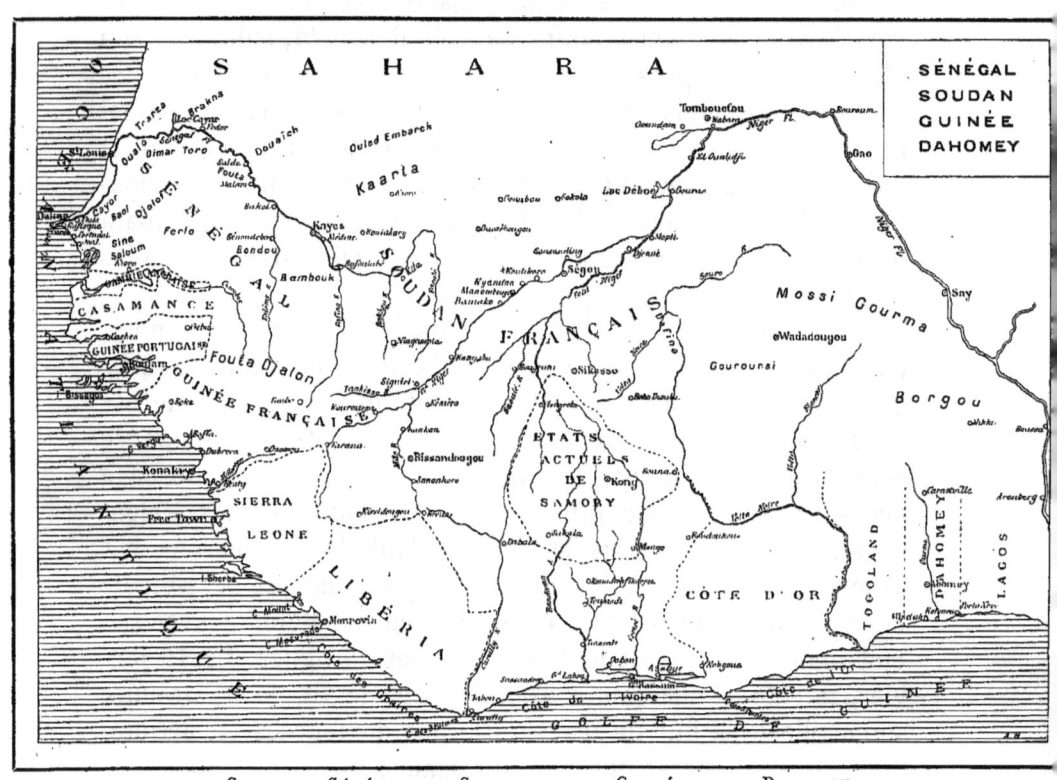

Carte du Sénégal, du Soudan, de la Guinée et du Dahomey.

huit autres officiers et deux sous-officiers, soixante-six soldats et sous-officiers indigènes restèrent sur la place.

Le capitaine Philippe, que Bonnier avait laissé à Tombouctou, ne se laissa pas abattre par ce désastre. Il recueillit les survivants, prit des dispositions de défense qui en imposèrent à l'ennemi, soutint le moral de ses troupes indigènes, envoya des émissaires au-devant de la colonne Joffre. Elle arriva le 12 février, après une marche de 700 kilomètres à travers des pays en partie inconnus, pauvres en ressources, couverts à une grande distance par les eaux du Niger débordé. Elle n'avait perdu que deux tirailleurs morts de maladie. Le commandant Joffre, promu lieutenant-colonel, s'établit solidement à Tombouctou et à Kabara ; puis il se porta contre les Touareg Tingeregef, qui avaient massacré la colonne Bonnier et leur infligea deux sanglantes défaites, à la suite desquelles leurs vassaux demandèrent l'aman. Sous la domination française, Tombouctou retrouvera peut-être son ancienne prospérité ; mais, quant à présent, l'insécurité des routes sahariennes ne permet pas aux caravanes du Nord de s'y hasarder. Les communications par le Sénégal sont lentes et difficiles ; il faudrait qu'elles pussent s'établir par la voie du bas Niger, bien plus directe et plus rapide.

Cependant Samory avait mis à profit le répit que nous lui laissions. Pendant qu'il feignait de se prêter à des négociations, son lieutenant Sékouba lui conquérait des provinces et des alliances vers le Sud-Est. Il retrouvait des soldats, faisait venir des chevaux de Kong, des armes et des munitions du Libéria et de la Côte-d'Or anglaise. Quand il se sentit assez fort, il rompit les pourparlers. Les rapports du capitaine Marchand, ceux de Binger, gouverneur de la Côte-d'Ivoire, signalaient sa présence dans le pays de Kong. Ce fut alors qu'on se décida à envoyer contre lui le lieutenant-colonel Monteil, d'abord destiné au Congo. La colonne s'organisa assez péniblement sur la Côte-d'Ivoire ; elle dut réprimer une révolte locale : les indigènes se refusaient à fournir des porteurs. Ce fut seulement le 31 décembre 1894 qu'elle se trouva concentrée entre le Bandama et le poste de Toumodi, à 200 kilomètres de Grand-Lahou, prête à marcher sur Kong d'où Samory avait chassé notre garnison. En débouchant de la forêt équatoriale, elle trouva le Baoulé soulevé par les bandes

Tombouctou.

de l'almamy; elle les repoussa vers l'Est à la suite de plusieurs engagements assez meurtriers. Mais les ravitaillements se faisaient avec peine, les populations se montraient plutôt hostiles. Un changement de ministère s'étant produit en France, le nouveau ministre des colonies rappela Monteil; deux compagnies seulement sous le commandant Caudrelier devaient poursuivre les opérations. Ces forces étaient évidemment insuffisantes pour une offensive sérieuse; le commandant Caudrelier se borna à renforcer les postes de Tiassalé et de Kouadiofikorou, et revint à la côte. Tout le pays de Kong, toutes ces régions fertiles et peuplées dont Binger et Marchand nous avaient ouvert l'accès, étaient laissées en proie à Samory. L'épaisseur de la forêt équatoriale protège contre ses agressions notre colonie de la Côte-d'Ivoire, mais elle limite en même temps le champ de notre action politique et commerciale à l'étroite lisière du littoral.

Pendant que nous perdions pour un temps ces routes de pénétration, la conquête du Dahomey nous en ouvrait d'autres vers la boucle du Niger et le fleuve inférieur.

Depuis longtemps, nous étions en contact sur la côte du golfe de Bénin avec le royaume de Dahomey, habitée par des populations relativement douces, comme les Nagots et les Minas, et par une race conquérante, les Djeddis, qui faisaient durement sentir le poids de leur domination. La guerre était chez eux comme une industrie nationale. Elle alimentait le trafic de chair humaine auquel ils se livraient sur le littoral. L'interdiction de la traite n'avait eu d'autre effet que de rendre plus fréquentes et plus hideuses les boucheries connues sous le nom de coutumes. A l'avènement ou à la mort des rois, au départ d'une expédition militaire, à la cueillette des amandes de palme, on immolait en masse les prisonniers. En 1889, 4,000 hommes furent massacrés pour célébrer dignement les funérailles du roi Glé-Glé.

Dès 1671, la France avait eu un fort à Wydah. En 1857, elle avait occupé un peu plus à l'ouest les comptoirs de Grand et Petit-Popo et de Porto-Seguro, dont les deux derniers devaient être plus tard cédés à l'Allemagne par voie d'échange. En 1863, elle avait fait accepter par le petit royaume de Porto-Novo un protectorat qui ne devint effectif qu'en 1885. Le roi dahoméen Glé-Glé nous avait abandonné, verbalement d'abord, puis par un traité en règle plusieurs fois renouvelé, le petit port de Kotonou. Nos commerçants avaient installé sur le littoral des factoreries dans lesquelles ils troquaient contre les amandes et l'huile de palme les diverses marchandises de traite recherchées par les indigènes, le sel, les tissus, le tabac, surtout les alcools. Le mouvement annuel des échanges représentait une valeur d'une dizaine de millions.

En 1889, le vieux roi Glé-Glé, sous l'influence de son fils Condou, excité lui-même par les traitants mulâtres de Wydah, envahit le royaume de Porto-Novo et dénonça le dernier traité

Kotonou en 1889. — (Musée des Colonies.)

conclu avec nous en 1878. Les compagnies de débarquement de l'amiral Brown de Colstoun n'eurent qu'à se montrer pour faire évacuer le territoire de Porto-Novo. Le docteur Bayol, alors lieutenant-gouverneur des Rivières du Sud, fut chargé de ramener le monarque dahoméen à des sentiments plus pacifiques. Il parvint sans encombre à la capitale, Abomey; mais là, tandis que Glé-Glé déjà moribond lui demandait presque chaque jour des consultations médicales, il eut à subir les insolences du prince-héritier. On lui déclara que tous les traités étaient désormais non avenus; que la France, depuis qu'elle était gouvernée par une femme, la République, ne méritait plus aucune considération. On le força d'assister au spectacle répugnant des coutumes; on menaçait de le retenir comme otage avec ses compagnons. Ils durent s'estimer heureux de sortir sains et saufs de cet antre de barbares.

La mission rentra à Kotonou le 31 décembre, Glé-Glé était mort la veille. Condou fut proclamé sous le nom de Behanzin-Hossou-Bowélé (le roi-requin); ses dispositions n'étaient pas douteuses. M. Bayol réclama des troupes pour protéger nos établissements. Le *Sané* et l'*Ariège* amenèrent des tirailleurs du Gabon et de Dakar. Le 20 février, le commandant Terrillon disposait de quatre cents hommes ; il occupa Kotonou et fit arrêter les officiers dahoméens qui avaient pris une attitude agressive. De son côté, Behanzin donnait l'ordre d'enlever et de conduire à Abomey les missionnaires et les négociants français de Wydah. Les hostilités commencèrent aussitôt. Ce ne furent d'abord que des escarmouches. Mais dans la nuit du 3 au 4 mars, à la faveur d'un violent orage, trois mille guerriers et amazones se ruèrent sur nos avant-postes. Le lieutenant Compérat soutint bravement le premier choc et donna aux troupes de soutien le temps d'accourir. Refoulés à la baïonnette, balayés par les feux de salve et les obus du *Sané*, les Dahoméens revinrent à la charge avec acharnement et ne se retirèrent qu'après un combat de cinq heures, en laissant 127 cadavres. L'attaque ne fut pas

Indigènes de Porto-Novo.

renouvelée sur Kotonou; mais l'ennemi menaça Porto-Novo. Le commandant Terrillon, avec une colonne que des renforts successifs lui avaient permis de porter à 750 hommes, s'avança au nord de cette ville. 7,000 Dahoméens l'assaillirent à Atchoupa. Au premier choc, les auxiliaires fournis par le roi de Porto-Novo, Toffa, lâchèrent pied. Il fallut se replier en carré,

BARQUE DE PASSEUR DE BARRE AU DAHOMEY.

face en arrière. On infligea à l'ennemi des pertes énormes, mais les nôtres étaient sensibles. Il devenait évident que nos effectifs, tout juste suffisants pour garder les postes, ne nous permettaient pas de tenir la campagne.

Le capitaine de vaisseau Fournier bombarda Wydah et obtint la mise en liberté des Français emmenés à Abomey au début de la guerre. Il demandait 3,000 hommes pour marcher sur la capitale. On préféra négocier. Le contre-amiral de Cuverville, qui remplaçait le commandant Fournier, envoya à

Abomey un des anciens prisonniers de Behanzin, le P. Dorgère. Un traité, signé le 3 octobre 1890, reconnut notre protectorat à Porto-Novo et nos droits sur Kotonou. La France, à titre de compensation, payait à Behanzin une rente annuelle de 200,000 francs. La Chambre des députés refusa de consacrer cet arrangement boiteux, qui permettait à Behanzin de dire et de croire que la France lui payait un tribut. Pendant toute l'année 1891, avec l'argent que nous lui versions et celui que lui procurait la vente des captifs, il acheta des munitions et des armes, et se prépara à une nouvelle guerre.

Dès le mois de novembre, il reprenait ses incursions sur les territoires protégés; en mars 1892, il détruisit plusieurs villages du royaume de Porto-Novo. Le nouveau lieutenant-gouverneur, M. Ballot, montant la chaloupe *Topaze*, s'avança en reconnaissance sur l'Ouémé. A la hauteur de Donkolé, il fut attaqué par 400 Dahoméens armés de fusils à tir rapide. Les troupes de Behanzin passèrent l'Ouémé et menacèrent encore une fois Porto-Novo. Le gouvernement français, informé de ces agressions, demanda aux Chambres les crédits nécessaires pour une campagne définitive. Le colonel Dodds, qui s'était déjà distingué au Sénégal, fut appelé à la diriger. On envoya au Dahomey des troupes d'infanterie et d'artillerie de marine, un bataillon de la légion étrangère tiré d'Algérie, trois compagnies de volontaires levées au Sénégal, et deux escadrons de spahis. Vers le 1er septembre, le colonel Dodds avait sous la main 3,400 hommes. La division navale devait concourir aux opérations sur le littoral; une flottille composée de canonnières et de chaloupes à faible tirant d'eau appuyait les mouvements des troupes en circulant sur les lagunes de Porto-Novo et de Denham et sur l'Ouémé.

Tandis que les renforts arrivaient, les hostilités s'étaient déjà engagées. Elles eurent pour effet, tout en déblayant les abords de nos positions de Porto-Novo et de Kotonou, de nous renseigner sur les intentions de Behanzin. Avec ses 12,000 guerriers bien entraînés, dont un tiers étaient armés de fusils à tir rapide, avec ses canons que lui avaient fournis les Allemands du Togoland, le roi dahoméen se jugeait invincible. Il ne reculait pas devant la perspective d'une lutte à outrance. Le seul moyen d'avoir la paix, c'était d'aller la chercher dans sa capitale. La marche sur Abomey fut décidée.

On avait à compter non seulement avec une résistance qui s'annonçait comme singulièrement énergique, mais avec

Une amazone de Behanzin.
(D'après un document prêté par la *Politique coloniale*.)

les dangers d'un climat terrible, le redoutable inconnu d'un pays inexploré, sans routes, sans ressources, la difficulté des transports et des ravitaillements, auxquels la flottille ne pouvait pourvoir qu'autant qu'on longerait l'Ouémé. On avait quelques centaines de chevaux et de mulets ; on recruta non sans peine 2,300 porteurs parmi les sujets de notre allié Toffa.

La colonne, réduite à 2,000 hommes par les détachements qu'il fallut laisser à la garde des postes, s'organisa pendant les premiers jours de septembre. Le 12, elle était concentrée à Kesossa, sur l'Ouémé, et commençait son mouvement en longeant la rive gauche du fleuve. Le 14, elle était à Dogba où elle mettait en train les travaux d'un fort d'appui, tout en opérant au moyen d'un pont de chevalets le passage de la lagune de Badao. Jusque-là l'ennemi ne s'était pas montré. L'avant-garde s'était déjà remise en marche, quand le 19, à cinq heures du matin, une fusillade terrible réveilla en sursaut le camp encore endormi. 4,000 Dahoméens, conduits par le *bigo* (général en chef), arrivaient sur nos lignes. Du premier élan ils pénètrent dans le carré jusqu'au poste de police; le lieutenant Badaire est tué sur sur son lit de camp; le commandant Faurax, de la légion, est atteint d'une blessure mortelle au moment où il déploie ses compagnies. Mais déjà les feux de salve, exécutés avec une précision meurtrière, répondent à la mousqueterie désordonnée des noirs. Les Dahoméens reculent. Vainement le *bigo* agite la queue de cheval qui est l'insigne de son commandement et les apostrophe avec véhémence : « Est-ce là ce que vous aviez promis au roi! En avant! Koia Dahomé! » Ce sont maintenant les nôtres qui ont l'offensive. A huit heures les bandes dahoméennes disparaissent, abandonnant 130 cadavres. Pour notre part, nous avons 5 tués, dont 2 officiers, et 12 blessés.

Le 23, la marche en avant fut reprise. Une reconnaissance opérée par les canonnières apprit au colonel que les gués étaient gardés. Behanzin, comprenant que nous en voulions à sa capitale, avait ramené les troupes détachées sur la côte et massé toutes ses forces entre l'Ouémé et Abomey. Le 2 octobre, au point du jour, au moyen d'un va-et-vient de pirogues, la colonne franchit le fleuve. Le 4, elle s'avança par la rive droite, en s'ouvrant un chemin à travers la brousse. Le groupe que conduisait le colonel se heurta à un campement ennemi. Un violent combat s'engagea. Les Dahoméens avaient logé dans les arbres leurs meilleurs tireurs, qui visaient de préférence les officiers. Les salves de l'infanterie, les projectiles de l'artillerie et des canonnières eurent raison de leur acharnement. Ils laissèrent sur le terrain 150 des leurs, mais ils nous avaient tué ou blessé plus de 40 hommes. Le 6, nouvel engagement non moins vif à Adégou, au passage du Zou, affluent de l'Ouémé. Ce point, accessible aux canonnières, fut choisi comme tête d'étapes et magasin de ravitaillement que devait approvisionner la flottille.

Le 10, on quitte les rives de l'Ouémé pour s'enfoncer dans l'Ouest. On chemine péniblement au milieu des broussailles et des hautes herbes; on se guide à la boussole; on se fraye la route avec le sabre d'abattis. Les Dahoméens disputent le terrain pied à pied. On se bat le 12, le 13, le 14, le 15. L'ennemi tient fortement la position de Kotopa, qui couvre Cana, la ville sainte, et la capitale, Abomey; reprenant l'offensive, il nous attaque avec fureur dans notre camp d'Akpa, où la colonne s'est arrêtée pour évacuer ses blessés et

Le colonel Dodds.

attendre des vivres. Elle ne compte plus que 53 officiers et 1,500 hommes. Le commandant Audéoud, appelé de la côte, arrive fort à propos avec 600 soldats et 2,000 porteurs. Behanzin, qui commence à perdre son assurance, demande à négocier. Mais il se refuse à évacuer les lignes de Kotopa. Elles sont emportées le 26 et le 27. Le 2 novembre, la position de Ouankou est occupée; le 3, on y repousse un retour offensif des Dahoméens; le 4, nouvelle attaque, Behanzin lui-même lance et conduit ses derniers guerriers. Mais ce suprême effort se brise sous nos balles et nos baïonnettes. Le soir, l'armée dahoméenne est en pleine déroute et la colonne est maîtresse des faubourgs de Cana, que Behanzin évacue devant elle ; le 6 elle bivouaque dans la ville royale, au milieu des bosquets d'orangers. Behanzin a de nouveau envoyé des parlementaires. On négocie en attendant des troupes fraîches qui viennent de débarquer à Kotonou. Sommé de livrer ses armes et de commencer le versement de l'indemnité qu'il a offert de payer, le roi envoie 35,000 francs, quelques canons et 150 fusils. Cependant les renforts sont arrivés, un ultimatum lui est signifié, et comme il n'y répond pas, les pourparlers sont rompus. Le 16, on marche sur Abomey en tournant le palais fortifié de Goho, qui défend la route. Behanzin prend la fuite après avoir mis le feu à ses palais, et, le 17, la colonne fait son entrée dans la capitale incendiée. Le colonel Dodds, promu général, s'y arrête quelques jours, puis ramène ses troupes sur l'Ouémé et de là à Porto-Novo, en laissant des postes à Goho, Cana, Kossoupa.

Pendant cette campagne de trois mois, la colonne a perdu par le feu 11 officiers et 70 hommes tués, 29 officiers et 411 hommes blessés. Mais la puissance dahoméenne est détruite Behanzin n'est plus qu'un fugitif. Déclaré déchu au profit de son frère Ago-li-Agbo, abandonné par les siens, traqué par nos détachements pendant la courte campagne de 1893, il se livre enfin au capitaine Privé ; ce même officier est chargé de le conduire à la Martinique qui lui est assignée pour résidence.

Au mois d'avril 1894, la conquête était achevée et le général Dodds s'embarquait pour la France, laissant au lieutenant-gouverneur Ballot le soin de compléter l'organisation politique et administrative du pays. Le Dahomey avec ses dépendances forma une colonie, comprenant des territoires annexés et de petits royaumes ou confédérations de tribus soumis au protectorat. Les peuples indigènes, délivrés de la sanglante tyrannie des rois dahoméens, acceptèrent sans peine notre domination. Notre nouvelle colonie est déjà prospère ; elle suffit largement à toutes ses dépenses. Le chiffre des transactions a doublé ; en 1894 il dépassait 20 millions.

BEHANZIN A LA MARTINIQUE.

Maîtres du Dahomey, il fallait nous hâter, si nous ne voulions être devancés par les Allemands du Togoland et les Anglais de Lagos et du bas Niger, de prendre possession de son arrière-pays, afin de le relier à nos dépendances du Soudan et d'assurer, par des relations suivies dans la boucle du Niger, son avenir économique et commercial. Ce fut l'objet de plusieurs missions organisées presque au lendemain de la conquête. Celle que conduisait le commandant Decœur partit le 12 octobre du poste de Carnotville sur le haut Ouémé et, marchant au Nord, signa des traités de protectorat avec le roi de Parakou, puis avec celui de Nikki dans le Borgou, que venait de visiter le capitaine anglais Lugard. Le commandant Decœur se porta alors à l'Ouest, et pendant que son compagnon le lieutenant Baud allait jusqu'à Say sur le Niger, il gagna Sansanné-Mango, puis Fata N'Gourma, où il passa avec le roi un traité qui plaçait tout le Gourma sous notre protectorat. Sur sa route il avait rencontré la mission allemande Gruner-De Carnap, partie de Togoland, qui avait, elle aussi, conclu des traités avec d'autres chefs qui se prétendaient les vrais maîtres du pays. Le commandant Decœur alla rejoindre le lieutenant Baud à Say où les Allemands n'arrivèrent qu'après son départ. Il reconnut toute une partie inexplorée du Niger entre Say et Gomba, longea le fleuve du Nord au Sud en passant par Boussa, puis revint à l'Ouest pour regagner Carnotville, où il rentra le 21 mars.

La mission Toutée, partie de la côte du Dahomey, s'avança dans l'arrière-pays jusqu'au 9° de latitude nord, puis se dirigea vers l'Est en traversant les pays de Tchaki, de Kitchi et de Goho, dont les capitales sont « d'énormes cités industrielles ou agricoles, bien fortifiées, mais mal défendues par des habitants trop craintifs ». Partout un accueil enthousiaste fut fait à la mission française, et ce fut avec empressement que les chefs signèrent des traités de protectorat. Le capitaine Toutée atteignit le Niger à Badjibo, fonda sur la rive droite la station d'Arenberg, remonta le fleuve jusqu'à Tibi-Farka au delà de

Zinder, repoussa les attaques des Touareg, puis le redescendit, franchissant deux fois les rapides de Boussa, qui rendent la navigation difficile, mais non pas impossible, sur un espace de 50 kilomètres seulement. L'obstacle peut d'ailleurs être tourné au moyen de transbordements. Ce voyage a démontré que la route du bas Niger est la plus praticable et la plus directe pour communiquer avec Tombouctou.

Une troisième mission, dirigée par le gouverneur Ballot, avait atteint Boussa en janvier 1895, après avoir traversé le pays de Chabé et le Borgou, et installé des postes dont le plus avancé, celui de Chori, est à 120 kilomètres de Carnotville et aux portes de Nikki, la capitale de Borgou.

A l'ouest, dans le Gourma, nous nous heurtons aux Allemands; à l'est, dans le Borgou et sur le Niger, nous rencontrons les Anglais. Ceux-ci, sans tenir compte de la conquête du Dahomey et des droits qu'en vertu des principes par eux-mêmes posés elle nous confère sur l'arrière-pays, prétendent que la convention de 1890 nous interdit toute extension au sud de la ligne Barroua-Say. La Compagnie du Niger soutient en outre que ses agents ont traité avant nous avec le roi de Nikki; or ce dernier a déclaré formellement au commandant Decœur qu'il n'était lié par aucun traité, et que son indépendance était entière. Il est probable que des arrangements diplomatiques interviendront pour régler les questions en litige et délimiter la zone d'influence de chaque nation dans cette partie de l'Afrique [1]. Mais dès à présent, grâce à l'activité de nos explorateurs, on peut considérer le Dahomey comme relié au moyen Niger et à nos possessions du Soudan. Il appartient à notre gouvernement d'empêcher que la libre navigation du bas Niger, consacrée par le droit international depuis la conférence de Berlin, ne soit confisquée à notre détriment.

1. La convention dite du Siam, passée le 15 janvier 1896 entre la France et l'Angleterre, stipule la nomination de commissaires chargés d'opérer une délimitation dans la région située à l'ouest du bas Niger.

CHAPITRE V

LE CONGO FRANÇAIS [1]

Le Gabon et l'Ogooué. — Premier voyage de Brazza. — Les découvertes de Stanley, deuxième voyage de Brazza, le roi Makoko, le sergent Malamine. — Troisième voyage de Brazza. — La conférence de Berlin, l'acte de Berlin. — Missions Crampel et Dybowski. — Premier voyage de Mizon. — Mission Maistre. — Deuxième voyage de Mizon. — Brazza sur la Sangha. — La question de l'Oubanghi. — Convention franco-allemande du 4 février 1894, convention franco-belge du 14 août 1894.

Dès 1843, la France avait créé sur le magnifique estuaire du Gabon un établissement qui devait servir de point d'appui et de ravitaillement aux navires de la station de l'Atlantique-Sud. On fonda un peu plus tard le village de Libreville, peuplé d'esclaves émancipés, on passa des traités avec les chefs du cap Lopez; mais rien ne fut tenté pour étendre à l'intérieur notre influence politique et nos relations commerciales. Vers 1855 seulement les voyages de Du Chaillu commencèrent à attirer l'attention sur le fleuve Ogooué, qui débouche au sud du cap Lopez. Le cours inférieur en fut exploré, des factoreries s'y installèrent. En 1874, Marche et de Compiègne entreprirent de le remonter plus avant que Lopé, point extrême des précédentes explorations; ils s'avancèrent jusqu'au confluent de l'Ivindo, à 470 kilomètres de l'embouchure. Mais là les

---

1. OUVRAGES A CONSULTER : Neuville et Bréard, *les Voyages de Savorgnan de Brazza* (1875-1882); Paris, 1885. — Génin, *les Explorations de Brazza;* Paris, 1885. — Dutreuil de Rhins, *le Congo français;* Paris, 1885. — Ministère des affaires étrangères, *Documents diplomatiques, Affaires du Congo* (1884-1887); Paris, 1890. — Rabalsky, *Acte général de la conférence de Berlin, suivi des traités des puissances signataires avec l'association du Congo;* Leipzig, 1885. — Harry Alis, *A la conquête du Tchad;* Paris, 1891; *Nos Africains;* Paris, 1894. — *Bulletin du comité de l'Afrique française;* Paris, 1891-1896.

Ossyébas, tribu belliqueuse de la race des M'Fan ou Pahouins, leur barrèrent le passage. Leur projet fut repris presque aussitôt par un jeune officier de marine d'origine italienne, Savorgnan de Brazza. « Je compte, écrivait-il, remonter l'Ogooué aussi loin que possible. S'il n'a pas un cours aussi considérable que je le pense, je le quitterai, et, sans penser au

Plage de Libreville.

retour, je m'enfoncerai vers l'Est-Nord-Est... Je pourrai peut-être continuer ma route à la recherche des lacs ou du fleuve par où doit s'écouler la grande masse d'eau qui tombe sous l'équateur. »

Brazza partit de Bordeaux au mois d'août 1875, accompagné de Marche et du docteur Ballay. Ils s'adjoignirent une escorte de laptots du Sénégal et des interprètes gabonais. La mission remonta l'Ogooué, d'abord sur un aviso, puis sur des pirogues indigènes. Des négociations adroitement conduites eurent raison de la mauvaise volonté des Ossyébas. La rivière

Ivindo, la rivière Sébé jusqu'où venait de s'avancer l'Autrichien Lenz, furent successivement dépassées. Après de longs et pénibles efforts, on arriva, au mois de juillet 1877, au confluent de l'Ogooué et de la rivière Passa. Ni le fleuve supérieur, ni son tributaire, coupés l'un et l'autre de nombreux rapides, ne pouvaient être remontés plus avant. L'Ogooué n'offrait pas,

Pahouins.

pour la pénétration dans l'Afrique équatoriale, le chemin naturel qu'on avait espéré d'y trouver. Les voyageurs déçus ne se découragèrent pourtant pas. Marche épuisé avait dû rentrer en Europe. Brazza et Ballay résolurent de poursuivre leur entreprise en s'avançant par terre vers l'Est. Leur escorte effrayée hésitait à les suivre, les porteurs manquaient; la provision de chaussures emportée de France s'était perdue dans un des naufrages essuyé sur l'Ogooué. Les jeunes explorateurs marchèrent pieds nus, et cela pendant près de sept mois. Ils traversèrent ainsi le pays des Batékés et arrivèrent sur l'Alima. Les indigènes leur affirmèrent que ce cours d'eau large et profond n'avait pas de rapides et qu'il allait à six jours de distance rejoindre un grand fleuve, d'où venaient la poudre et les fusils. Brazza ne connaissait pas les récentes découvertes de Stanley, il ne devina point dans l'Alima un affluent du Congo; mais c'était une route vers l'Est, il résolut de la suivre. La tribu riveraine des Apfourous le reçut à coups de fusil. Après avoir reconnu le cours de l'Alima sur une centaine de kilomètres, il se porta vers le Nord-Est et découvrit encore la Licona, autre affluent du Congo. Lui et ses compagnons se trouvèrent alors à bout de forces et de ressources. « Mes jambes, trop cruellement maltraitées par les broussailles, étaient couvertes de plaies; mon escorte et mes porteurs n'étaient guère en meilleur état. » Le 11 août 1878, presque trois ans jour pour jour après le départ d'Europe, l'expédition reprenait la route de l'Ouest pour regagner l'Ogooué et redescendre au Gabon.

GABONAISE DE LIBREVILLE.

Rentré en Europe, Brazza apprit les découvertes de Stanley, qui venaient de démontrer l'identé du fleuve Loualaba, reconnu par Livingstone dans la région des grands lacs, avec le Congo dont on connaissait depuis des siècles le débouché atlantique. Cette immense artère ouvrait dans l'Afrique équatoriale une voie de pénétration magnifique; par malheur, entre le bas fleuve et la partie navigable de son cours moyen et de ses grands affluents s'interpose, sur un parcours de près de 500 kilomètres, une barrière montagneuse que ses eaux ne franchissent que par un escalier de trente-deux rapides. Stanley, puissamment soutenu par l'*Association internationale africaine*, repartit en 1879 pour établir jusqu'au moyen Congo une route parallèle au fleuve inférieur. Brazza proposa d'utiliser la route qu'il avait frayée, par l'Ogooué et l'Alima, pour atteindre le grand fleuve et aller y prendre position au nom de la France, à laquelle il s'agissait d'assurer « une priorité de droits et d'occupation sur le point le plus rapproché de l'Atlantique où le Congo commence à devenir navigable ». Si grande était sa hâte qu'il partit à la fin de 1879, sans attendre l'issue des démarches entamées pour lui assurer l'appui du gouvernement. Les faibles ressources mises

SAVORGNAN DE BRAZZA.

d'abord à sa disposition se trouvant insuffisantes, il n'hésita pas à engager une partie de sa fortune personnelle.

Comme la première fois, il remonta d'abord l'Ogooué. Près de son confluent avec la Passa, à 815 kilomètres du Gabon, à 120 kilomètres du point où l'Alima devient navigable, « dans un pays salubre, fertile, habité par une population dévouée à nos intérêts », il créa la station de Franceville. Ses procédés pacifiques, la confiance et la sympathie qu'il savait inspirer aux indigènes facilitèrent sa marche de l'Ogooué au Congo.

Stanley avait dû se frayer un chemin sanglant en livrant plus de trente combats; Brazza ne tira pas un coup de fusil. Informé de son approche, le roi batéké Makoko, suzerain de tous les pays qui bordent le Ncouna ou Stanley-Pool, où le Congo s'étale en lac en amont des cataractes, envoya un émissaire chargé de lui servir de guide. Il se déclara heureux d'accueillir

M. DE BRAZZA RECEVANT DES CHEFS BATÉKÉS A BRAZZAVILLE.

« le fils du grand chef blanc dont les actes étaient ceux d'un homme sage »; il prétendait que l'on pût dire que « Makoko savait bien recevoir les blancs qui venaient chez lui, non en guerriers, mais en hommes de paix ». Le 3 octobre 1880 fut signé un traité, par lequel il plaçait son royaume sous la protection de la France, et lui abandonnait un territoire à son choix pour l'établissement d'une station. Brazza désigna, sur la rive droite de Stanley-Pool, l'emplacement de Ntamo, qui devint le poste de Brazzaville. Le drapeau français y flotta sous la garde du sergent sénégalais Malamine, avec trois matelots indigènes.

Makoko arbora aussi sur sa case royale le pavillon aux trois couleurs, et tous les chefs ses vassaux voulurent avoir ce « morceau d'étoffe bleu, blanc et rouge », comme disait Stanley, avec une ironie qui cachait mal son dépit.

La première entrevue des deux explorateurs fut cependant assez cordiale. Brazza, qui descendait le Congo pour regagner par cette voie le Gabon, rencontra Stanley à Ndambi-Bongo, un peu en amont de Vivi, et n'eut qu'à se louer de son hospitalité. Au Gabon, il ne trouva pas le docteur Ballay et l'enseigne Mizon, qui devaient le rejoindre avec des vapeurs démontables, et dont le départ s'était trouvé retardé par des lenteurs administratives. Sans les attendre, il repartit par l'Ogooué pour aller ravitailler Franceville, qu'il relia à l'Alima par une route carrossable. L'arrivée de Mizon, désigné comme chef de la station de Franceville, lui ayant rendu la liberté de ses mouvements, il poussa jusqu'au fleuve Niari, dans lequel il espérait trouver une route plus directe que celle de l'Ogooué entre le littoral et le Stanley-Pool. Il rentra alors en France, où il arriva en juin 1882, porteur du traité conclu avec Makoko.

Cette fois, les résultats obtenus n'étaient plus purement géographiques. La France était installée sur le haut Ogooué, sur l'Alima, sur le Stanley-Pool. Pour n'avoir pas été imposés par la force, les traités conclus n'en étaient que plus solides. Quand Stanley, inquiet de se trouver devancé sur le Stanley-Pool, arriva à son tour avec son escorte de soixante-dix Zanzibarites armés de fusils Winchester, il ne trouva devant lui que le sergent Malamine et ses trois laptots. Mais le pavillon français flottait sur tous les villages, et les indigènes se montraient résolus à le défendre. Stanley s'est donné plus tard le facile plaisir de railler le « gouverneur français de Brazzaville », avec son armée de trois hommes, sa flotte d'une pirogue, son pagne en paille tressée ; de même, il essaya de tourner en ridicule le dénuement dans lequel il avait vu pour la première fois Brazza, « sous la figure d'un pauvre va-nu-pieds, qui n'avait de remarquables que son uniforme en loques et un grand chapeau déformé ». Le « va-nu-pieds » et l'humble sergent indigène demeuré ferme à son poste venaient de lui infliger une pénible déception. Alors qu'il avait cru pouvoir assurer aux intérêts qu'il représentait la possession exclusive de la route du Congo, il lui fallait maintenant compter avec la France.

Factorerie au Gabon.

A moins d'engager un conflit où il risquait de n'être pas soutenu, force lui fut de respecter notre position de Brazzaville. Il dut se contenter d'installer un poste en face de nous, à Ncouna, sur la rive gauche.

De retour en France, Brazza y avait trouvé un accueil enthousiaste. On lui savait gré de sa foi intrépide, de sa stoïque endurance, mais surtout de cette modération, de ce respect de la vie humaine qui avait été sa suprême habileté, et lui avait permis de réaliser avec de si faibles moyens ses pacifiques conquêtes. Le Parlement ratifia sans débat le traité avec Makoko, la Chambre vota à la presque unanimité un crédit de 1,275,000 francs pour lui permettre de poursuivre son entreprise. Quand il revint pour la troisième fois au Gabon, en mai 1883, il n'était plus simple chargé de mission, mais commissaire de la République française dans l'Ouest africain, avec les pouvoirs politiques et administratifs les plus étendus. Sous sa direction, des lieutenants tels que MM. Ballay, Mizon, Decaze, Dutreuil de Rhins, de Lastours, de Chavannes, Dolisie, avec une soixantaine d'auxiliaires européens et trois cents laptots ou terrassiers noirs, installèrent toute une chaîne de postes et de stations sur l'Ogooué, sur l'Alima et ses affluents, sur le Congo et dans les États de Makoko, sur le Niari-Quillou et enfin le long du littoral entre Sette-Cama et Landana. De nombreux traités nous constituèrent de tous côtés des droits de souveraineté et de protectorat.

JEUNE FEMME OBAMBA.
(Bassin de l'Ogooué.)

Ces résultats ne furent pas obtenus sans peine. L'*Association internationale africaine*, fondée en 1875 avec le haut patronage du roi des Belges, en vue d'une œuvre purement scientifique et humanitaire, changeait complètement de nature sous l'énergique impulsion de Stanley. Elle devenait une entreprise politique et commerciale ; en attendant de civiliser l'Afrique équatoriale, elle travaillait à en faire la conquête et à en organiser l'exploitation. Elle ne se bornait pas à occuper des territoires, à passer de gré ou de force des traités qui lui assuraient le monopole du commerce et de la navigation : son action presque partout contrecarrait ouvertement la nôtre. On cherchait à détourner de notre alliance, sinon Makoko lui-même, dont la fidélité demeurait

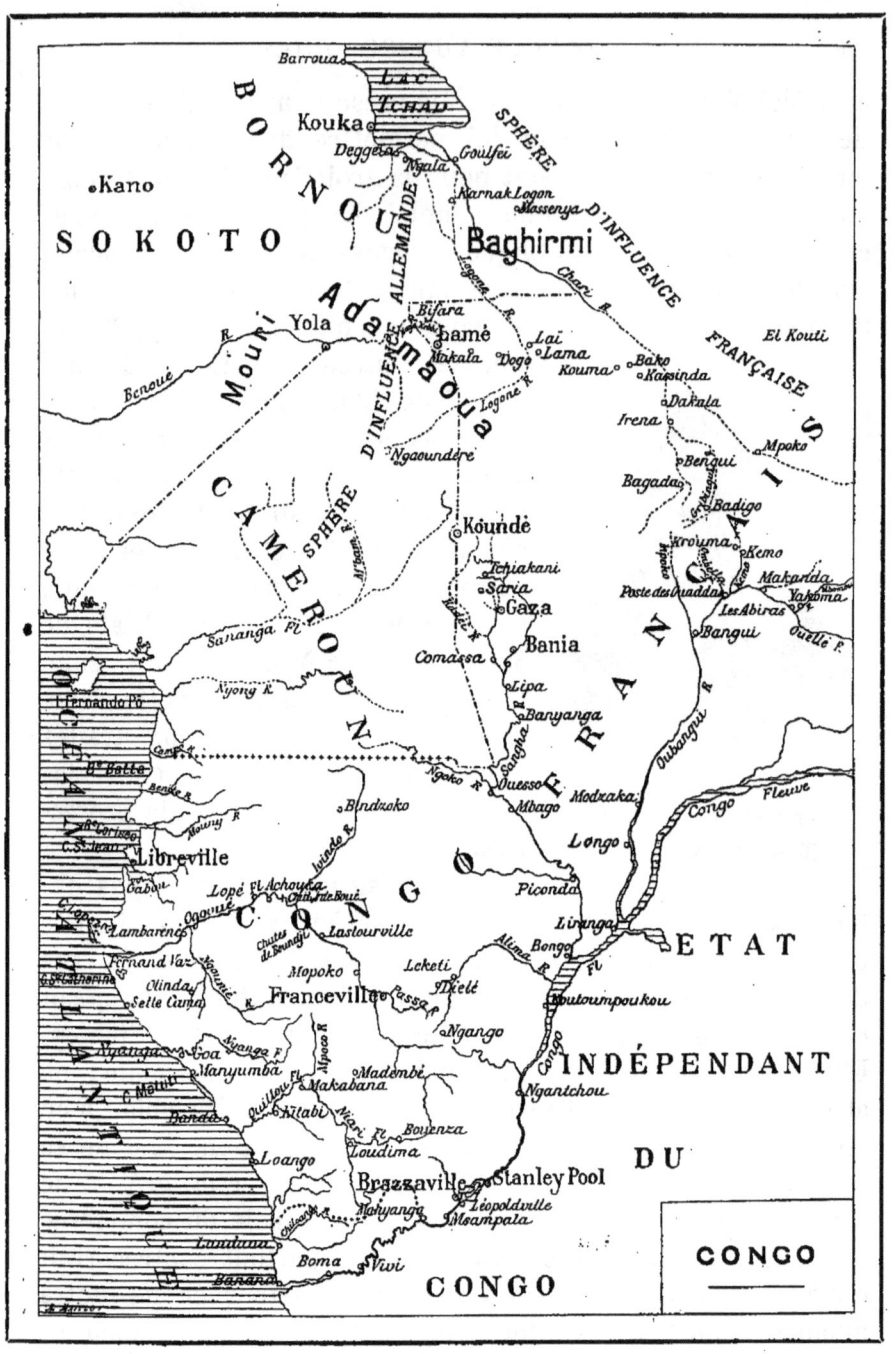

Carte du Congo

inébranlable, du moins ses vassaux, qui s'étaient engagés avec lui. Il fallut, pour éviter des conflits, toute la prudence de Brazza, aidée des instructions pacifiques du roi des Belges.

D'autre part, le Portugal, évoquant des droits historiques qu'il était permis de considérer comme prescrits, réclama la souveraineté du bas Congo et de tout le littoral compris entre sa colonie d'Angola et le parallèle de 5°12', vers l'embouchure de la rivière Chiloango. L'Angleterre, qui avait déjà lancé au Congo une avant-garde de missionnaires, s'entendit avec le Portugal pour un projet de traité, par lequel elle admettait ses prétentions ; mais une commission mixte anglo-portugaise devait surveiller la police et l'administration, en appliquant un système de taxes combiné de manière à favoriser le commerce des deux États. C'était, avec la souveraineté nominale du Portugal, une main mise sur le bas Congo au profit de l'influence et du commerce anglais. Les autres puissances s'émurent : devant leurs protestations le projet fut abandonné. Cependant les gouvernements français et allemand, rapprochés en cette circonstance par une communauté de vues et d'intérêts, se mirent d'accord pour empêcher les grands fleuves africains de devenir le domaine exclusif d'une seule nation. Le prince de Bismarck et Jules Ferry, alors ministre des affaires étrangères, provoquèrent la réunion d'une conférence.

Elle s'ouvrit à Berlin le 15 novembre 1884. La France, l'Allemagne, l'Angleterre, les États-Unis, l'Autriche, la Belgique, le Danemark, la Suède, l'Espagne, l'Italie, la Hollande, le Portugal, la Russie, la Turquie y étaient représentés. L'ensemble de ses décisions forma l'*Acte général*, signé le 26 février 1885 par les plénipotentiaires des puissances. Le commerce de toutes les nations était déclaré libre dans toutes les régions formant le bassin du Congo et son débouché maritime (non compris le Gabon et l'Ogooué), la navigation libre sur tous les cours d'eau. Aucun monopole de faveur ne pouvait être accordé, le prélèvement de droits différentiels sur les marchandises ou les navires était interdit : « Les marchandises de toute provenance importées dans ces territoires... ne devant acquitter d'autres taxes que celles qui pourraient être perçues comme une équitable compensation de dépenses utiles pour le commerce, lesquelles à ce titre devraient être également supportées par les nationaux et par les étrangers de toute nationalité. » De même, les seuls droits perçus sur la navigation seraient ceux qui auraient le caractère de rétribution pour services rendus à la navigation elle-même. Pour assurer l'exécution des dispositions spéciales contenues dans « l'Acte de navigation du Congo », une commission internationale était instituée, toutes les puissances contractantes avaient la faculté de s'y faire représenter. Celles qui possédaient dans le bassin du Congo des droits de souveraineté prenaient l'engagement de veiller à la conservation des peuples indigènes, de s'appliquer à l'amélioration de leur état moral et matériel, de contribuer à la suppression de l'esclavage et de la traite des esclaves, de protéger, sans distinction de nationalité et de culte, toutes les institutions et entreprises religieuses, scientifiques ou charitables. La liberté de conscience et la tolérance religieuse étaient expressément garanties à tous, indigènes, nationaux, étrangers.

La Conférence étendit à la navigation du Niger et de ses affluents les mêmes principes qu'elle avait posés pour le Congo : liberté de navigation pour tous, sans distinction entre les sujets des États riverains et les autres. Cette sorte de neutralisation était appliquée, comme pour le Congo, aux routes, aux chemins de fer, canaux latéraux, qui pourraient être construits pour remédier à l'innavigabilité ou aux imperfections de la voie fluviale.

Une série de traités ou de conventions consacrèrent l'existence politique de l'Association internationale africaine[1].

1. L'État organisé par elle a pris le nom d'État libre du Congo.

Elle procéda, d'accord avec la France, à un partage amiable qui nous abandonnait le bassin du Niari, mais qui ne nous laissait sur le Congo même que la partie de la rive droite comprise entre le confluent de l'Oubanghi et Manyanga. Dès 1884 elle s'était engagée, pour le cas où elle serait amenée à réaliser ses possessions, à donner à la France un droit de préemption.

BAKONGO DE MANYANGA.
(Photographie communiquée par le musée des Colonies.)

Cet engagement fut renouvelé en 1887 et en 1895. Des conventions furent également conclues entre la France et l'Allemagne (décembre 1885), entre la France et le Portugal (mars 1886). Le Congo français se trouva ainsi constitué. Il formait avec le Gabon un territoire compact de 700,000 à 800,000 kilomètres carrés, comprenant la totalité des bassins de l'Ogooué et du Niari-Quillou, bordant d'une part le littoral de l'Atlantique sur une longueur de 800 kilomètres, de l'autre la rive droite du Congo sur un parcours de 600 kilomètres. Malheureusement, nous nous trouvions écartés des deux rives du fleuve inférieur, et il nous manquait toujours une voie d'accès directe et facile pour aller de la côte à sa partie navigable.

Les limites de la jeune colonie, déterminées partout ailleurs, demeuraient indécises au Nord-Est, dans la vaste région encore inexplorée qui s'étendait de la frontière du Cameroun au cours de l'Oubanghi, frontière de l'État libre. De ce côté le champ restait ouvert à une expansion presque indéfinie dans la direction du Tchad et du Soudan central, mais il fallait se hâter, sous peine de voir la route coupée par les Allemands de Cameroun ou les Anglais partis du bas Niger et de la Bénoué. Déjà les Allemands faisaient d'opiniâtres efforts pour pénétrer dans la haute Bénoué et l'Adamaoua. Brazza, placé à la tête du Congo français avec le titre de commissaire général, envoya M. Dolisie fonder au coude de l'Oubanghi et en face du poste

LOANGO (en 1888).
(D'après une photographie du musée des Colonies.)

belge de Zongho la station de Bangui. M. Cholet commença en 1890 la reconnaissance de la Sangha, autre affluent de droite du Congo, qui paraissait ouvrir vers le Nord une voie d'accès praticable. L'année suivante, M. Fourneau remonta la Sangha jusqu'au 5° de latitude.

Un jeune homme enthousiaste, Paul Crampel, conçut le projet de relier le Congo au Soudan et à l'Algérie, par une marche hardie de l'Oubanghi au Tchad et du Tchad à l'Algérie à travers le Sahara central. Cette idée grandiose, développée avec une conviction communicative, séduisit quelques bons Français, qui l'aidèrent à en essayer la réalisation. Il s'embarqua à Bordeaux le 10 mars 1890 ; le 25 septembre il était à

CRAMPEL.

(D'après une photographie communiquée par le musée des Colonies.)

Bangui. Il avait avec lui quatre Européens : MM. Lauzière, Nebout, Orsi et Biscarrat, trois indigènes destinés à servir tour à tour d'interprètes, la Pahouine Niarinzhe, l'Arabe Saïd, le Touareg Ischekkad ; l'escorte comprenait 30 Sénégalais ; 120 porteurs complétaient la caravane. Crampel reconnut une partie encore inexplorée du cours de l'Oubanghi, puis, quittant cette rivière, il s'avança droit au Nord. Il parvint avec son avant-garde jusqu'au village d'El-Kouti, à 500 kilomètres environ de l'Oubanghi. Là, il se trouva au milieu de musulmans qui se disaient les vassaux du sultan de Ouadaï, mais qui appartenaient plutôt, selon toute apparence, aux bandes de l'aventurier Rabah. Ils parurent d'abord lui faire bon accueil, promirent de lui procurer des porteurs pour se rendre auprès de leur suzerain. Mais les promesses tardaient à se réaliser, les

Pirogues banziris en marche. — Transport de la mission Dybowski.

hommes désertaient un à un, le gros de l'expédition, retardé par la maladie ou la mort des chefs et la difficulté des transports, ne parvenait pas à rejoindre; Crampel lui-même était épuisé par les privations. Sa dernière lettre, datée du 8 avril, annonçait son départ chez « un grand sultan, à 200 kilomètres nord environ ». Peu de jours après, attiré dans un guet-apens, il était massacré avec l'Arabe Saïd. Son lieutenant Biscarrat, laissé en arrière à M'Poko, tombait à son tour, le 25 mai, sous les coups des mêmes meurtriers. Lauzière et Orsi avaient déjà succombé aux fatigues et aux atteintes du climat. Le seul survivant français, Nebout, ramena sur l'Oubanghi les débris de la caravane. Le *Comité de l'Afrique française,* constitué par le groupe qui avait organisé l'exploration de Crampel, venait de lancer sur ses traces une mission de renfort, conduite par M. Jean Dybowski. Elle ne put que venger Crampel. Parvenue à une distance de 200 kilomètres en deçà d'El-Kouti, le manque de vivres l'obligea de revenir en arrière, non sans avoir étudié avec soin le pays parcouru, passé des traités avec les chefs indigènes, exploré plusieurs des affluents de l'Oubanghi, surtout la Kemo, qui semblait offrir une bonne base d'opérations vers le Nord.

Quelques mois après le départ de Crampel, à la suite du traité d'août 1890, deux autres missions s'étaient mises en route vers le Tchad. On a vu comment le capitaine Monteil y était arrivé en traversant la boucle du Niger. Le lieutenant de vaisseau Mizon se proposait de remonter le Niger et son affluent la Bénoué, pour atteindre par cette voie l'une des branches du Chari, qui aboutit au grand lac soudanais, et revenir ensuite par le Congo. Le *Comité de l'Afrique française* et un autre groupe, le *Syndicat du haut Benito,* firent les frais de l'expédition. La mission partit de Bordeaux le 10 septembre 1890, emportant une collection d'échantillons et de marchandises qui devaient lui servir à nouer des relations commerciales avec l'Adamoua, le Bornou et le Baghirmi. Le 10 octobre, la chaloupe *René Caillié* qui la portait entra dans la rivière Forcados, une des bouches du Niger. Dans la nuit du 15 au 16, elle fut brusquement assaillie par les indigènes Patanis ; on les repoussa non sans peine, mais Mizon et plusieurs de ses compagnons étaient blessés. Il fallut rétrograder sur Akassa, résidence de l'agent général de la *Royal Niger Company.* Les blessés se remirent assez vite, mais quand il fut question de repartir, on signifia à Mizon « qu'il serait contraire aux lois et règlements de la Compagnie de le laisser pénétrer sans son consentement dans les territoires du Niger ; que la navigation du fleuve était libre, mais qu'à défaut de l'autorisation il serait impossible de le laisser toucher terre à aucun endroit dans les territoires ». Le gouvernement français informé protesta énergiquement contre cette étrange interprétation de l'acte de Berlin. La Compagnie dut céder. Mais pendant la durée des pourparlers, la baisse des eaux était survenue, le matériel de la mission s'était détérioré, des sept Européens ou Arabes qui la composaient au début, deux étaient morts, deux autres épuisés avaient dû se retirer. L'indomptable Mizon n'en reprit pas moins sa marche dès que la navigation fut redevenue possible. Le 1er juillet 1891, il pénétrait dans la Bénoué. La Compagnie, peu soucieuse de le voir entrer en contact avec les populations riveraines, le transporta sur ses vapeurs jusqu'aux confins de l'Adamaoua. Le sultan Zoubir qui régnait à Yola, prévenu contre lui par de faux rapports, se disposait à lui faire un mauvais parti. Mizon évita ce nouveau péril, gagna la confiance du sultan et put pendant quatre mois séjourner en ami dans sa capitale. Il opéra la reconnaissance de la haute Bénoué et de son affluent le Mayo-Kebbi, qui ouvre une route naturelle entre le bassin du Niger et celui du Chari. La nouvelle du désastre de Crampel le décida à revenir par le Sud. A travers les provinces peuplées et fertiles de l'Adamaoua, il atteignit Ngaoundéré, chef-lieu d'un État tributaire, dont le sultan le reçut avec les plus grands honneurs. On lui donna des guides pour le conduire jusqu'à la frontière sud du royaume. Franchissant rapidement une zone à peu près déserte, il arriva à Gaza, sur un affluent de la Sangha. Là il apprit qu'à sept jours de marche vers le Sud il y avait des Européens. C'était Brazza qui s'était porté en personne sur la Sangha. Le 7 avril 1892, les deux explorateurs se rencontraient dans l'île de Comasa. Le programme que s'était tracé Mizon était rempli dans sa partie essentielle. 900 kilomètres de pays jusqu'alors complètement inconnus avaient été parcourus de Yola à Comasa. La jonction géographique était faite entre le Congo et le bas Niger. Des relations politiques et commerciales avaient été établies avec l'Adamaoua.

Le Comité de l'Afrique française organisait une nouvelle mission pour reprendre l'œuvre interrompue de Crampel et de Dybowski. Elle était commandée par M. Casimir Maistre, déjà connu par une remarquable exploration à Madagascar. Le 29 juin 1892, elle partait du poste de la Kemo. Marchant au Nord, sans se laisser arrêter par l'hostilité de la tribu des Mandjia, avec laquelle il fallut batailler tout un mois, elle arriva le 2 septembre sur les bords du Gribingui, rivière navigable et l'une des branches occidentales du Chari. Ne pouvant le descendre, faute d'embarcation, elle en suivit la rive droite, puis l'abandonna pour se porter à l'Ouest. Une pénible marche de vingt jours,

MAISTRE.

à travers la brousse déserte ou les marais, l'amena chez les Sara, belle et riche population dépendant du Baghirmi. Elle trouva un bon accueil auprès d'eux et surtout chez les musulmans établis dans le pays, qui offraient de la guider vers Massenya, capitale du Baghirmi. Mais on était déjà en novembre, les provisions s'épuisaient, il restait juste assez de marchandises pour regagner par la voie la plus courte les régions connues. Inclinant toujours à l'Ouest, Maistre atteignit le Logone, autre affluent du Tchad, et Laï, ville de 10,000 habitants, capitale des Gaberis. Encore deux mois de marches, gênées parfois par les attaques des indigènes ou interrompues par la maladie, et la mission atteignit Yola. Elle y fut bien reçue par les autorités indigènes, et la Compagnie du Niger lui fournit les moyens de descendre la Bénoué et le fleuve. Le 23 mars, elle arrivait à Akassa, à l'embouchure du Niger. Elle avait parcouru 5,000 kilomètres, dont 2,000 en pays inexploré entre l'Oubanghi et la Bénoué. Elle avait découvert, par le Gribingui, une route praticable du Congo vers le Tchad, le Baghirmi et le Ouadaï. Partout elle avait marqué les droits de priorité de la France en concluant des traités. La ligne tracée par Mizon entre la Bénoué et la Sangha se trouvait doublée par une autre ligne allant de l'Oubanghi aux affluents du Chari.

MIZON.

Mizon, rentré en France, n'avait pris que le temps d'y préparer une seconde campagne. Dès septembre 1892, il était sur le Niger, à la tête d'une double mission scientifique et commerciale. Dans la Bénoué, ses bateaux s'échouèrent à 200 kilomètres en aval de Yola. Immobilisé pour toute la durée de la saison sèche, il renoua des rapports avec le sultan de Mouri, qui l'avait bien accueilli lors de son premier voyage; il lui fit accepter un traité de protectorat, installa des factoreries sur son territoire, l'aida à réprimer la révolte d'une peuplade fétichiste. La Compagnie du Niger, qui prétendait que le Mouri était compris dans ses dépendances, éclata en protestations et en menaces. Mizon, sans en tenir compte, avait poussé jusqu'à Yola, et conclu un nouveau traité avec le sultan Zoubir, lorsqu'il fut rappelé par le gouvernement français. La Compagnie saisit la chaloupe *Sergent-Malamine*, transformée en ponton-comptoir, pour refus d'acquitter des taxes douanières qu'elle réclamait en vertu d'un droit de souveraineté contesté par Mizon. Elle ferma les factoreries installées dans le Mouri. Ces procédés vexatoires donnèrent lieu à des réclamations diplomatiques. A côté des prétentions anglaises sur le Mouri et Yola, des prétentions allemandes sur l'Adamaoua, la France, à son tour, avait des intérêts à soutenir et des droits à faire valoir.

Ces droits, Brazza, avec sa patiente énergie, sa ténacité tranquille, ne faisait pas moins pour les établir et les étendre. Dès la fin de 1891, il était venu s'installer sur la Sangha. Il avança pas à pas, d'une marche méthodique et sûre, poussant ses postes d'étape en étape, à Bania, au pied des rapides, puis à Gaza, puis à Koundé au delà du 5ᵉ degré, apprivoisant les sauvages tribus fétichistes, engageant des rapports d'amitié avec les populations musulmanes, maîtresses des routes du Nord. Un de ses lieutenants, Ponel, refit en sens inverse la route de Mizon, de la Sangha à la Bénoué. Mal accueilli à Yola par le sultan Zoubir et par les Anglais, il se rabattit sur Ngaoundéré, où sa mission eut un plein succès auprès du *lamido*, vassal presque indépendant de l'Adamaoua, et revint au Congo par la Sangha.

D'autres lieutenants de Brazza opéraient sur l'Oubanghi. Cette rivière est formée par la réunion de l'Ouellé, qui vient de l'Est, et du M'Bomou, qui descend du Nord-Est. La convention de 1887, alors que la direction de son cours supérieur était encore mal connue, l'avait en termes assez vagues désignée comme frontière entre l'État libre et le Congo français. Les

Belges n'en avaient pas moins traité avec le chef du pays du Bangasso et créé des postes, aussi bien sur la rive droite du M'Bomou qu'entre le M'Bomou et l'Ouellé. Il fallait maintenir les droits de la France contre ces empiétements. M. Gaillard alla fonder le poste d'Yacoma vers le confluent du M'Bomou ; M. Liotard s'établit aux Abiras entre le M'Bomou et l'Ouellé.

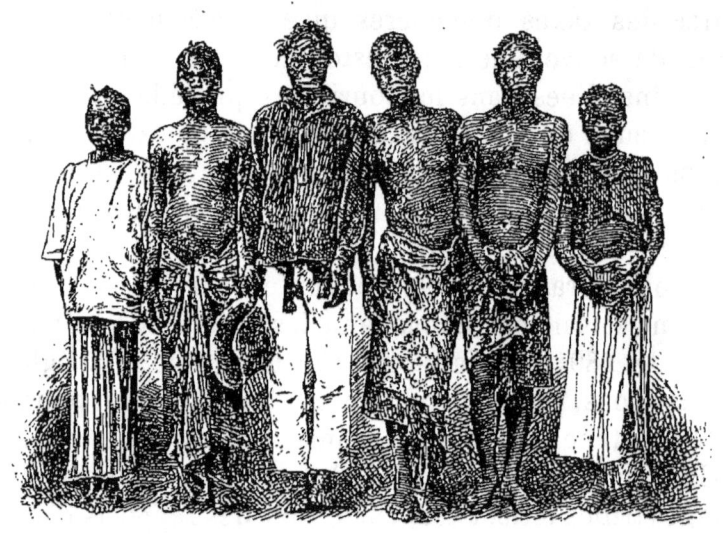

BOUBANGUIS. (Oubanghi.)

Belges et Français étaient en présence. Les négociations engagées entre Paris et Bruxelles n'aboutissaient pas; l'État libre massait des troupes indigènes dans la région contestée. De son côté, le gouvernement français décidait d'y envoyer des forces respectables, à la tête desquelles devait être placé le lieutenant-colonel Monteil. L'avant-garde, sous le capitaine Decaze, arrivait à Yacoma à la fin de 1893.

Si la France avait apporté aux affaires coloniales la même indifférence qu'en d'autres temps, toutes les questions engagées dans cette partie de l'Afrique auraient été tranchées sans elle et à son détriment. Déjà un accord conclu entre l'Angleterre et l'Allemagne attribuait à la première le Mouri, Yola, le Bornou et la rive occidentale du Tchad, et à la seconde, le Baghirmi, la rive sud du Tchad avec les bouches du Chari. L'Allemagne revendiquait ces contrées comme formant l'arrière-pays ou hinterland de ses possessions de Cameroun. Mais, d'autre part, la délimitation du Cameroun et du Congo français n'avait été réglée, en 1885, que pour la région côtière. Maintenant que l'intérieur commençait d'être connu et pénétré, les deux gouvernements allemand et français admettaient la nécessité d'y tracer une démarcation. Nos négociateurs purent faire valoir les titres que constituaient à la France les explorations conduites et les traités passés par Brazza, Maistre, Mizon, Ponel. La convention du 4 février 1894 abandonna aux Allemands l'Adamaoua et la rive sud-ouest du Tchad jusqu'au Chari; mais nous conservions par la Sangha, Koundé et le Mayo Kebbi un accès vers la route de pénétration de la Bénoué et du Niger, par la Sangha, les pays du Logone et le Chari, un accès vers le Tchad. Les États situés à l'est du Chari et du Tchad et tous les pays compris entre l'Oubanghi, le Chari et la rive occidentale du Tchad se trouvaient placés dans la zone d'influence française.

Un arrangement particulier était également intervenu entre l'Angleterre et l'État du Congo. L'Angleterre accordait à l'État libre une rectification de frontière portant sa limite nord-est à la chaîne de partage des eaux entre les bassins du Nil et du Congo; elle lui reconnaissait la possession des territoires contestés avec la France. Par un système de cessions à bail tout à fait insolite dans les relations de puissance à puissance, elle obtenait une bande de territoire qui l'amenait sur les rives du Tanganika en reliant ses possessions de l'Afrique orientale à celles de l'Afrique australe; en échange, elle attribuait à l'État libre la rive gauche du haut Nil et les provinces du Bahr-el-Ghazal. Ce traité était contraire aux stipulations de l'acte de Berlin, dont l'État libre tenait son existence; il lui donnait des provinces qui, en droit tout au moins, n'avaient pas cessé d'appartenir à l'Égypte et à l'empire ottoman, son suzerain ; il portait atteinte aux droits de la France, en disposant sans son aveu des pays contestés, et en méconnaissant, par les cessions réciproques déguisées sous la forme de bail, le droit de préemption qui lui avait été formellement reconnu. Des réclamations s'élevèrent. Celles de l'Allemagne décidèrent l'Angleterre à abandonner l'article qui prolongeait ses possessions jusqu'au Tanganika. Celles de la France, appuyées par d'énergiques démonstrations, déterminèrent la conclusion de l'arrangement du 14 août 1894, aux termes duquel l'État libre acceptait comme frontière entre lui et le Congo français la ligne du M'Bomou, et renonçait à prendre à bail la province égyptienne de Bahr-el-Ghazal. Il ne restait presque plus rien de la convention anglo-congolaise.

A la suite de ces différents traités, le Congo français, limité en 1885 par le 2° parallèle nord et le 17° méridien est, se trouvait étendu vers le Nord jusqu'au Tchad et au 13° parallèle, vers l'Est jusqu'à la ligne de faîte du Nil, et au 28° méridien. Au Nord, par la rive occidentale du Tchad, il se reliait aux pays soudanais et sahariens placés par la convention de 1890 dans la zone d'influence française. A l'Est, il confinait aux régions du haut Nil. Le dévouement des explorateurs nous avait constitué des titres que l'habileté des diplomates, énergiquement soutenue par le sentiment national, avait réussi à faire prévaloir.

Il reste maintenant à tirer parti de ces immenses territoires, trois fois grands comme la France métropolitaine. L'action administrative et officielle est bonne pour les occuper, peut-être pour les organiser ; elle est inapte à les exploiter. L'initiative individuelle n'est pas moins impuissante. Que peuvent des efforts isolés au milieu de populations sauvages, de pays incultes, dépourvus de l'outillage économique le plus rudimentaire ? La tâche ne saurait être entreprise avec chance de succès que par de puissantes associations, disposant de ressources considérables, capables de prendre à leur charge l'exécution des grands travaux préparatoires de viabilité et d'assainissement, en mesure d'attendre patiemment les résultats, assurées de les recueillir par la concession de prérogatives étendues, juste prix de leurs risques et de leurs sacrifices. Nulle contrée ne se prête mieux à l'expérience des compagnies de colonisation. Pourvu que les droits de l'État soient garantis dans le présent et pour l'avenir, que les rapports avec les indigènes soient réglés dans un esprit de justice et d'équité, il n'y a point là d'intérêts à ménager, de droits acquis à respecter. On peut tailler en pleine étoffe et faire bonne mesure, en ne marchandant à qui voudra féconder ce sol encore vierge ni les moyens d'action, ni les avantages rémunérateurs.

CHAPITRE VI

MADAGASCAR [1]

Madagascar et ses habitants. — Premières tentatives de colonisation française. — Rapports avec les Hovas, Radama II, traité de 1868. — Première guerre, 1883-1885, traité de 1885. — Les résidents généraux à Tananarive, nouvelles difficultés avec les Hovas. — Deuxième guerre, le général Duchesne, campagne de 1895, conquête de Madagascar.

Madagascar est la plus grande île de l'océan Indien, une des plus grandes îles du monde entier. Seules, Bornéo et la Nouvelle-Guinée la dépassent en étendue. Elle se développe entre le 12° et le 26° de latitude sud, du cap d'Ambre au cap Sainte-Marie, sur une longueur de plus de 1,500 kilomètres (une fois et demie celle de la France), avec une largeur moyenne de 550 kilomètres. Sa superficie, évaluée à 600,000 kilomètres carrés, équivaut à peu près à celle de la France, de la Belgique et de la Hollande réunies. Située au sud-est de l'Afrique, dont la sépare seulement un bras de mer de 400 kilomètres, elle commande l'ancienne route des Indes par le cap de Bonne-Espérance. Cette route, délaissée à la suite de l'ouverture du canal de Suez, reprend aujourd'hui toute son importance, depuis les récents progrès de la colonisation européenne dans l'Afrique australe. Elle est la seule qu'ait laissée

---

1. OUVRAGES A CONSULTER : D'Escamps, *Histoire et géographie de Madagascar;* Paris, 1884. — Alfred Grandidier, *Histoire physique et naturelle de Madagascar;* Paris, 1885-1886. — Martineau, *Madagascar en 1894;* Paris, 1894. — De Lanessan, *Rapport fait au nom de la commission chargée d'examiner le projet de loi portant ouverture... d'un crédit extraordinaire... pour les dépenses occasionnées par les événements de Madagascar*, annexe à la séance de la Chambre des députés du 7 juillet 1884. — De Lanessan, *Rapport*, etc. (dépositions des témoins), annexe à la séance du 13 novembre 1884. — De Lanessan, *Rapport*, etc., annexe à la séance du 22 juin 1885. — *Journal officiel* des 14, 23, 24 et 25 novembre 1894.

libre l'occupation de l'Égypte par les Anglais. Madagascar surveille ou maîtrise encore plusieurs autres des grandes voies maritimes de l'océan Indien, telles que la route du Cap par Suez, la route de l'Australie par Suez ou par le Cap. Il est impossible de méconnaître l'exceptionnelle valeur d'une telle position.

FEMMES DE DIEGO-SUAREZ.

Le littoral se prête à l'installation de plusieurs bons ports, surtout dans la partie septentrionale. La zone côtière, généralement basse, marécageuse, couverte de forêts, n'est pas moins insalubre que fertile. L'Européen n'y peut vivre qu'à la condition d'éviter les travaux pénibles, d'observer une hygiène sévère, de ne pas soumettre ses forces à l'épreuve de séjours prolongés et continus. Mais à mesure qu'on s'avance dans l'intérieur, on rencontre une région accidentée de mamelons, de vallées, de hautes plaines dont le niveau s'élève graduellement jusqu'à des altitudes moyennes de 1,000 à 1,200 mètres. Le sol y est plus sec, la végétation plus maigre, la température moins chaude et moins débilitante. L'acclimatement semble possible, non seulement pour des individus isolés, mais pour toute une population d'origine européenne qui viendrait se fixer sur ces plateaux du centre.

Les ressources sont variées. Le sous-sol de l'île contient de l'or, du fer, du cuivre, du charbon, peut-être du pétrole. On trouve dans les forêts, outre les bois à brûler, des bois d'œuvre, des bois d'ébénisterie, des arbres à fruits, des plantes médicinales et textiles, des substances tinctoriales comme l'indigo et l'orseille, des matières industrielles comme le caoutchouc et la gomme copale. Sans parler du gibier et du poisson, les indigènes pratiquent l'élève des volailles, du porc, du mouton, et surtout du fameux bœuf à bosse ou zébu, dont la viande est recherchée dans toutes les colonies voisines. En fait de cultures, Madagascar produit le riz, l'igname, le manioc, la patate, le maïs, et, dans la région élevée de l'Emirne, le froment, la pomme de terre, la vigne, la plupart des légumes et quelques-uns des fruits d'Europe. Des plantations de café, de cacao, de vanille, de canne à sucre ont été essayées avec succès. Ce pays, à l'état barbare, dépourvu de l'outillage économique le plus rudimentaire, entretient cependant avec l'extérieur un commerce d'une importance annuelle de 30 millions, qui ne peut manquer de s'accroître dans des

GUERRIER BARE.

proportions considérables, le jour où l'industrie européenne le dotera de ports, de routes, de chemins de fer, exploitera ses mines et ses forêts, y perfectionnera l'élevage, y développera les cultures vivrières et tropicales.

La population est évaluée à 4 ou 5 millions, soit une densité de sept à huit habitants par kilomètre carré, suffisante pour fournir une main-d'œuvre, assez faible pour laisser une large place à l'immigration. La masse des indigènes ou Malgaches est d'origine africaine, avec addition de quelques éléments arabes. Les Sakalaves à l'ouest, le long du canal de

Mozambique, les Antankars au nord, dans les environs de Diego-Suarez, les Betsimisaracs à l'est, sur la côte de l'océan Indien, les Antanosses au sud dans la région de Fort-Dauphin, et à l'intérieur les Bares et les Betsiléos, forment des groupes distincts, sans grande cohésion ; quelques-uns en sont encore à l'état sauvage. La plus grande partie de l'Emirne ou région dominante des plateaux est occupée par les Hovas, peuple de race malaise, amené dans l'île par une migration plusieurs fois séculaire, dont il est aussi difficile de préciser la date que de déterminer les causes et les moyens. Malgré de nombreux croisements avec les autres populations du pays, ils s'en distinguent cependant par l'ensemble des caractères physiques et surtout par leur intelligence beaucoup plus développée. A force d'industrie et de travail, ils ont réussi à mettre en culture la région peut-être la moins fertile et à lui faire rendre une production suffisante pour leurs besoins. Depuis le commencement

FEMME BETSILÉO.

de ce siècle, ils ont étendu leur domination, d'abord sur les peuplades les plus voisines, puis, de proche en proche, sur la plus grande partie de l'île. Ils ont organisé pour la maintenir une manière de gouvernement et d'administration. Ils se sont convertis au christianisme et ont pris comme une teinture de civilisation européenne. Il ne faudrait pas se faire trop d'illusions sur le sérieux de leur conversion religieuse, qui n'a pas sensiblement amélioré leur moralité; de leur gouvernement, qui n'est au vrai qu'une tyrannie tour à tour hypocrite et violente; de leur administration, qu'on a pu appeler un brigandage organisé. On doit toutefois reconnaître qu'ils ont su d'eux-mêmes s'élever au-dessus du niveau commun et que « si l'on peut avec raison leur reprocher leur ignorance, leur hypocrisie, leur cruauté, défauts naturels dans une population livrée de tout temps à la barbarie, .., ils n'en sont pas moins intelligents, travailleurs, économes et relativement sobres[1]. » Incapables de diriger l'évolution qui doit introduire Madagascar dans la vie civilisée, ils sont, plus que tous les autres peuples indigènes, préparés à y concourir.

Les côtes de Madagascar avaient été visitées dès le xvie siècle par les marins portugais, puis par les Hollandais, les Anglais et les Français. Mais la France la première essaya d'y créer des établissements. En 1642, Richelieu accordait à la société formée par le capitaine dieppois Rigault la concession de Madagascar et des petits archipels adjacents. Des postes et des comptoirs furent installés dans le sud de l'île, surtout pendant l'administration de Flacourt, de 1648 à 1655. La même tentative fut renouvelée à deux reprises sous Colbert, la première fois par l'intermédiaire de la Compagnie des Indes-Orientales, la seconde fois par

BARE.

l'action directe du gouvernement. Des fautes, imputables en grande partie à l'incapacité des administrateurs ou gouverneurs et au mauvais choix des colons, firent échouer ces entreprises. En 1672 les Français, assiégés dans le fort Dauphin par les indigènes soulevés, furent presque tous massacrés. Bourbon et Maurice recueillirent les débris de la colonie.

La France ne renonça pourtant pas à Madagascar. Sous Louis XV, un aventurier étranger, l'héroïque Béniowski, sut gagner l'affection des indigènes et se fit accepter par eux comme chef suprême. Il allait nous assurer la possession effec-

1. Grandidier.

tive de l'île. Mais le même gouvernement qui avait sacrifié Dupleix et délaissé Montcalm méconnut son génie. Au lieu de le soutenir on le combattit; il tomba frappé par une balle française.

Pendant la Révolution, des missions d'étude furent envoyées dans la grande île. En 1804, un agent général fut installé à Tamatave par le gouverneur de l'Ile de France, Decaen. Il lui fallut se rendre aux Anglais quand les désastres de notre marine eurent mis toutes nos colonies à la discrétion de nos rivaux.

MÉDAILLE DE LA COLONIE DE MADAGASCAR.

En 1814 le traité de Paris leur ayant cédé l'Ile de France, le premier gouverneur anglais de cette colonie, Farquhar, éleva la prétention de comprendre Madagascar parmi les dépendances attribuées à la couronne britannique. Désavoué par son gouvernement, il entra en relation avec le roi des Hovas, Radama Ier, qui avait commencé la conquête de l'île, lui fournit de l'argent, des armes, des instructeurs, et l'aida ainsi à fonder sa puissance. Quand le gouvernement de la Restauration voulut reprendre pied à Madagascar il se heurta aux Hovas. L'île de Sainte-Marie, sur la côte de l'océan Indien, fut réoccupée, mais les établissements formés en face à Tintingue, et plus au sud, à Fort-Dauphin, furent détruits par les troupes de Radama Ier. L'expédition de l'amiral Gourbeyre, en 1829, ne fut pas conduite assez vigoureusement pour châtier ses agressions.

La royauté de 1830, toujours très circonspecte dans ses entreprises coloniales, là surtout où elle pouvait craindre de donner quelque ombrage à l'Angleterre, ne conserva sur la côte Est que la petite île de Sainte-Marie. Mais des traités passés avec les indigènes de l'Ouest et du Nord nous donnèrent les îles de Mayotte et de Nossi-Bé, et, sur la terre ferme, le protectorat des Sakalaves du Nord et des Antankars. La tyrannie de la reine Ranavalo Ire, qui avait succédé à son mari Radama, les attentats commis contre les résidents européens sans distinction de nationalité, provoquèrent en 1845 une intervention commune de la France et de l'Angleterre. Mais la démonstration que firent devant Tamatave leurs forces combinées n'eut d'autre résultat que le massacre de plusieurs milliers de chrétiens indigènes. Les relations des deux puissances avec le royaume hova demeurèrent interrompues.

Cependant quelques hommes entreprenants, de Lastelle, Laborde, puis Lambert, avaient réussi à s'installer chez les Hovas. Lastelle avait créé de vastes exploitations agricoles, Laborde de grandes usines. Ils cherchaient à utiliser au profit des intérêts français l'influence personnelle qu'ils avaient acquise. Lambert projeta de former une grande compagnie de colonisation, qui devait préparer à la fois la mise en valeur de l'île et l'établissement du protectorat français. L'empereur Napoléon III, auquel il s'adressa, ne voulut rien faire sans les Anglais. Les desseins de Lambert furent ébruités. La vieille Ranavalo avertie s'empressa d'expulser tous les Français. Ils revinrent après sa mort (1861), rappelés par son fils Rakout ou Radama II, qui se montrait entièrement acquis aux idées européennes. Le commandant Dupré assista comme représentant officiel de la France aux fêtes de son couronnement, Laborde devint consul de Tananarive, Lambert fut fait duc d'Émirne; la Compagnie française de Madagascar reçut en concession la

GOUVERNEUR GÉNÉRAL HOVA.

totalité des mines et des terres incultes ; on signa un traité de paix et d'amitié, d'ailleurs assez mal inspiré, puisqu'il reconnaissait à Radama II le titre non pas de roi des Hovas, mais de roi de Madagascar. Il ne reçut pas d'exécution. Moins d'un an après l'avoir conclu, le jeune roi, dont les innovations précipitées avaient exaspéré le vieux parti hova, périssait étranglé dans une révolution de palais à laquelle certains résidents anglais ne furent pas étrangers.

Un nouveau traité intervint en 1868 avec la reine alors régnante, Ranavalo II. Comme le précédent, et par un renouvellement de la même faute, il reconnaissait aux souverains hovas le titre de rois de Madagascar. Par contre, il stipulait en faveur des Français le droit de pratiquer librement et d'enseigner leur religion, le droit de commercer dans l'île, de s'y établir, d'y acquérir en toute sûreté des biens, meubles et immeubles : « Les Français, à Madagascar, jouiront d'une complète protection pour leurs personnes et pour leurs propriétés. Ils pourront, comme les sujets de la nation la plus favorisée, et en se conformant aux lois et règlements du pays, s'établir partout où ils le jugeront convenable, prendre à bail, acquérir toute espèce de biens, meubles et immeubles, et se livrer à toutes les opérations commerciales qui ne sont pas interdites par la législation intérieure. »

L'influence française, prépondérante pendant le règne éphémère de Radama II, ne cessa pas de décroître depuis lors. Elle était combattue, non par les agents officiels de l'Angleterre, mais par les missionnaires méthodistes qu'elle entretenait dans l'île. Le premier ministre Rainilaiarivony, successivement mari de trois reines, et les reines elles-mêmes, furent convertis au protestantisme, qui devint la religion officielle de l'État hova. L'Angleterre, n'ayant point comme nous d'établissements à Madagascar ni de droits historiques sur l'île, inspirait aux Hovas des défiances moins vives. En cas de conflit, ils se flattaient de trouver auprès d'elle un appui. Après nos désastres de 1870, on leur représenta la France comme déchue et ruinée. Ils crurent pouvoir se permettre impunément de molester ses nationaux et d'empiéter sur ses droits.

M. Laborde étant mort en 1878, on contesta à ses héritiers leurs droits de propriété sur les immeubles qu'il avait laissés. On leur opposa une loi publiée en 1881, d'après laquelle toute terre appartient à la reine, ne peut être ni vendue ni aliénée, mais seulement concédée à titre temporaire, et doit toujours, après le décès du détenteur, revenir à l'État. Cette loi, postérieure au contrat parfaitement régulier par lequel Laborde était devenu propriétaire, se trouvait de plus en contradiction formelle avec les termes du traité de 1868. L'affaire de la succession Laborde n'était point d'ailleurs un incident isolé. Il suffisait de la qualité de Français pour être en butte à toutes les vexations.

TYPES HOVAS.

« Les Hovas, écrivait en 1881 notre consul de Tananarive, M. Baudais, marchent lentement, mais d'une façon continue, vers le même but depuis huit années ; c'est l'expulsion du pays de tout ce qui est Français. »

En même temps les Hovas, guidés par des résidents anglais, usaient d'intimidation pour décider les indigènes de la côte nord-ouest, protégés français, à reconnaître la souveraineté de la reine, plantaient audacieusement leur drapeau dans la baie de Passandava, en face de Nossi-Bé, et essayaient de l'arborer dans l'île de Nossi-Mitsiou, où flottait déjà notre pavillon. Nos agents à Tananarive, insultés et menacés, se voyaient contraints de quitter la capitale avec nos nationaux qu'ils ne pouvaient plus protéger. Le capitaine de vaisseau Le Timbre, chef de la station navale de la mer des Indes, arrêta un navire hova chargé de troupes, alla rassurer nos alliés du Nord-Ouest et abattre les pavillons indûment plantés sur leur territoire. Ces démonstrations, auxquelles on avait tenu à conserver un caractère pacifique, n'intimidèrent pas la cour d'Emirne. L'ambassade qu'elle envoya en Europe, en juillet 1882, sous prétexte de négocier un accord, n'avait pour but que de gagner du temps, en se rendant compte des dispositions de notre gouvernement et en cherchant des appuis auprès des puissances étrangères. Mais l'Angleterre elle-même se montra peu empressée d'intervenir, et le gouvernement français, bientôt édifié sur l'efficacité des moyens purement diplomatiques, organisa dans la mer des Indes une division navale, à la tête de laquelle fut placé le contre-amiral Pierre (avril 1883).

L'amiral Pierre emportait des instructions énergiques, et il était homme à les exécuter. A peine arrivé, il enleva les postes établis sur la côte nord-ouest et après deux jours de bombardement s'empara de Majunga, où il mit garnison. L'ultimatum qu'il était chargé de signifier n'en fut pas moins repoussé; les Français établis à Tananarive furent obligés de regagner précipitamment la côte, sous le coup d'un ordre d'expulsion qui les sauva peut-être d'un massacre général. L'amiral se porta alors sur le littoral de l'océan Indien; Tamatave, le principal port de l'île, fut bombardé et occupé comme Majunga. Les Hovas n'opposèrent qu'une faible résistance. Mais les agents et résidents anglais, le consul Packenham, le commodore Johnstone, le missionnaire Shaw, manifestèrent à notre égard une malveillance caractéristique et semblèrent s'ingénier à nous susciter des difficultés. L'arrestation de Shaw, accusé de complicité dans une tentative d'empoisonnement sur des soldats français, donna lieu à un incident diplomatique, auquel on coupa court en lui payant une indemnité.

La France était alors engagée dans l'expédition du Tonkin. L'opposition que rencontrait la politique coloniale ne permit pas au gouvernement de faire à Madagascar l'effort décisif qu'il aurait fallu. On espérait d'ailleurs que le blocus des côtes, l'occupation des ports, la saisie des douanes suffiraient pour avoir raison de l'obstination des Hovas. L'amiral Pierre, terrassé par la maladie, avait dû quitter son commandement. Il mourut en mer le 11 septembre 1883. Sa mort fut « un deuil pour le pays, qui perdait en lui un de ses plus vaillants, de ses plus fermes et de ses plus utiles serviteurs, un modèle d'honneur, d'énergie et de dévouement ». Son successeur, le

Contre-amiral Pierre.

contre-amiral Galiber, bombarda sans grand résultat les ports de la côte orientale, et poursuivit des négociations non moins infructueuses. Après lui, faute de troupes de débarquement, l'amiral Miot dut se borner à des opérations de même nature à Vohémar et dans les baies de Diego-Suarez et de Passandava. La guerre traînait en longueur, nos équipages et nos soldats surmenés étaient décimés par les fièvres. L'immense étendue des côtes ne se prêtant pas à un blocus effectif, les Hovas recevaient des armes et des munitions, organisaient leurs troupes, resserraient étroitement les places où nous avions mis garnison. Le ministère présidé par Jules Ferry ne se contentait qu'à regret de ces demi-mesures ; il attendait, pour porter des coups plus vigoureux, que la fin de la guerre contre la Chine laissât disponible une partie de nos forces d'Extrême-Orient. Le 23 mars 1885, il déposa une demande de crédit de 12,190,000 francs « pour les dépenses occasionnées par les événements de Madagascar ». Quelques jours après, il tombait du pouvoir. Les crédits n'en furent pas moins votés au mois de juillet suivant par une imposante majorité de 277 voix contre 120. La paix de Tien-Tsin venait d'être signée. Le moment semblait venu d'en finir avec les résistances des Hovas.

Mais alors survinrent les élections législatives de 1885. Le pays, troublé par les attaques passionnées dont la politique coloniale était l'objet, sembla donner raison à ses adversaires de droite et d'extrême gauche. A Madagascar comme au Tonkin, la nouvelle Chambre parut désireuse d'en finir à tout prix. Le ministre des affaires étrangères du cabinet Brisson, M. de Freycinet, résolut de reprendre les négociations avec les Hovas. M. Baudais, notre consul, qui avait jusqu'alors suivi, de concert avec le chef de la division navale, les pourparlers intermittents que des intermédiaires étrangers renouaient à chaque instant entre nous et les Hovas, fut remplacé par M. Patrimonio, consul général à Beyrouth, diplomate distingué, mais nullement au fait des affaires de Madagascar. Les Hovas venaient d'être battus dans le Nord-Ouest, où le capitaine Pennequin, avec 120 hommes dont 70 Sakalaves, avait mis en fuite un corps de 2,000 soldats ; mais dans l'Est une reconnaissance conduite par l'amiral Miot contre les lignes de Farafate, près de Tamatave, s'était heurtée à des ouvrages bien défendus et avait dû se replier avec des pertes sensibles (10 septembre). Malgré ce léger succès, la cour d'Emirne ne se faisait pas d'illusion sur l'infériorité de ses forces. L'état de guerre n'était pas sans lui causer un sérieux préjudice. Elle redoutait toujours, de notre part, quelque vigoureuse offensive à laquelle il lui aurait été impossible de résister. Dès qu'elle nous sut disposés à traiter, elle s'empressa de faire les premières ouvertures et envoya comme plénipotentaires à Tamatave un des fils du premier ministre, Rainizanamangua, et le « général » Digby Willougby, un des aventuriers anglais qui s'étaient chargés d'organiser l'armée hova.

Les négociations aboutirent assez rapidement. Le traité du 17 décembre 1885 stipulait en faveur des Français des garan-

TANANARIVE. — PALAIS DU PREMIER MINISTRE.

ties de droit commun : faculté de résider, circuler et commercer librement dans toute l'étendue des États de la reine, de louer pour une durée indéterminée, par bail emphythéotique renouvelable au seul gré des parties, les terres, les maisons, magasins et toute propriété immobilière. Il imposait au gouvernement de Tananarive le payement d'une somme de dix millions, qui devait être employée à régler les réclamations françaises et à réparer les dommages subis au cours des hostilités par des particuliers étrangers. Nous gardions Tamatave jusqu'au parfait payement de l'indemnité. Comme les traités précédents, celui-ci reconnaissait à la reine des Hovas la qualité de reine de Madagascar. Il abandonnait implicitement le protectorat des Sakalaves et des Antankars, sur le simple engagement pris par la reine de les traiter avec bienveillance. Il innovait en deux points importants : la France se réservait le droit d'occuper la baie de Diego-Suarez au nord de l'île et d'y faire des installations à sa convenance; un résident général représentant le gouvernement de la République devait présider aux relations extérieures de Madagascar, sans toutefois s'immiscer dans l'administration intérieure, à laquelle la reine continuerait de présider.

On établissait ainsi une sorte de protectorat, mais de protectorat mal défini, le mot n'étant pas même prononcé. Le texte malgache, qui devait faire foi aussi bien que le texte français, portait que le résident « contemplerait les relations extérieures de Madagascar ».

Comme pour achever d'embrouiller les choses, les plénipotentiaires français eurent la faiblesse de signer une lettre interprétative, dans laquelle ils limitaient à une superficie notoirement insuffisante le territoire à occuper à Diego-Suarez, et restreignaient au chiffre de cinquante hommes l'escorte militaire du résident. Cette lettre fut désavouée par le gouvernement français. Mais les Hovas devaient s'en prévaloir plus d'une fois par la suite.

Le traité du 17 décembre fut ratifié par les Chambres françaises, bien que personne ne s'en dissimulât les imperfections. « Il est défectueux, disait, à la tribune du Palais-Bourbon, M. de Lanessan, rapporteur; mais le repousser ce serait reprendre les hostilités, et ni le gouvernement ni la Chambre ne veulent s'exposer à de nouvelles complications. Proclamer l'abandon de nos droits sur Madagascar? Le pays ne l'accepterait pas. »

L'événement devait bientôt montrer ce que valait cette

solution boiteuse. On avait espéré qu'il serait possible de faire accepter au gouvernement hova une sorte de tutelle volontaire, une direction amicale, de créer sinon avec son concours, du moins avec son aveu, tout un ensemble d'entreprises agricoles ou industrielles dont profiteraient également

TANANARIVE.

RÉSIDENCE.

les indigènes et nos nationaux, de transformer peu à peu sous l'action civilisatrice de la France les conditions économiques et l'état social du pays. Pour se prêter à l'exécution de ce plan de conquête pacifique, il aurait fallu un esprit de docilité ou une confiance éclairée dont les Hovas étaient également éloignés. Sans aller jusqu'à comprendre l'inéluctable nécessité de l'évolution progressive dans laquelle nous offrions de les guider, ils étaient assez perspicaces pour nous supposer des arrière-pensées de domination. Les conseillers étrangers que nous avions toujours rencontrés en travers de nos desseins n'avaient garde de laisser s'apaiser les défiances et se dissiper les préventions. Nos résidents généraux à Tananarive, MM. Lemyre de Vilers, Bompard, Larrouy, se heurtèrent à une sourde malveillance, bientôt à une hostilité déclarée. Ils essayèrent tour à tour de la persuasion et de la fermeté, déployèrent une inaltérable patience ; jamais ils ne parvinrent à prendre un réel ascendant sur la cour d'Emirne, ni à exercer dans sa plénitude l'autorité qui leur était dévolue par le traité de 1885.

Quand les consuls étrangers, s'inspirant des termes mêmes de ce traité, s'adressèrent au résident, qui devait « présider aux relations extérieures », c'est-à-dire faire fonctions de ministre des affaires étrangères, pour obtenir de lui l'exequatur, le ministre hova déclara que c'était à lui seul qu'il appartenait de l'accorder. Le résident français offrait de se borner à recevoir et à transmettre les demandes. Cette transaction ne fut pas acceptée. La question demeura pendante ; soulevée en 1887, elle n'était pas encore résolue en 1894. Pendant toute cette période, aucun consul étranger ne put être régulièrement installé.

Les autres clauses du contrat ne furent pas mieux respectées. Le traité reconnaissait aux Français la faculté de s'installer dans le pays, d'y conclure des locations emphytéotiques, d'y exercer le commerce et l'industrie. On travailla à leur rendre toute entreprise impossible et le séjour même intenable. Ceux d'entre eux, en petit nombre, qui avaient obtenu des concessions minières, industrielles ou agricoles, se virent entravés de toute manière dans leurs exploitations. Tantôt, sans tenir compte des droits qu'ils avaient acquis, on disposait en faveur d'étrangers de ce qui leur appartenait déjà, tantôt on leur supprimait la main-d'œuvre en réquisitionnant pour la corvée royale tous les travailleurs qu'ils avaient pu enrôler ; on les livrait sans défense aux attaques des *Fahavalos* ou bandits, tolérées toujours, souvent provoquées par les agents du gouvernement hova.

En ces dernières années, il n'y avait plus dans l'île de sécurité pour les biens ni pour les personnes des Européens en général, et plus particulièrement des Français. Les attentats se multipliaient; les meurtres de Lescure, de Bordenave, de Béziat, de Müller, de Silanque, de Louvemont demeuraient impunis. Dans la capitale même, sous les yeux complaisants du premier ministre, l'escorte du résident était insultée et menanacée. « La situation de nos nationaux est si précaire, écrivait le 28 août 1894 le résident général, M. Larrouy, que je n'hésite point à considérer leur vie comme menacée... La prudence nous commande de ne pas attendre qu'il y ait mort d'hommes pour prendre les dispositions que la situation comporte. »

La France se trouvait placée dans l'alternative ou de renoncer à ses droits historiques et à ceux que lui avait conférés le traité de 1885, ou de prendre pour les faire respecter des mesures efficaces. Le moment semblait venu de régler enfin et d'une manière définitive la question de Madagascar. La campagne du Dahomey venait de se terminer avec un succès complet; nous n'étions engagés nulle part ailleurs; l'opinion publique, revenue de ses préventions d'autrefois, réclamait aux colonies comme ailleurs une politique résolue. Aucune complication internationale n'était du reste à prévoir; si depuis neuf années nous n'avions pas gagné de terrain à Madagascar, notre position diplomatique du moins s'était singulièrement éclaircie. Le traité de 1885 notifié à toutes les puissances n'avait provoqué d'observations nulle part. En mai 1890, lors de la conférence tenue à Bruxelles pour réglementer l'exportation des armes en Afrique, l'Archipel des Comores et Madagascar avaient été considérés comme relevant de la France, et c'était à ses plénipotentiaires qu'on s'était adressé pour leur demander d'y appliquer les mesures convenables. La même année, l'Angleterre d'abord, puis l'Allemagne, en retour de l'adhésion de la France à leurs arrangements concernant Zanzibar et l'Afrique orientale, avaient reconnu notre protectorat sur l'île de Madagascar *avec toutes ses conséquences.*

En janvier 1894, à la suite d'une interpellation, la Chambre, à l'unanimité, s'était déclarée « résolue à soutenir le gouvernement dans ce qu'il entreprendrait pour maintenir notre situation et nos droits à Madagascar, rétablir l'ordre, protéger nos nationaux, faire respecter le drapeau ». Les garnisons de Diego-Suarez et de la Réunion et la division navale de l'océan Indien avaient été renforcées. Ces démonstrations significatives ne parurent pas émouvoir Rainilaiarivony : « Les Français, disait-il ironiquement, sont comme des chiens qui aboient, mais ne mordent pas. » Il était persuadé que nous n'en viendrons jamais à une véritable expédition militaire, et que cette fois encore tout se bornerait à un simulacre de guerre, dont nous serions les premiers à nous lasser.

M. LE MYRE DE VILERS.

Le gouvernement français tenta un suprême effort pour obtenir une satisfaction amiable. M. Lemyre de Vilers alla à Tananarive proposer un arrangement dont l'adoption aurait fait du protectorat une réalité. Le résident français devait devenir effectivement le ministre des affaires étrangères, donner l'exequatur aux consuls, etc.; son escorte serait renforcée. En dehors de la capitale, nos troupes occuperaient les principaux points stratégiques, de façon à garantir partout l'ordre et la sécurité. Des routes seraient ouvertes entre Tananarive et la côte. Aucune concession ne serait plus accordée sans l'approbation de la résidence. Ces conditions ne furent

Un kabary a Madagascar.

pas acceptées; il y fut répondu par des contre-propositions dérisoires que notre envoyé ne consentit même pas à discuter. Il quitta Tananarive et redescendit à Tamatave, en ramenant avec lui les colons français; l'escorte du résident général, conduite par le vice-résident Ranchot et les capitaines Martinie et Lamolle, fit sa retraite à l'ouest sur Majunga, où elle arriva le 21 novembre, sans laisser un seul homme derrière elle.

A Paris, le ministère déposa une demande de crédits de 65 millions. Elle fut acceptée, à la Chambre, par une forte majorité : 372 voix contre 135 (26 novembre), et, au Sénat, par la presque unanimité : 267 voix contre 3 (6 décembre). Les préparatifs commencèrent aussitôt. Pour frapper un coup décisif, on avait résolu de porter à 15,000 hommes le corps expéditionnaire. Il fut composé pour partie de troupes du ministère de la guerre et de troupes de la marine. On forma, avec des volontaires empruntés à différents corps d'armée, un nouveau régiment d'infanterie, le 200e de ligne, et 1 bataillon de chasseurs à pied, le 40e ; on détacha 1 bataillon de la légion étrangère et 2 bataillons de tirailleurs algériens, qui constituèrent un régiment d'Afrique. Le contingent fourni par les troupes de la marine et des colonies comprenait 3 bataillons d'infanterie de marine, 1 bataillon de tirailleurs haoussas provenant du Sénégal, du Soudan et du Dahomey, 1 bataillon de tirailleurs sakalaves recruté à Madagascar même, 1 bataillon de volontaires de la Réunion ; 1 escadron de cavalerie tiré du 1er chasseurs d'Afrique, 7 batteries d'artillerie, 4 compagnies du génie, 1 escadron du train, des détachements d'infirmiers et d'ouvriers d'administration complétèrent l'effectif de la petite armée. Le général de division Duchesne, qui s'était distingué dans les campagnes du Tonkin et de Formose, fut appelé au commandement, avec les généraux Metzinger et Voyron pour lieutenants.

Il ne s'agissait plus, cette fois, de bloquer les côtes et d'occuper quelques ports, mais de marcher droit sur Tananarive. A l'itinéraire habituel par Tamatave, dont le parcours n'est que de 280 kilomètres, on préféra la route de l'Ouest par Majunga, qui en a 480. On la savait beaucoup plus longue, mais on comptait qu'elle serait plus facile, et que des chalands, remorqués par des canonnières à faible tirant d'eau, remontant les rivivières Betsibouka et Ikoupa, épargneraient aux troupes les fatigues de la marche dans la région dangereuse des marécages et des forêts.

Pendant qu'on travaillait à réunir et à transporter les

hommes et le matériel, la division navale et quelques compagnies d'infanterie de marine amenées de la Réunion occupaient sans coup férir le port de Tamatave (12 décembre). On n'eut pas plus de peine à prendre possession de Majunga (14 janvier). Cette base d'opérations nous était assurée lorsqu'arriva, sur le transport *Shamrock*, l'avant-garde du corps expéditionnaire, conduite par le général Metzinger, qui prit aussitôt le commandement (28 février). La saison des pluies durait encore. En attendant le général en chef, le général Metzinger eut pour tâche de recevoir et d'installer, à mesure de leur arrivée, les troupes, les approvisionnements et le matériel. En même temps, il déblayait les abords de Majunga. Le 27 mars se livra le premier combat contre les Hovas. L'infanterie de marine, les turcos

Le général Duchesne.

et les tirailleurs sakalaves, appuyés par les canonnières, enlevèrent facilement le fort de Mahabo, sur la rive gauche de la Betsibouka. Le camp de Miadana, sur la rive droite, fut pris le 3 avril. Le 3 mai, l'importante position de Marovoay, qui commande le cours inférieur de la rivière, attaquée par deux colonnes venues sur les deux rives et par les compagnies de débarquement du commandant Bienaimé, fut emportée d'assaut. L'ennemi tenait mal. Il était dès lors visible qu'on aurait moins à souffrir de sa résistance que des difficultés inhérentes au climat, au manque de routes et de ressources, à l'imperfection des moyens de transport et de ravitaillement.

Cette question des transports était si grave que le général Duchesne, débarqué le 6 mai, s'y consacra presque entièrement pendant tout un mois, laissant le général Metzinger poursuivre sa marche en avant sur la rive droite de la Betsibouka, par Androtro et Ambato. Le 8 juin, une dépêche annonçait au ministre de la guerre que la 1re brigade était parvenue à 4 kilomètres du confluent de l'Ikoupa et de la Betsibouka. Le général en chef vint la rejoindre pour préparer le passage de la Betsibouka et l'attaque de la position de Mevatana, que les Hovas semblaient disposés à défendre. Le 6 juin, le bataillon de la légion formant tête de colonne, soutenu par le feu des canonnières *la Brave* et *l'Infernale*, força le passage de la Betsibouka. Le 9, tandis que nos pièces de montagne réduisaient au silence l'artillerie ennemie, les chasseurs à pied et la légion s'élançaient sur le fort de Mevatana. Les Hovas, démoralisés par l'effet des obus et des feux de salve, ne les attendirent pas. A quelques kilomètres de Mevatana se trouvent les établissements fondés par un colon français, M. Suberbie, pour l'exploitation des mines d'or. Le quartier général s'y installa. Ce fut à Suberbieville que s'opéra la concentration. La 2e brigade, commandée par le général Voyron, devait y rejoindre la première. Pendant ce temps, le génie, sous la direction du lieutenant-colonel Marmier, travaillait avec une abnégation héroïque à improviser, au milieu de la région la plus malsaine, une route praticable à l'artillerie et aux voitures, jetait des ponts sur les marais et les rivières, rendait possible la circulation des troupes et des convois.

Enhardi par notre apparente immobilité, l'ennemi essaya un retour offensif. Le 29 juin, un rassemblement de plusieurs milliers d'hommes vint attaquer le poste avancé de Tsarasoatra, à une vingtaine de kilomètres au delà de Suberbieville. Les tirailleurs algériens du commandant Lentonnet les arrêtèrent par une fusillade bien dirigée et les refoulèrent par des charges à la baïonnette. L'arrivée de deux compagnies de renfort décida la retraite des Hovas. Le lendemain, le général Metzinger, accouru en toute hâte avec le 40ᵉ chasseurs et une batterie d'artillerie, alla les débusquer de leur camp du mont Beritza, que les turcos et les chasseurs enlevèrent d'un élan. Mais le moment n'était pas encore venu de pousser plus loin, les embarcations suffisant à peine au transport des malades,

VUE GÉNÉRALE DE TANANARIVE.

des munitions et des vivres ; la brigade Voyron, obligée de faire la route à pied depuis Majunga, n'arrivait que le 25 juillet au confluent de la Betsibouka et de l'Ikoupa. Le 21 août seulement, nos troupes atteignirent la forte position d'Andriba que l'ennemi n'essaya pas de défendre. On était aux deux tiers de la route, à 320 kilomètres de Majunga, à 160 kilomètres seulement de Tananarive.

De graves mécomptes avaient, depuis le début, ralenti ou paralysé la marche victorieuse du corps expéditionnaire. Faute d'outillage et de main-d'œuvre, on avait perdu beaucoup de temps à opérer le déchargement des navires qui arrivaient à Majunga encombrés d'hommes et de matériel. Les canonnières et les chalands, dont le montage n'avait pu se faire que tardivement, avaient un tirant d'eau trop fort pour les rivières ou se trouvaient en nombre insuffisant. Les voitures démontables Lefebvre, pour lesquelles on avait dépensé des millions, ne rendaient aucun service. Au lieu de transporter rapidement les troupes en dehors de la zone dangereuse, il avait fallu les immobiliser longtemps sur la côte, puis les acheminer, par de pénibles étapes, de Majunga à Suberbieville, ou même les employer à la construction de la route, sans laquelle le ravitaillement ne pouvait être assuré. Ce ne fut pas trop pour surmonter tous ces obstacles de la tenace énergie du général Duchesne, bien secondé par ses lieutenants et surtout par le lieutenant-colonel du génie Marmier. Le feu de l'ennemi ne nous causa que des pertes insignifiantes, mais l'armée eut grandement à souffrir de l'insalubrité du climat, que l'excès des fatigues rendait meurtrière. Le 200e de ligne, formé de jeunes soldats mal préparés aux épreuves de la guerre coloniale, fut particulièrement maltraité. L'organisation des services sanitaires, d'une importance capitale dans une telle expédition, laissait fort à désirer ; le personnel dévoué, mais en trop petit nombre, n'eut pas toujours à sa disposition les médicaments nécessaires, le sulfate de quinine, aussi indispensable que le pain, manqua plusieurs fois. Beaucoup de malades, évacués trop précipitamment du sanatorium de Nossi-Cumba, entassés dans l'encombrement des paquebots et des transports, succombèrent pendant la traversée de retour.

La saison s'avançait. Il importait de ne pas être surpris par le retour des pluies, qui nous aurait imposé une seconde campagne et jusque-là une attente peut-être désastreuse. Le général Duchesne se rendait compte de ce danger ; il ne voulut toutefois rien précipiter. Pour n'avancer qu'à coup sûr, il constitua d'abord un nouveau centre d'approvisionnement à

Andriba. Alors seulement, il se décida à lancer sur Tananarive une colonne légère. Elle était [divisée en deux groupes, sous les généraux Metzinger et Voyron, et comprenait 4 bataillons de la guerre, 4 de la marine, 2 batteries, 2 compagnies du génie et 2 pelotons de cavalerie, en tout 3,500 hommes. 2,500 mulets portaient les munitions et des vivres pour vingt jours.

Elle se mit en mouvement le 10 septembre. Le 15, elle forçait le défilé de Tsinainondry, garni de retranchements, mais mollement défendu par les Hovas; le 19, elle franchissait presque sans combat les monts Ambohimena et pénétrait dans l'Emirne; le 26, elle était à Babay, à trente kilomètres de Tananarive. Du 27 au 29, un mouvement tournant, à peine accidenté de quelques escarmouches, nous amène à l'est de la capitale. Le 30, après une résistance plus vigoureuse que celle opposée jusqu'alors, les lignes

La reine Ranavalo III.

de hauteurs qui la dominent de ce côté sont enlevées. L'artillerie bombarde les palais de la reine et du premier ministre. Déjà l'on se prépare à former les colonnes d'assaut, déjà les tirailleurs malgaches qui sont à l'avant-garde pénètrent dans les rues de la ville. Mais les Hovas, terrifiés par l'effet foudroyant de nos projectiles, ne veulent plus continuer la lutte. Des parlementaires se présentent, la reine se rend sans conditions; le soir même Tananarive est occupée; le lendemain le général Duchesne y fait son entrée solennelle. Cette pénible campagne était enfin terminée. Madagascar était à nous.

La reine signa docilement un premier traité, modifié un peu plus tard, puis une convention définitive, apportée par le résident général, M. Laroche, et ainsi conçue :

S. M. la reine de Madagascar,

Après avoir pris connaissance de la déclaration de prise de possession de l'île de Madagascar par le gouvernement de la République française, déclare accepter les conditions ci-après :

ARTICLE PREMIER. — Le gouvernement de la République française sera représenté auprès de S. M. la reine de Madagascar par un résident général.

ART. 2. — Le gouvernement de la République française représentera Madagascar dans toutes ses relations extérieures.

Le résident général sera chargé des rapports avec les agents des puissances étrangères; les questions intéressant les étrangers à Madagascar seront traitées par son entremise.

Les agents diplomatiques et consulaires de la France en pays étrangers seront chargés de la protection des sujets et des intérêts malgaches.

ART. 3. — Le gouvernement de la République française se réserve de maintenir à Madagascar les forces militaires nécessaires à l'exercice de son autorité.

ART. 4. — Le résident général contrôlera l'administration intérieure de l'île.

S. M. la reine de Madagascar s'engage à procéder aux réformes que le gouvernement français jugera utiles au développement économique de l'île et au progrès de la civilisation.

ART. 5. — Le gouvernement de S. M. la reine de Madagascar s'interdit de contracter aucun emprunt sans l'autorisation du gouvernement de la République française.

La conquête est maintenant achevée; une autre œuvre commence plus difficile encore. Il s'agit d'organiser la grande île, de l'ouvrir à la civilisation, de faire qu'elle devienne vraiment, comme le voulaient déjà Richelieu et Louis XIV, une France orientale.

CHAPITRE VII

LA GUERRE DU TONKIN — L'INDO-CHINE FRANÇAISE[1]

La question du fleuve Rouge. — Jean Dupuis au Tonkin. — Expédition de Francis Garnier, conquête du Delta, mort de Garnier, traité de 1874. — Intervention de la Chine. — Le commandant Rivière au Tonkin, prise de la citadelle d'Hanoï. — Le traité Bourée, mort de Rivière. — Prise de Thuan-An, convention du 25 août 1883 avec l'Annam. — Combats autour de Hanoï. — Commandement de l'amiral Courbet, prise de Sontay. — Commandement du général Millot, prise de Bac-Ninh. — Le traité Fournier. — Affaire de Bac-Lé. — Bombardement de Fou-Tchéou, opérations contre Formose, le blocus du riz. — Commandement du général Brière de l'Isle, marche sur Lang-Son, siège de Tuyen-Quan. — Combat de Dong-Dang, retraite de Lang-Son. — Chute du ministère Ferry, traité de Tien-Tsin, mort de Courbet. — Commandement du général de Courcy, surprise de Hué, insurrection de l'Annam. — Paul Bert résident général. — Explorations dans le Laos, empiètements siamois, opérations contre le Siam, traité du 3 octobre 1893. — Missions Pavie, traité de 1895 avec la Chine, convention de 1896 avec l'Angleterre. — Situation de l'Indo-Chine française.

Les événements de 1870 eurent leur contre-coup dans l'Extrême-Orient comme dans le reste du monde. Les positions acquises en Indo-Chine furent maintenues, mais il fallut ajourner les projets formés pour les consolider ou les étendre. Nous ne pouvions cependant nous désintéresser tout à fait

---

1. OUVRAGES A CONSULTER : Bouinais et Paulus, *l'Indo-Chine française contemporaine*, t. II; Paris, 1885. — Paul Deschanel, *la Question du Tonkin;* Paris, 1883. — Gautier (Hippolyte), *les Français au Tonkin;* Paris, 1884. — Lehautcourt, *les Expéditions françaises au Tonkin;* Paris, 1887-1888. — *L'Affaire du Tonkin;* par un diplomate; Paris, 1888. — Jules Ferry, *le Tonkin et la mère-patrie;* Paris, 1890. — Ministère des affaires étrangères, *Affaires du Tonkin;* Paris, 1883. — Ministère des affaires étrangères, *Affaires de Chine et du Tonkin;* Paris, 1885. — Moura, *le Royaume du Cambodge;* Paris, 1883. — De Lanessan, *l'Indo-Chine française;* Paris, 1889. — De Lanessan, *la Colonisation française en Indo-Chine;* Paris, 1895. — Ch. Lemire, *Affaires franco-siamoises, le Laos annamite*, etc.; Paris, 1894. — Ministère des affaires étrangères, *Documents relatifs au traité du 3 octobre 1893 avec le Siam;* Paris, 1894. — *Revue française;* Paris, 1893, 1894, 1895. — *Bulletin de la Société de géographie commerciale;* 1893, 1894, 1895.

des affaires de l'Annam. Cet empire s'affaiblissait de jour en jour. Il était impuissant à réprimer la piraterie qui désolait le delta et le littoral du Tonkin. Sans rentrer en lutte avec lui, il ne semblait pas difficile de lui faire accepter un traité de protectorat, qui régulariserait en même temps l'annexion des provinces occidentales de Cochinchine et nous ouvrirait la route du fleuve Rouge, indiquée par la mission du Mékong comme la plus directe pour atteindre le Yunnan. L'amiral Dupré, gouverneur de Cochinchine, était comme son prédécesseur, l'amiral La Grandière, partisan d'une politique d'action. Mais les instructions qui lui étaient envoyées de Paris l'obligeaient à s'abstenir.

Ce fut l'initiative d'un particulier qui engagea la question du Tonkin. Un négociant français, M. Jean Dupuis, établi à Han-Kéou sur le Yang-tsé-Kiang, avait vu au passage les membres de la mission du Mékong. Leurs entretiens le laissèrent vivement frappé des avantages que pouvait offrir à son commerce avec le sud de la Chine la voie du fleuve Rouge ; il alla lui-même en opérer la reconnaissance. Convaincu dès lors qu'elle était praticable, il traita avec le maréchal Mâ, commandant en chef de l'armée chinoise dans le Yunnan, pour une fourniture d'armes qu'il se chargeait de lui amener par le Tonkin. Il organisa son expédition à Hong-Kong, entra dans le delta et, malgré le mauvais vouloir des autorités annamites, conduisit son convoi de Hanoï à Mang-hao, où il parvint heureusement le 4 mars 1873. Le succès de cette première tentative l'engagea à la renouveler. A défaut de marchandises européennes, il envoya des jonques chargées de sel ; elles furent arrêtées au passage. Les fonctionnaires annamites ne dissimulaient plus leur hostilité. Le maréchal Nguyen-Tri-Phuong, notre ancien adversaires de Ki-hoa, arriva à Hanoï et publia une proclamation dans laquelle il menaçait Dupuis « de le faire couper en morceaux, lui et ses gens », s'il ne quittait au plus vite le pays. Dupuis fit brûler publiquement la proclamation. Il arma en guerre sa flottille, s'empara d'un fort et prit ses dispositions de défense. Impuissante à le déloger, la cour de Hué adressa ses plaintes au gouverneur de Cochinchine. De son côté, Dupuis réclama l'appui de l'amiral, en lui faisant entendre que l'occasion était bonne pour établir sans peine le protectorat français au Tonkin.

L'amiral Dupré était tout disposé à intervenir : « L'occupation d'un point du Delta, écrivait-il au ministre de la marine, est une question de vie ou de mort pour notre colonie. » Sa crainte était de voir partir de Hong-Kong une expédition d'aventuriers européens, qui planterait sur les bords du fleuve Rouge le drapeau de quelque puissance étrangère. Il était informé que le gouvernement chinois, qui avait déjà des postes au Tonkin, se préparait à y faire entrer des troupes rendues disponibles par la pacification du Yunnan. Il se décida à agir. Francis Garnier, qui était à Shangaï où il préparait une nouvelle exploration du Yunnan, fut appelé à Saïgon et envoyé au Tonkin. Il avait pour mission non seulement de régler le différend entre Dupuis et les mandarins, mais de s'établir solidement dans le delta et de s'y maintenir, jusqu'au moment où les négociations qui venaient de s'engager avec la cour de Hué auraient abouti à une solution satisfaisante.

FRANCIS GARNIER.

Comme l'amiral lui-même, Garnier savait que le gouvernement français d'alors répugnait à toute entreprise en Extrême-Orient. Il ne doutait pas que la moindre complication ne leur attirât à l'un et à l'autre un complet désaveu. Pour un soldat tel que lui, risquer sa vie était peu de chose ; il ne balança pas à mettre au péril sa réputation, son brillant avenir militaire : « Si j'échoue et si je ne suis pas suivi, on me désavoue... et j'ai prié instamment l'amiral Dupré de ne pas hésiter à le faire, si l'intérêt du pays et le sien le demandent. »

Il emmenait 175 hommes et 2 canonnières. Avec des moyens aussi faibles, il ne songeait pas à donner à son expédition l'allure d'une conquête. Il comptait se poser en arbitre impartial entre Dupuis et les Annamites, amener ceux-ci, par la persuasion plutôt que par la contrainte, à établir sous notre surveillance la libre circulation du commerce sur le fleuve Rouge, gagner la reconnaissance des populations en leur rendant la paix et la prospérité, préparer ainsi l'heure encore lointaine où nous pourrions « recueillir, sans une goutte de sang versée, l'héritage du gouvernement annamite, qui s'éteindrait doucement entre nos bras ».

A peine arrivé à Hanoï, il dut reconnaître que les autorités annamites ne se prêteraient pas facilement à une entente amiable. Nguyen n'envoya personne pour le recevoir, ne daigna pas lui rendre sa visite officielle, voulut lui assigner comme logement une sorte de mauvaise auberge. De la part de gens aussi formalistes que les Annamites, ces mauvais procédés prenaient l'importance d'insultes préméditées. Le maréchal et l'envoyé royal arrivé de Hué ne voulaient pas entendre parler d'un traité pour l'ouverture du fleuve. Qu'il expulsât Dupuis et s'en allât ensuite, c'était tout ce qu'ils demandaient à Garnier. Or celui-ci était bien décidé à ne pas quitter la place avant d'avoir fait rendre justice à notre compatriote et surtout réglé la question du fleuve Rouge. Il ouvrit une enquête sur l'affaire Dupuis et s'efforça de négocier. Une proclamation du maréchal interdit à tous les habitants, même aux commerçants chinois de se rendre auprès de lui. En même temps, la citadelle se remplissait de troupes et la cour de Hué envoyait des lettres menaçantes. La situation devenait intenable : « Il n'y a qu'un coup d'éclat, écrivait Garnier, qui puisse contre-balancer l'effet des menées annamites, redonner confiance en moi, réta-

Hanoï. — Rue de la Soie.

blir l'autorité et le prestige dont je suis arrivé entouré. » Le 19 novembre, il adressa un ultimatum au gouverneur d'Hanoï : il réclamait le désarmement de la citadelle, l'ordre, pour les gouverneurs des provinces, de se conformer à ses arrêtés, et pour Dupuis le libre passage jusqu'au Yunnan. Si ces conditions n'étaient pas acceptées, la citadelle serait attaquée le lendemain. Nguyen ne fit aucune réponse.

Hanoï est située sur la rive droite du fleuve Rouge ; les

jonques chinoises et les embarcations à vapeur calant moins de 2 mètres peuvent y accéder, mais les navires de mer sont obligés de s'arrêter à Haïphong, sur un des bras du Song-Cau, qui mêle dans le Delta ses embouchures à celles du fleuve Rouge. La citadelle, construite au temps de Gia-Long par le colonel Ollivier, formait un carré bastionné de 1,000 mètres de côté. 7,000 hommes étaient massés derrière ses murs.

PORTE PRINCIPALE DE LA CITADELLE D'HANOÏ.

Garnier, renforcé par la compagnie de débarquement du *Decrès*, en avait un peu plus de 200, appuyés par 2 canonnières et par les auxiliaires chinois de Dupuis. L'attaque commença le 20 novembre, à cinq heures et demie du matin. En moins d'une heure les ouvrages avancés étaient enlevés, les portes enfoncées ; les Annamites, terrifiés par l'effet des projectiles explosibles, fuyaient en désordre, laissant 80 morts, 300 blessés et 2,000 prisonniers. Du côté des vainqueurs, sauf un tué et un blessé parmi les irréguliers de Dupuis, les pertes étaient nulles.

Alors commença une campagne comparable aux plus étonnantes prouesses des conquistadores espagnols. L'enseigne Balny d'Avricourt, avec le docteur Harmand, le sous-lieutenant de Trentinian et une poignée de soldats et de marins, va se saisir de Phu-Ly, au débouché des routes de l'Annam, emporte d'assaut Haï-Duong, qui commande une des embouchures du Song-Caü ; sur la frontière sud-ouest, l'aspirant Hautefeuille, n'ayant que son canot à vapeur et huit marins, enlève Ninh-Binh, gardée par dix-sept cents soldats ; Garnier prend à l'escalade Nam-Dinh la dernière place forte entre Hanoï et la mer. Des proclamations répandues partout promettent la paix, l'ordre, l'abondance ; les gouverneurs hostiles sont remplacés ; une organisation s'improvise. Partout les Français sont acceptés comme les nouveaux maîtres du pays ; des miliciens et des volontaires indigènes viennent combattre à leurs côtés. Vingt jours après l'ouverture des hostilités, tout le Delta est à nous.

Vers 1864, à la suite d'une sanglante insurrection dans la province chinoise du Kouang-Si, les débris des bandes rebelles s'étaient jetés sur le Tonkin. Refoulés vers le Nord, ils y avaient formé des sortes de

IRRÉGULIER CHINOIS.

grandes compagnies qui vivaient sur le pays. La plus puissante, celle des Pavillons-Noirs, avait son quartier général à Lao-Kaï, sur le haut Song-Koï. Les mandarins annamites la prirent à leur solde, avec son chef Luu-Vinh-Phuoc, et la lancèrent contre nous. Ces aventuriers aguerris et bien armés étaient des adversaires redoutables. Ils serrèrent de près Hanoï, où Garnier se hâta de revenir.

Il y fut bientôt rejoint par des ambassadeurs annamites, porteurs de propositions conciliantes. Le 21 décembre, Garnier était en conférence avec eux, quand on vint le prévenir que la citadelle était attaquée. Il y court aussitôt, organise la défense. L'ennemi, quelques centaines de Pavillons-Noirs et 2,000 ou 3,000 Annamites, recule lentement. Il lance à sa poursuite Balny d'Avricourt avec 10 hommes et un détachement de Tonkinois ; lui-même sort de la ville par une autre route, suivi de 18 Français, de quelques indigènes et d'une pièce de 4. La petite troupe s'éparpille ; l'intrépide Garnier, avec trois hommes, arrive sur un gros de Chinois ; de ses compagnons l'un est tué, l'autre blessé, le troisième s'enfuit ; on entend de loin les décharges de son revolver. Quelques moments après, on retrouvait son corps décapité, le cœur arraché, la peau du bas-ventre enlevée. Tout près de là, Balny, emporté par la même folie de bravoure, rencontrait la même fin glorieuse.

Garnier était de ces hommes qu'on ne remplace pas. Tout n'était cependant pas perdu. Les enseignes Esmez et Bain restaient maîtres d'Hanoï et reprenaient les pourparlers avec les ambassadeurs annamites. Hautefeuille se maintenait victorieusement à Ninh-Binh, Harmand à Nam-Dinh, Trentinian à Haï-Duong. C'est alors qu'arriva au Tonkin le lieutenant de vaisseau Philastre, qui prit aussitôt en main la direction politique. Par son ordre, toutes les places furent évacuées, sauf Haïphong. Dupuis dut se retirer dans cette dernière ville pour y attendre la problématique ouverture du fleuve, avec défense de s'établir sur tout autre point du pays. Aucun compte n'était tenu de ses réclamations ; on le condamnait à la ruine. Garnier mort n'était guère mieux traité que Dupuis vivant. On laissa les mandarins placarder dans Hanoï une proclamation outrageante pour sa mémoire. En 1875, quand ses restes furent ramenés à Saïgon, le gouverneur, qui n'était plus l'amiral Dupré, s'opposa à toute manifestation publique ;

défense fut faite aux officiers qui ne l'avaient pas connu personnellement d'assister à ses obsèques.

Les négociations entamées à Hanoï par M. Philastre et poursuivies à Saïgon aboutirent au traité du 15 mars 1874. La France reconnaissait la souveraineté du roi d'Annam et son entière indépendance vis-à-vis de toute puissance étrangère, quelle qu'elle fût. Elle s'engageait à lui donner l'appui nécessaire pour maintenir dans ses États l'ordre et la tranquillité, pour les défendre contre toute attaque et pour détruire la piraterie. Elle lui faisait don gratuit de bâtiments à vapeur, de canons, de fusils, se chargeait de lui fournir des instructeurs militaires, des ingénieurs, des professeurs. Remise lui était accordée du reliquat encore dû de l'indemnité de guerre de 1862. En retour, il promettait de conformer sa politique extérieure à celle de la France, cédait définitivement les provinces

UNE MÉTISSE D'HANOÏ.

de la basse Cochinchine, prononçait une amnistie, autorisait ses sujets à professer la religion catholique, permettait aux missionnaires de posséder des immeubles dans tout le royaume. Les sujets français, comme en général tous les étrangers, n'obtenaient ce droit que dans les trois villes de Qui-Nhone, Hanoï, Haïphong, ouvertes désormais au commerce européen;

et où la France avait la faculté d'entretenir des consuls. Un résident ayant rang de ministre devait être installé à Hué. La navigation était autorisée sur le fleuve Rouge, mais avec interdiction de tout trafic pendant la traversée du Tonkin.

Ce traité ne nous valait que des avantages assez minimes, dont les plus importants étaient déjà acquis antérieurement. Sans nous conférer les droits réels d'un protectorat dont le nom même n'était pas prononcé, il nous en infligeait toutes les charges, puisque nous nous trouvions tenus de secourir la cour de Hué contre les agressions du dehors et les rébellions du dedans. Dans l'état de trouble où se trouvait le pays, devant l'hostilité sourde, mais persistante, de Tu-Duc et de ses mandarins, en présence des prétentions à la suzeraineté dont la Chine n'entendait pas se départir, la situation qui nous était faite était grosse d'embarras et de dangers. Il eût fallu pour la dénouer à notre profit beaucoup de vigilance et de fermeté. Bien loin de faire valoir les droits que nous attribuait le traité, on en laissa violer impunément les clauses les plus formelles. En dépit de l'amnistie promise, nos anciens auxiliaires et les chrétiens indigènes qui avaient adopté notre cause furent massacrés par milliers. Luu-Vinh-Phuoc, maître du haut fleuve Rouge, continua d'en interdire le parcours. « Les Chinois et les Annamites, disait-il, pourront remonter au Yunnan, mais les Français jamais... On peut signer tous les traités qu'on voudra pour commercer avec le Yunnan par le fleuve Rouge. Le grand Luu se charge de faire couper la tête à tous les Français qui voudront remonter au delà de Hanoï. » Nos consuls dans les ports du Tonkin, notre résident à Hanoï voyaient à chaque instant la dignité de la France humiliée dans leur personne. La cour de Hué, toujours obsédée par la crainte d'une expédition française, hors d'état de réprimer la piraterie, aux prises avec les révoltes provoquées par sa faiblesse et sa mauvaise administration, se tournait du côté de la Chine, sollicitait l'intervention de ses troupes, resserrait par l'envoi d'ambassades et de présents solennels les antiques liens de vassalité qui

LE MARQUIS TSENG.

l'unissaient au Céleste-Empire. La Chine, à son tour, après avoir accueilli sans protester la notification du traité de 1874, prenait tout à coup comme une attitude d'offensive diplomatique. Elle nous demandait compte de nos intentions sur le Tonkin, elle faisait déclarer par le marquis de Tseng, son ambassadeur, qu'elle ne pouvait admettre le traité de 1874. Sur ce point au moins, l'attitude du gouvernement français ne varia pas. Aucun des ministres qui s'étaient succédé aux affaires étrangères depuis 1874 n'avait souscrit aux prétentions chinoises. Gambetta, président du conseil dans le cabinet du 14 novembre 1881, répondit nettement au marquis Tseng que le traité existait depuis huit ans, que le Céleste-Empire n'avait pas protesté lors de sa notification, que la France ne pouvait s'arrêter à une réclamation aussi tardive et revendiquait l'entière liberté de son action dans l'Annam.

Dès 1880, le ministère de la marine s'était préoccupé « de sortir d'une abstention qui compromettait gravement notre crédit dans l'Extrême-Orient ». Mais les projets d'expédition qu'il proposait ne furent pas acceptés par le conseil des ministres. On se borna à demander aux Chambres un crédit de 2,487,000 francs destiné à augmenter nos forces navales sur le Song-Koï. M. Lemyre de Vilers, gouverneur civil de la Cochinchine depuis mai 1879, fut chargé « de relever le prestige de l'autorité française, amoindri par nos hésitations et nos faiblesses », sans toutefois « se lancer dans les aventures d'une conquête militaire ». Au mois de mars 1882, il fit partir pour le Tonkin cinq chaloupes à vapeur, deux compagnies d'infanterie de marine, un détachement de tirailleurs annamites et une demi-batterie de montagne, sous les ordres du capitaine de vaisseau Rivière. Ces forces montaient en tout à 300 hommes; elles n'étaient guère supérieures à celles qui suivaient Garnier en 1873. La mission de Rivière n'était guère moins délicate, et il n'y était pas préparé, comme son héroïque devancier, par une étude approfondie des choses de l'Extrême-Orient. Les instructions qu'il emportait étaient sages, mais elles avaient dû s'inspirer des vues assez flottantes du gouvernement. Il devait s'installer à Hanoï, surveiller le fleuve, établir un poste au confluent de la rivière Claire, se garder d'en venir aux mains avec les troupes chinoises ou de s'associer à un mouvement insurrectionnel des Tonkinois. « Toute ma pensée, concluait M. Lemyre de Vilers, peut se résumer en cette phrase : Évitez les coups de fusils, ils ne serviraient qu'à vous créer des embarras. » A Garnier aussi on avait recommandé, et lui-même s'était promis d'éviter l'emploi de la force. Pas plus que lui, Rivière ne put s'en tenir à une consigne pacifique, difficile à observer sous la pression des événements.

A Hanoï, le Tong-Doc ou gouverneur annamite l'accueillit avec une réserve à peine courtoise;

RIVIÈRE.

des préparatifs de guerre répondirent à ses déclarations amicales, aucun compte ne fut tenu de ses réclamations. Persuadé qu'il allait être attaqué, il résolut de prendre les devants. Le 25 avril il signifia au Tong-Doc un ultimatum. Il le sommait d'évacuer la citadelle et de se rendre à son camp avec les principaux fonctionnaires ; la citadelle serait restituée dès qu'elle aurait été mise hors d'état de nuire. Le même jour, le Tong-Doc ne se montrant pas, l'attaque est ordonnée. Tandis que les canonnières bombardent la forteresse, deux colonnes d'assaut l'abordent sur son front nord et y pénètrent, après une courte résistance qui ne nous a coûté que quelques blessés.

Ce coup de main, pas plus que celui de Garnier, n'entraîna une rupture complète avec la cour de Hué. Mais elle poussa fiévreusement ses préparatifs de guerre, essaya de fomenter une insurrection en Cochinchine et fit appel à l'intervention chinoise. En juillet, Rivière annonçait que les places de Sontaï et de Bac-Ninh étaient pleines de réguliers et d'irréguliers chinois. A Paris, le marquis Tseng demandait que Rivière fût désavoué. Il le prenait sur un tel ton, que le ministre des affaires étrangères ne jugeait plus pouvoir répondre à ses communications. Le cabinet présidé par M. Duclerc songea à tenter un effort vigoureux pour en finir avec les résistances de l'Annam et décourager les prétentions de la Chine. Mais le nouveau projet d'expédition proposé par l'amiral Jauréguiberry, vivement combattu par le Président Grévy, ne fut pas même soumis aux Chambres. On se contenta d'expédier au Tonkin le transport la *Corrèze* avec 700 hommes de troupes.

Sur ces entrefaites, le ministre de France en Chine, M. Bourée, ému des démonstrations belliqueuses dont il était le témoin, avait pris sur lui, pour prévenir une guerre qu'il jugeait imminente, de négocier un accord avec le gouvernement chinois. L'arrangement qu'il annonçait parut d'abord acceptable. Mais il s'était fait illusion sur l'importance des concessions qu'il se flattait d'avoir obtenues. Le projet de convention préparé entre lui et le vice-roi du Tché-Li, Li-Hung-Tchang, moyennant l'engagement pris par la France de respecter la souveraineté territoriale de l'empereur d'Annam, comportait l'abandon de la ville de Lao-Kaï à la Chine, et le partage du Tonkin entre elle et nous, suivant une démarcation menée perpendiculairement du fleuve Rouge à la frontière orientale. Si peu avantageuses que fussent pour la France ces conditions, le Tsong-Li-Yamen ou Conseil suprême des affaires étrangères n'y avait souscrit en aucune façon. Il se bornait à prendre acte de notre promesse de ne pas annexer le Tonkin. Bien loin de se montrer intimidé ou seulement conciliant, il affectait un langage presque agressif. Nous nous trouvions avoir admis pour la première fois l'intervention diplomatique

LE VICE-ROI LI-HUNG-TCHANG.

de la Chine, sans rien obtenir en échange qui représentât de sa part un engagement sérieux. Le nouveau ministère, constitué le 23 février sous la présidence de Jules Ferry avec M. Challemel-Lacour aux affaires étrangères, rappela M. Bourée.

M. Tricou, notre ministre au Japon, fut chargé de se rendre à Pékin pour engager des négociations sur d'autres bases. En même temps, un projet de loi portant ouverture d'un crédit de 5 millions et demi pour le service du Tonkin était présenté au Parlement.

Rivière avait restitué aux Annamites après l'avoir démantelée la citadelle d'Hanoï. L'arrivée des renforts de la *Corrèze* lui permit d'occuper le port de Hone-Gay, important pour ses houillères, et d'enlever Nam-Dinh. Mais les Annamites, les Pavillons-Noirs et les Chinois, réunis sous le commandement de Luu-Vinh-Phuoc, sortaient de Bac-Ninh pour venir attaquer Hanoï. Vers le milieu d'avril, leurs rassemblements qui grossissaient tous les jours montaient à 20,000 hommes. La petite garnison, étroitement bloquée, s'épuisait à livrer des combats partiels souvent heureux, mais peu décisifs. Rivière essaya de se dégager. Le 19 mai, il organisa une grande sortie. La colonne, forte d'environ 400 hommes, est dirigée par le commandant Berthe de Villers; Rivière l'accompagne; sa santé est mauvaise : tant que l'action ne s'est pas engagée, il suit le mouvement dans sa voiture. On se porte à l'ouest de la ville, sur la route de Phu-Hoaï. Le *Pont de papier*, par lequel la route franchit un arroyo, est forcé non sans une vive résistance. Retranchés dans des villages que protègent d'épais fourrés de bambous, les Pavillons-Noirs reçoivent par une fusillade meurtrière l'assaut de nos soldats et de nos marins. Berthe de Villers est blessé mortellement. Sur notre droite se dessine un mouvement tournant qui menace de nous couper de Hanoï. Rivière ramène ses troupes vers le pont. L'ennemi les suit de près. L'un des canons est sur le point d'être pris. Les officiers se précipitent pour le dégager, Rivière pousse aux roues. Mais les Chinois tirent maintenant à 50 mètres; l'aspirant Moulun, le lieutenant de Brisis, le capitaine Jacquin sont tués, Rivière tombe, atteint à l'épaule; il se relève, puis retombe sous de nouvelles blessures. Les Pavillons-Noirs se ruent sur son corps et lui coupent la tête et les mains. La retraite s'achève péniblement. La journée nous a coûté 34 morts et 50 blessés.

La nouvelle de la mort de Rivière arriva à Paris au moment où la Chambre allait se prononcer sur la demande de crédits pour le Tonkin. 491 voix adoptèrent le projet de loi; il n'y eut pas un seul opposant : « La Chambre, télégraphia le ministre de la marine, a voté à l'unanimité le crédit pour le Tonkin, la France vengera ses glorieux enfants. » On décida de porter à 4,000 hommes le corps expéditionnaire, placé sous les ordres du général Bouët. Le docteur Harmand, l'ancien compagnon de Garnier, devenu, après

UN PIRATE.

de remarquables explorations dans le Laos et l'Annam, consul général de France à Bangkok, fut envoyé au Tonkin en qualité de commissaire civil, pour présider à l'organisation du protectorat et négocier avec l'Annam, les Chinois et les Pavillons-Noirs. Une division navale sous le contre-amiral Courbet alla croiser sur les côtes et s'opposer à l'introduction des armes et des munitions de guerre.

De premiers renforts, expédiés en hâte par l'amiral Meyer et le gouverneur de Cochinchine, avaient permis de garder les postes de Hanoï, de Nam-Dinh et de Haïphong. Mais nous étions toujours réduits à une défensive assez pénible, et l'audace des bandes annamites et chinoises se manifestait par des

TIRAILLEURS ANNAMITES NETTOYANT LEUR FUSIL.

agressions sans cesse renouvelées. L'amiral Courbet, le docteur Harmand, le nouveau gouverneur de la Cochinchine, M. Ch. Thomson, enfin M. Tricou, qui venait de s'installer à Shang-haï, étaient unanimes à conseiller une action directe contre Hué. Si l'on parvenait à mettre la main sur cette capitale de l'Annam, on pouvait espérer, en imposant à la cour un traité de protectorat, faire cesser du même coup la résistance au Tonkin et amener la Chine à composition. Tu-Duc était mort le 17 juillet; il fallait profiter pour agir du désarroi causé par les intrigues qui s'agitaient autour de sa succession.

Hué se trouve à une vingtaine de kilomètres de la mer, sur une rivière dont une barre trop peu profonde interdit l'accès aux grands navires. Le 11 août arriva de Paris l'autorisation demandée ; le 18, l'amiral Courbet, à la tête de 5 vaisseaux et de 2 avisos, ayant à bord le commissaire civil Harmand et quelques compagnies envoyées de Cochinchine, se présentait à l'entrée de la rivière. Les forts de Thuan-An qui la défendent sont bombardés ; le 20, les troupes de débarquement, soutenues par le feu de l'escadre, qui balaye la plage,

Hué. — Tour de Confucius.

enlèvent d'assaut le fort principal. Les avisos la *Vipère* et le *Lynx* franchissent les barrages établis sur la rivière, les ouvrages du Sud sont évacués ; le 21, tous les forts sont occupés. Nous avons à peine quelques hommes hors de combat. Les pertes des Annamites sont énormes. L'épouvante règne à Hué. Le ministre des affaires étrangères vient demander la paix, mais le docteur Harmand ne veut traiter que dans la capitale.

La convention du 25 août reconnaît le protectorat de la France, qui doit désormais présider aux relations extérieures de l'Annam avec toutes les puissances, y compris la Chine. La province de Bin-Thuan est cédée à la Cochinchine, trois autres provinces sont rattachées au Tonkin. L'administration intérieure de l'Annam est laissée aux autorités indigènes, mais sous le contrôle d'un résident général français établi à Hué avec une garnison. Nous gardons également Thuan-An. Deux nouveaux ports sont ouverts au commerce ; les douanes étendues à tout le royaume sont placées entre nos mains. Au Tonkin, des résidents français doivent s'installer dans les chefs-lieux de province à côté des mandarins. Les troupes annamites seront rappelées. La France se charge d'expulser les Pavillons-Noirs et d'assurer la liberté du commerce sur le fleuve Rouge, où elle est autorisée à établir toutes les fortifications qu'elle jugera nécessaire.

Malheureusement, les opérations engagées au Tonkin sont loin d'être aussi décisives. Le général Bouët, sorti de Hanoï le 15 août, avec trois colonnes formant un effectif de 1,900 hommes, a trouvé l'ennemi en force et solidement retranché. La colonne de gauche ne réussit pas à enlever les lignes de Vong et se replie sur la citadelle ; la colonne du centre, après s'être établie dans le village de Ke-hoï d'où elle protège la retraite de la gauche, rentre à son tour dans Hanoï. Seule la colonne de droite, appuyée par la flottille, a obtenu quelques résultats, en enlevant après cinq assauts consécutifs la position de la pagode des Quatre-Chemins. Ce maigre succès nous coûte une centaine de tués ou de blessés. Une nouvelle sortie, le 1er septembre, oblige l'ennemi à évacuer ses positions de Phong et à se replier derrière le bras du Daï. Hanoï n'est plus serré d'aussi près, mais nous sommes toujours en posture d'assiégés. Nos forces sont manifestement insuffisantes pour maîtriser tout le Delta.

Le peu d'efficacité de notre action militaire encourage les résistances de la diplomatie chinoise. M. Tricou, d'abord bien accueilli à Shang-haï, voit les négociations brusquement suspendues. A Paris, le marquis Tseng fait succéder à de vagues protestations pacifiques un langage presque comminatoire. Il

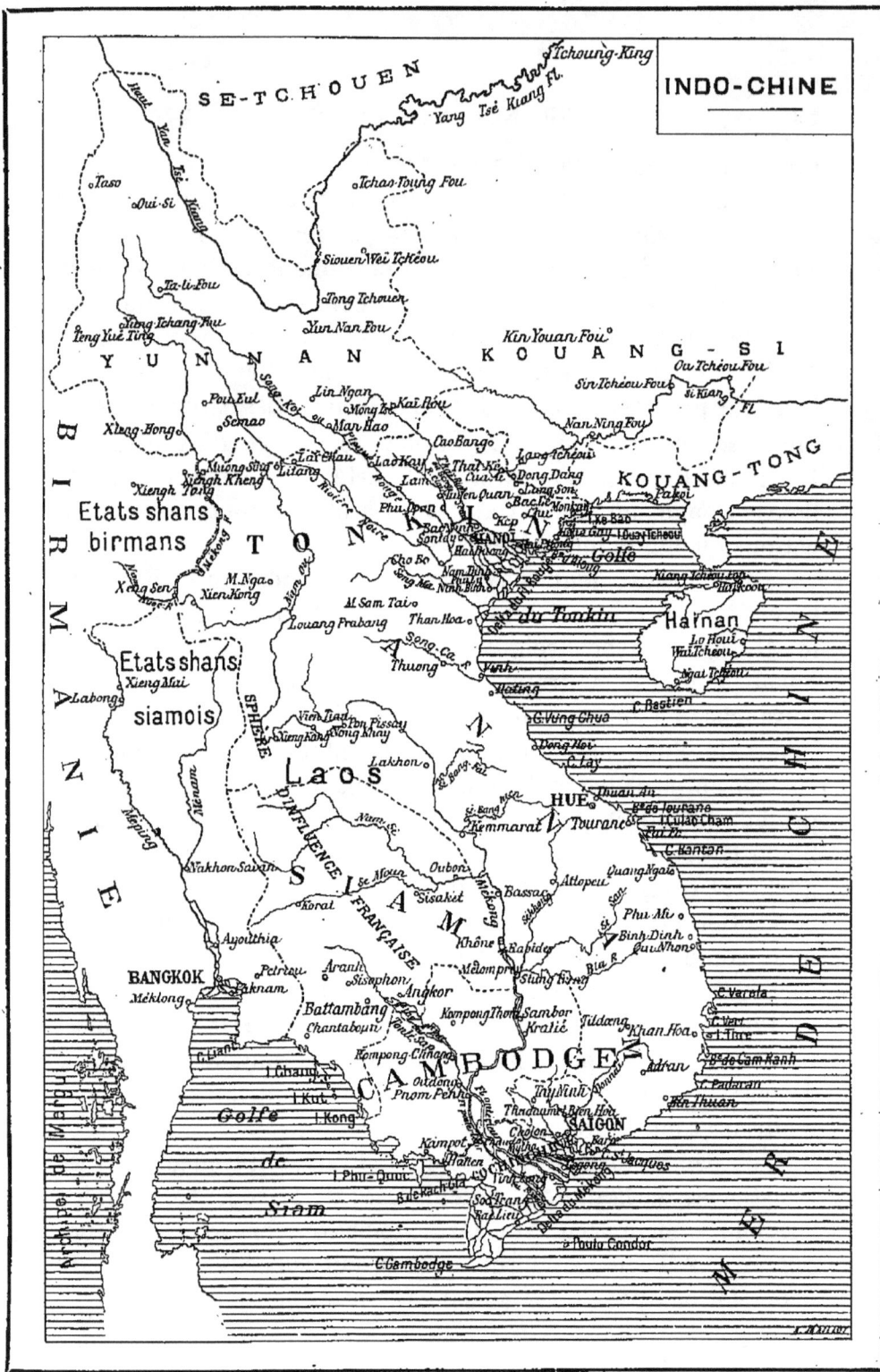

CARTE DE L'INDO-CHINE FRANÇAISE ET PAYS LIMITROPHES.

réclame l'évacuation du Tonkin, la reconnaissance de la suprématie de la Chine sur l'Annam, « aucune atteinte ne devant être portée à la situation politique de ce royaume ». Le gouvernement français, par le memorandum du 15 septembre, propose la création d'une zone neutre qui comprendrait le nord-est du Tonkin, le fleuve Rouge devant être ouvert à la navigation jusqu'à Mang-hao, à l'entrée du Yunnan. Tseng répliqua par la note du 15 octobre, offrant le choix ou d'un arrangement qui rétablirait le *statu quo* de l'Annam tel qu'il existait avant 1873, c'est-à-dire son entière indépendance vis-à-vis de toute puissance, « l'empereur de Chine, son suzerain seul excepté, » ou de la constitution d'une zone neutre, mais au sud du Tonkin, entre sa frontière méridionale et le 20° de latitude, ce qui équivalait à l'abandon du Tonkin à la Chine.

Comme l'annonçait M. Tricou, il était clair que la Chine « n'admettrait pas notre établissement exclusif au Tonkin, tant que les faits accomplis n'en auraient pas démontré le caractère définitif ». Le cabinet français fit approuver par le Parlement le programme qu'il s'était tracé pour essayer, sans rompre avec la Chine, de la rendre plus traitable par l'effet d'une action vigoureuse. Il annonça l'intention de compléter, par l'occupation des places de Sontaï, Bac-Ninh et Hong-hoa, la prise de possession du Delta. Des renforts importants furent expédiés au Tonkin. Le général Bouët, puis le docteur Harmand, entre lesquels des conflits s'étaient élevés, rentrèrent en France. Toutes les forces de terre et de mer furent réunies sous la direction de l'amiral Courbet.

Le contre-amiral Courbet venait de se signaler par la manière remarquable dont il avait conduit l'opération sur Thuan-An. Instruit, laborieux, méthodique, il unissait à une réputation méritée de savant les dons les plus rares du commandement. Les événements allaient révéler en lui un homme de guerre et un marin de premier ordre. Arrivé à Hanoï le 25 octobre 1883, il employa les premières semaines à recevoir les renforts expédiés de France et d'Algérie, à compléter l'organisation du corps expéditionnaire, à assurer ses positions. Au commencement de décembre, il disposait d'environ 9,000 hommes bien en main ; la saison était favorable, les préparatifs achevés, le moment était venu de se porter en avant. Des deux places d'armes de l'ennemi, Sontaï au Nord-Ouest et

SONTAÏ. — UNE BATTERIE DE PHU-SA.

Bac-Ninh au Nord-Est, l'amiral résolut d'attaquer d'abord Sontaï, qui menaçait plus directement Hanoï.

Deux colonnes sont formées. A la tête de la première, qui comprend les troupes d'Afrique, légion étrangère et turcos, plus un bataillon d'infanterie de marine et des auxiliaires tonkinois, soit 3,400 hommes avec 3 batteries de montagne, le lieutenant-colonel Belin s'avance par la rive droite du fleuve Rouge. La deuxième, commandée par le colonel Bichot, est forte d'environ 2,600 hommes : infanterie de marine, fusiliers marins, tirailleurs annamites, avec 4 batteries. Elle s'embarque sur la flottille, qui la transporte en remontant le fleuve jusqu'au point où le Daï s'en détache. Cette branche du Song-koï, qui forme en avant de Sontaï une première ligne de défense, est franchie non sans peine par les troupes du colonel Belin. Ces opérations préliminaires ont rempli les journées des 11 et 12 décembre. Le 13 toute l'armée est concentrée en face de Sontaï.

La place est défendue par 10,000 réguliers chinois, 10,000 Pavillons-Noirs et 5,000 Annamites. Elle se compose d'une enceinte extérieure, avec rempart, fossé, haies de bambous, et d'une citadelle que protège un mur en briques, entouré d'un large fossé. Autour de la ville « le terrain est couvert de villages et de pagodes fortifiées... qui défendent les approches de l'enceinte ». Plus de 100 pièces de canon garnissent ces ouvrages extérieurs, organisés avec un soin et une habileté qui semblent révéler une direction européenne.

Le premier effort est dirigé contre les défenses extérieures du Nord-Est, qui constituent entre la ville et le fleuve les ouvrages de Phu-Sa. La lutte se poursuit pendant toute la journée du 14 et une partie de la nuit suivante. L'ennemi ne cède ses positions qu'après une résistance acharnée et tente pour les reprendre de furieux retours offensifs. Repoussé avec perte, il évacue tous les retranchements extérieurs pour se concentrer dans la place. Le 15, nos troupes prennent position au nord de Sontaï, adossées au fleuve que garde toujours la flottille. Le 16, pendant qu'une diversion est opérée contre la porte Nord, où sont accumulés les plus puissants moyens de défense, l'attaque principale est dirigée sur la porte de l'Ouest, plus facilement accessible. La légion, l'infanterie de marine, les fusiliers marins, les tirailleurs annamites s'en rapprochent pas à pas, les batteries de montagne s'établissent à 400 mètres, les canons de la flottille bombardent la citadelle. A cinq heures l'artillerie suspend le feu, l'amiral commande : en avant, la charge sonne, l'assaut commence. Les légionnaires, trouvant la porte murée, se frayent un passage à travers les bambous et gravissent le rempart sous une grêle de balles, les fusiliers marins, l'infanterie sautent dans le fossé pour les rejoindre. Le soldat Minnaert, le quartier-maître Le Guirizec, le caporal Mourlaux entrent les premiers dans l'enceinte, où pénètre à

PORTE OUEST DE SONTAÏ. — Après la prise.

leur suite un flot de combattants. L'amiral accourt et s'établit dans la place pour préparer l'attaque de la citadelle. Mais on la trouve évacuée le lendemain. L'ennemi s'est enfui, nous abandonnant 102 canons, avec quantité de munitions, de vivres, de matériel. Ses pertes s'élèvent à un millier d'hommes, sans compter les nombreux blessés qui ont suivi la retraite. Les nôtres sont cruelles : nous avons 92 tués et 318 blessés. Nos troupes, combattant en terrain découvert contre un ennemi supérieur en nombre et fortement retranché, ont fait preuve d'un élan et d'une ténacité admirables : « La France, disait dans son rapport l'amiral Courbet, peut être fière de ses enfants. »

Si belle que fût cette victoire, il s'en fallait qu'elle marquât le terme de nos 'efforts. Sur le fleuve Rouge, notre action ne dépassait point les confluents de la rivière Claire et de la rivière Noire; dans le Delta même et tout près de Hanoï, l'ennemi tenait toujours Bac-Ninh. A Hué, le jeune roi Hiep-hoa venait de mourir assassiné; son successeur Kien-Phuoc était livré à des influences hostiles. Les garnisons de Thuan-An et de Hué furent renforcées ; M. Tricou, revenant de Chine, alla faire signer au nouveau roi une déclaration par laquelle il adhérait pleinement au traité du 25 août 1883, « s'en remettant au bon vouloir du gouvernement de la République, quant aux adoucissements qui pourraient y être ultérieurement introduits ». On décida d'envoyer au Tonkin de nouveaux et puissants renforts. Le commandement, réclamé par le ministre de la guerre pour un de ses officiers généraux, passa au général de division Millot. L'amiral Courbet, qui avait si brillamment inauguré la campagne, reprit la direction de son escadre.

Le général Millot, arrivé au Tonkin en février 1884, se disposa aussitôt à attaquer Bac-Ninh. Cette ville se trouve au nord-est de Hanoï, à 3 kilomètres environ du Taï-Binh ou Song-Cau, qui, après s'être formé dans le Tonkin septentrional, vient dans le Delta confondre ses embouchures avec celles du fleuve Rouge. Une vingtaine de mille hommes garnissaient l'enceinte, la citadelle et les ouvrages de campagne échelonnés en avant sur la route de Hanoï.

Pendant que la flottille dégageait le cours du Song-Cau en aval de Bac-Ninh, et le canal des Rapides qui relie les deux fleuves, la première brigade, sous le général Brière de l'Isle, longeait ce canal et venait le franchir le 10 mars. La deuxième brigade, avec le général Négrier, amenée par eau de Haï-Duong, s'avançait par la rive droite du Song-Cau, en enlevant les forts de Yen-Dinh et de Doson. Le 11, les deux brigades étaient concentrées entre Bac-Ninh, le canal des Rapides et le Song-Cau. Le 12, elles reprennent leur marche sur deux colonnes parallèles. La première brigade occupe presque sans résistance les hauteurs fortifiées du Truong-Son ; Négrier enlève les villages qui bordent le Song-Cau, puis le barrage de Lag-Buoï, et enfin le fort de Dap-Cau qui commande la route de Bac-Ninh à Lang-Son. L'ennemi, se voyant ainsi couper sa principale ligne de retraite, est pris de panique, Bac-Ninh est abandonné, les deux bataillons de la légion y entrent sans tirer un coup de fusil. Un double mouvement, exécuté par Négrier et Brière de l'Isle, détermine l'évacuation de Hong-hoa, position stratégique importante sur le fleuve Rouge, près des confluents de la rivière Noire et de la rivière Claire.

LE GÉNÉRAL F. DE NÉGRIER.

L'effet de cette vigoureuse campagne ne se fit pas attendre. La Chine engagea, par une voie indirecte, de nouveaux pourparlers. Un de ses agents européens, M. Détring, commissaire des douanes impériales, servit d'intermédiaire entre Li-Hung-Tchang, le capitaine de frégate Fournier et son chef, le contre-amiral Lespès, commandant de la division navale des mers de Chine. Le vice-roi du Tché-Li annonça bientôt que, « pour donner une première satisfaction à la France », il avait obtenu le rappel du marquis Tseng. Le commandant Fournier avait eu précédemment avec lui d'excellentes relations personnelles. Sur son invitation, et après y avoir été autorisé par notre gouvernement, il alla le trouver à Tien-Tsin. Les négociations furent menées rapidement. Ouvertes le 7 mai, elles se terminaient le 11 par la signature d'une convention préliminaire, que devait suivre à bref délai un traité définitif. La France s'engageait à respecter et à protéger contre toute agression les frontières méridionales de la Chine, limitrophes du Tonkin. La Chine s'engageait à retirer *immédiatement* ses troupes et à respecter, dans le présent et dans l'avenir, les traités intervenus ou à intervenir entre la France et la cour de Hué. Le Céleste-Empire promettait d'ouvrir ses provinces méridionales dans des conditions avantageuses pour notre commerce. Le gouvernement français consentait « à n'employer aucune expression de nature à porter atteinte au prestige de l'Empire » dans la rédaction du traité définitif qu'il allait contracter avec l'Annam. (Article 4.)

Avant de partir pour porter à Paris le texte de la convention, le commandant Fournier annonça à Li-Hung-Tchang la prochaine arrivée de M. Patenôtre, désigné comme plénipotentiaire, et lui demanda de fixer des dates pour l'évacuation du Tonkin par les troupes chinoises. Le 17 mai, en prenant congé du vice-roi, il revint sur cette question qui n'avait pas été tranchée, et lui remit une note spécifiant : qu'après un délai de vingt jours, nous occuperions Lang-Son et les places touchant aux frontières du Kouang-Tong et du Kouang-Si, qu'après un délai de quarante jours nous prendrions possession de Lao-Kaï et des places limitrophes du Yunnan. Les délais expirés, nous procéderions sommairement à l'expulsion des garnisons attardées sur le territoire du Tonkin. La note, accompagnée d'un commentaire verbal qui en accentuait l'énergie, ne souleva ni objections ni réserves. Bien que l'acceptation de

LE COMMANDANT FOURNIER.

Li-Hung-Tchang n'eût pas la portée d'un engagement diplomatique, on pouvait croire la question réglée. Le commandant Fournier télégraphia au ministre de la marine et au général Millot pour les informer des arrangements qui venaient d'être pris entre lui et le vice-roi.

Le gouvernement français avait accueilli avec satisfaction le traité du 11 mai. M. Patenôtre, déjà en route pour la Chine, fut avisé des termes de l'article 4, afin d'en tenir compte dans la rédaction du traité définitif qu'il avait mission, à son passage en Indo-Chine, de faire accepter à la cour de Hué, et qui fut signé le 6 juin 1884. Il s'écartait en quelques points de la convention provisoire conclue l'année précédente par le docteur Harmand. Il rétrocédait notamment à l'Annam les quatre provinces qui en avaient été distraites au profit de la Cochinchine et du Tonkin. Mais il maintenait toutes les dispositions essentielles relatives à l'organisation du protectorat. Aucune mention n'était faite de la Chine. Cette prétérition était conforme aux engagements pris à Tien-Tsin. Toutefois le ministre français crut devoir exiger la remise du sceau impérial envoyé jadis à Gia-Long en signe d'investiture. Il fut fondu solennellement en présence de toute la cour, le jour même de la signature du traité. Cette scène produisit sur les Annamites une profonde impression. Mais elle froissa le gouvernement chinois, dont il aurait convenu, pour rester fidèle à l'esprit de la convention de Tien-Tsin, de ménager davantage les susceptibilités.

Au Tonkin, la pacification semblait assurée. Thaï-Nguyen, sur le Song-Cau, Thuyen-Quan, sur la rivère Claire, étaient occupés sans résistance. Le général Millot renvoyait une partie des renforts qu'il venait de recevoir. Il chargea le lieutenant-colonel Dugenne d'aller, avec une petite colonne d'un millier d'hommes, prendre possession des places du Nord-Est, Lang-Son, That-Ké, Cao-Bang. On était au 15 juin ; le terme fixé par la note du commandant Fournier était expiré depuis plusieurs jours. Le 23, la colonne, après avoir dépassé

Bac-Lé, franchissait le Song-Thuong, un des affluents du Song-Cau, lorsqu'elle fut accueillie par des coups de fusil. Un parlementaire apporta des lettres des généraux chinois, qui déclaraient avoir connaissance de la convention de Tien-Tsin, mais ne pouvoir se retirer sans un ordre du Tsong-li-Yamen. Ils demandaient un délai pour l'attendre. Le colonel Dugenne ne pouvait s'arrêter sur place avec une rivière à dos. Il ne jugea pas convenable de rétrograder, ni même de réclamer des instructions à Hanoï. Après quelques pourparlers sans résultat, il annonça que ses troupes allaient reprendre leur marche. Nos soldats avaient l'ordre de ne pas ouvrir le feu les premiers. Ils se heurtèrent à des forces considérables, dont ils repoussèrent péniblement les attaques. Les Chinois, profitant de leur nombre, nous débordaient et menaçaient de nous envelopper. Le colonel opéra sa retraite sur Bac-Ninh ; le 30, il rallia le général Négrier, accouru à son aide.

Le gouvernement français, aussitôt avisé, laissa éclater toute son indignation, et annonça, aux applaudissements de la Chambre, qu'il exigerait une réparation. On pouvait lui reprocher d'avoir témoigné trop de confiance et procédé avec trop peu de précaution. Mais la note remise à Li-Hung-Tchang par le commandant Fournier était formulée en termes assez précis pour ne laisser aucune prise à l'équivoque. La Chine savait comment nous interprétions l'article de la convention de Tien-Tsin qui stipulait l'évacuation immédiate. Si elle s'était souciée de prévenir un conflit, c'était à elle d'envoyer à ses généraux un ordre de retraite ou de nous faire part de ses objections pour arriver d'un commun accord à un arrangement différent. Elle prétendit cependant nous imputer tous les torts, soutenant que la convention de Tien-Tsin ne constituait que des préliminaires, que l'évacuation ne devait avoir lieu qu'ensuite du traité définitif, qu'enfin les Français avaient été les agresseurs.

Un ultimatum, notifié le 12 juillet par M. de Sémallé, notre chargé d'affaires, réclama l'évacuation immédiate du Tonkin et une indemnité de 250 millions. L'amiral Courbet, appelé au commandement de toutes nos forces navales en Extrême-Orient, reçut l'ordre de se porter devant Kelung, dans l'île de Formose, et devant Fou-Tchéou, l'un des grands ports de la Chine méridionale et son arsenal maritime. Le gouvernement

ABORIGÈNES DE FORMOSE.

chinois se déclara prêt à exécuter le traité et à opérer l'évacuation dans le délai d'un mois, mais il refusa toute indemnité. Vainement la France, en prolongeant le délai fixé par l'ultimatum, se montra-t-elle disposée à réduire le chiffre de l'indemnité, pourvu que le principe en fût admis. La Chine invoqua l'arbitrage des États-Unis. La France aurait accepté volontiers une médiation officieuse, ayant pour objet de déterminer le montant de l'indemnité; elle ne voulut pas soumettre à un arbitrage des faits qui lui paraissaient hors de toute conteste. La tentative de médiation ne put donc aboutir. Les négociations engagées directement à Shangaï par M. Patenôtre n'obtinrent pas un meilleur résultat. Le chargé d'affaires de France, M. de Sémallé, quitta Pékin. Presque en même temps, Li-Fong-Pao, le ministre qui avait remplacé à Paris le marquis Tseng, recevait de son gouvernement l'ordre de sortir de France. Les relations officielles se trouvaient suspendues entre les deux pays.

A ce moment, l'amiral Courbet aurait voulu qu'une déclaration de guerre en forme lui donnât la pleine liberté de ses mouvements. Il estimait qu'une action vigoureuse et rapide frappant au cœur le Céleste-Empire, avant qu'il eût pu se reconnaître, le réduirait bien vite à notre merci. Mais le gouvernement français hésitait à s'engager aussi à fond. Il avait à se préoccuper de la situation de l'Europe, qui n'était point parfaitement rassurante, à ménager les intérêts commerciaux des diverses puissances dans l'Extrême-Orient, à compter, en France même, avec les répugnances de l'opinion pour une guerre lointaine qui n'avait jamais été populaire. Le meilleur parti lui parut être d'éviter une rupture déclarée, de laisser la porte ouverte aux négociations, tout en exerçant une pression sur la Chine au moyen de représailles qui nous mettraient des gages entre les mains. Ces gages, il espérait les saisir facilement en s'emparant du port de Kelung, qui nous donnerait une bonne position au débouché du canal de Formose et des mines de houille pour l'approvisionnement de notre escadre. Quant aux représailles, elles s'exerceraient sur la flotte chinoise et l'arsenal de Fou-Tchéou, sans porter une atteinte sensible au commerce des ports ouverts et aux intérêts des neutres.

L'amiral Courbet partagea donc ses forces. Le 17 juillet, après avoir franchi les passes de la rivière Min, au fond de laquelle est situé Fou-Tchéou, il mouillait en face de l'arsenal, n'attendant plus que des ordres pour commencer les hostilités. Son lieutenant, l'amiral Lespès, se dirigea sur

Kelung, bombarda et fit occuper les forts avancés. Mais l'ennemi reprit aussitôt l'offensive, en mettant en ligne des masses devant lesquelles les 200 marins descendus à terre ne purent se maintenir. Il fallut les rembarquer et se borner, pour le moment, à un simple blocus. Pendant ce temps, Courbet, qui voyait les Chinois pousser autour de lui les travaux de défense et les préparatifs de combat, frémissait d'impatience. Le gouvernement ne put lui envoyer l'autorisation d'agir, qu'il réclamait en termes pressants, qu'après avoir interrompu les pourparlers et obtenu, non sans peine, l'assentiment des Chambres. La dépêche tant attendue arriva enfin dans la soirée du 22 août. L'amiral était prêt. Le soir même, le vice-roi et les consuls étrangers furent avertis qu'il attaquerait le lendemain.

AMIRAL COURBET.

Son escadre se composait du croiseur le *Volta*, portant son pavillon, de 1 cuirassé, de 3 autres croiseurs, de 3 canonnières et de 2 torpilleurs, avec 1,600 hommes et 60 canons. Les Chinois lui opposaient 11 bâtiments de guerre : croiseurs, transports-avisos, avisos-canonnières, portant 1,200 hommes et 42 canons; ils y avaient joint 12 grandes jonques de guerre, montées chacune par un équipage de 60 à 150 hommes et armées de 7 à 8 canons, nullement méprisables dans un combat en rivière, plus une dizaine de canots-torpilleurs et des brûlots. Leur flotte était appuyée par de nombreuses batteries garnissant l'arsenal et les points stratégiques de la rivière.

L'action s'engage par une violente canonnade. Nos navires couvrent de leurs projectiles les bâtiments ennemis, nos torpilleurs les accostent, le canot du *Volta*, monté par le lieutenant de vaisseau Lapeyrière, va planter deux torpilles sous l'arrière du *Fou-Sing* que l'explosion désempare. En moins d'une heure, c'en est fait de la flotte chinoise : 22 navires et jonques sont coulés ou brûlés, 40 officiers, 2,000 soldats ou marins tués, noyés, blessés. L'escadre française n'a subi que des pertes insignifiantes. La journée du lendemain est employée à poursuivre le bombardement de l'arsenal, qui est mis pour longtemps hors de service. L'amiral appareille alors pour redescendre la rivière. Les batteries, les ouvrages et les forts qui gardent les passes sont pris à revers et détruits l'un après l'autre. Courbet recueille les fruits de l'audacieuse inspiration qui l'a fait pénétrer dans la rivière Min en laissant derrière lui les défenses chinoises. La hardiesse de ses combinaisons, la sûreté de ses manœuvres, la précision de ses ordres, comme aussi le dévouement de ses états-majors et l'intrépidité des équipages, ont ajouté un éclatant fait d'armes aux fastes de la marine française. Les forces navales de la Chine sont détruites ou immobilisées par la crainte.

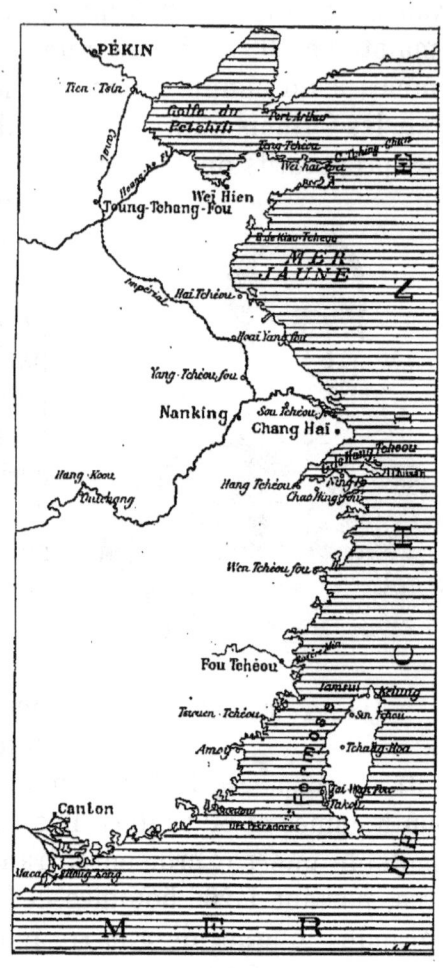

CARTE DU LITTORAL EST DE LA CHINE,
pour suivre les opérations de l'amiral Courbet.

Nous sommes maîtres de la mer, libres de porter nos coups sur tous les points vulnérables de son immense littoral.

Elle ne cède pourtant pas encore, parce qu'elle espère dans une intervention des puissances ou dans un revirement de notre politique. Le gouvernement français, sans rompre les pourparlers engagés de tous côtés par l'intermédiaire des États-Unis, de l'Angleterre, de l'Allemagne, se met en devoir de poursuivre les opérations commencées. A Hué, où il a fallu, après la mort subite du jeune roi Kien-Phuoc, une démonstration militaire pour faire respecter nos droits, le colonel Reinhart est remplacé par M. Lemaire, qui réunit, avec le titre de résident général, les pouvoirs politiques et administratifs dans l'Annam et le Tonkin. Le général Brière de l'Isle, appelé au commandement du corps d'occupation après le départ du général Millot, conserve une pleine indépendance pour tout ce qui regarde l'action militaire. 2,000 hommes, envoyés du Tonkin à l'amiral Courbet, qui s'est porté sur Formose, lui constituent un petit corps de débarquement. Dans les premiers jours d'octobre, il enleva les forts qui défendaient Kelung et put établir ses troupes autour de la ville. L'amiral Lespès fut moins heureux devant Tamsui, qu'on renonça dès lors à attaquer. Nos troupes se maintinrent dans leurs positions sous Kelung, tandis que l'escadre bloquait les côtes nord et ouest de l'île. En janvier 1885, l'arrivée de nouveaux renforts amenés par le colonel Duchesne permit de refouler l'ennemi et d'élargir le cercle d'investissement dont il nous entourait. En mars, une vigoureuse offensive nous rendit maîtres de toutes les lignes établies au sud et à l'est de Kelung. Mais l'opération sur Formose, qui immobilisait une partie de nos forces militaires et navales, durement éprouvées par les combats, les fatigues et les maladies, ne nous valait en échange de ces sacrifices aucun avantage appréciable. Elle ne nous donnait pas un établissement solide dans l'île, elle ne faisait que peu d'impression sur le gouvernement chinois, « pas plus, disait un diplomate étranger, que la piqûre d'une guêpe sur le dos d'un éléphant ».

Le programme du 11 octobre, exposé dans une dépêche de Jules Ferry à M. Patenôtre, indiquait comme les bases d'une entente possible l'évacuation du Tonkin par les troupes chinoises, la suspension des opérations navales, la ratification du traité Fournier et la conclusion du traité de commerce qu'il avait prévu. La Chine ne payerait pas d'indemnité, mais elle nous laisserait les douanes et les mines de Kelung et de Tamsui pour une durée à déterminer. La Chine répondit par des contre-propositions telles, que le ministre anglais, lord Granville, se refusa à les transmettre : « C'étaient, disait-il, des propositions de vainqueur à vaincu. » Cependant cette lutte prolongée, ces résultats qui semblaient reculer toujours commençaient à énerver l'opinion; le courant d'opposition qui s'était manifesté dès le début grossissait. Au mois de novembre 1884, le ministère Ferry eut à soutenir un violent assaut dans le Parlement. Le débat se termina par un ordre du jour exprimant la confiance de la Chambre dans son énergie pour faire respecter les droits de la France. Il était entendu qu'on pousserait à fond la conquête du Tonkin. L'amiral Courbet fut autorisé à entreprendre la campagne offensive qu'il conseillait depuis longtemps.

L'escadre fut renforcée. Au printemps de 1885, elle allait arriver au chiffre imposant de trente-six navires. On pouvait tout attendre d'une pareille force aux mains d'un chef comme Courbet. L'Angleterre nous ayant notifié la mise en vigueur du *Foreign enlistement act* [1], qui allait empêcher nos navires de faire du charbon ou de se réparer dans ses escales, la France

---

[1]. Cette loi, promulguée en 1870, à l'occasion de la guerre franco-allemande, interdit d'équiper, de réparer ou ravitailler dans les ports britanniques des navires appartenant aux belligérants. Sous couleur de neutralité, son application, qui ne gênait nullement la Chine, nous était au contraire très préjudiciable.

répondit en revendiquant les droits des belligérants, dont elle ne s'était pas jusqu'alors prévalue. Notre marine était désormais autorisée à visiter les bâtiments neutres et à réprimer au besoin par des saisies la contrebande de guerre. Le gouvernement français alla plus loin : le 21 février, il informa ses agents à l'étranger qu'il traiterait le riz comme contrebande de guerre et qu'il en interdisait le transport sur les côtes de Chine. Courbet avait réclamé cette mesure, qu'il jugeait avec raison devoir être décisive. Pékin et les provinces du Nord ne s'approvisionnent guère que par les voies maritimes. En interceptant les arrivages, nous menacions de les affamer comme une ville en état de blocus.

Courbet venait d'infliger une nouvelle défaite à la marine chinoise. Cinq navires de guerre s'étant risqués à sortir du Yang-tsé-Kiang, il s'était lancé à leur poursuite. Trois d'entre eux, des croiseurs à marche rapide, réussirent à gagner le port de Ning-po, d'où ils n'osèrent plus bouger. Les deux autres, atteints dans la rade de Sheipo, furent détruits par les canots porte-torpilles du vaisseau amiral le *Bayard*. Courbet organisa ensuite le blocus du Yang-tsé-Kiang, puis il alla, par un coup de main inattendu, enlever les îles Pescadores. Ce petit archipel, situé dans le canal de Formose, pourvu d'un port excellent, nous donnait une position admirable sur la route maritime de Shangaï à Hong-Kong, Saïgon, Singapour, à portée de toutes les grandes villes maritimes de la Chine méridionale.

Au Tonkin, les Chinois avaient, dès le mois de septembre 1884, essayé de rentrer dans le Delta, où nous étions restés cantonnés depuis l'affaire de Bac-Lé. Leurs avant-gardes furent refoulées par le colonel Donnier et le général Négrier, qui enlevèrent dans des combats vivement disputés les positions de Chu et de Kep. Les débouchés nord-est du Delta se trouvaient ainsi fermés. Mais déjà l'ennemi se montrait dans une autre direction, sur le haut fleuve Rouge et sur la rivière

Claire, où il menaçait la petite garnison de Tuyen-Quan. A la fin de 1884, la résolution prise par le gouvernement d'occuper les provinces nord du Tonkin entraîna l'adoption d'un plan d'offensive. En attendant les renforts qu'on lui annonçait, le général Brière de l'Isle prit ses dispositions pour préparer la

Col de Déo-Van, sur la route de Lang-Son.

marche sur Lang-Son. Il envoya le général Négrier disperser un gros rassemblement installé dans le camp retranché de Nui-Bop, à l'est de Chu, et qui faisait mine d'inquiéter son flanc droit. La concentration put ainsi s'opérer tranquillement. Les deux brigades du général Négrier et du colonel Giovanninelli se groupèrent à Chu. Elles comptaient ensemble 12 bataillons, 6 batteries et un demi-escadron, soit un peu plus de 7,000 combattants. On avait réuni des approvisionnements en quantité suffisante et pour les transporter, plusieurs centaines de voitures légères avec 6,000 à 7,000 coolies.

Le général Brière de l'Isle ne voulut pas s'engager sur la route mandarine, qui conduit de Hanoï à Lang-Son par Kep et Bac-Lé : il la savait difficile et fortement défendue. Il ne rencontra guère moins d'obstacles en marchant plus à l'Est. Du 4 au 6 février, trois journées de combats continus contre un ennemi solidement retranché nous livrèrent successivement le col de Déo-Van et le défilé de Dong-Sung. Mais là, il fallut s'arrêter pour reposer les troupes et renouveler les vivres et les munitions, sans pouvoir, comme on l'avait d'abord espéré, couper la ligne de retraite des Chinois, qui se repliaient sur Lang-Son par la route mandarine. Le 10 février, le mouvement en avant est repris ; le 11, la brigade Négrier enlève Pho-Vi ; le 12, après le combat de Bac-Viaï, nous sommes maîtres des positions qui couvrent Lang-Son ; le 13 à midi, le drapeau tricolore flotte sur la citadelle. Depuis le départ de Chu, nous n'avons pas eu moins de 450 hommes tués ou blessés, mais « le but des efforts énormes demandés à nos troupes est atteint ; elles ont la récompense d'une expédition où, sur neuf jours de marche, elles ont eu sept jours de combat contre un ennemi quintuple, bien retranché, et servi par un terrain exceptionnel ».

Laissant le général Négrier garder Lang-Son en faisant face aux Chinois qui se réorganisaient vers la frontière, le général Brière de l'Isle, avec la brigade Giovanninelli, rentra en toute hâte à Hanoï pour se porter au secours de Tuyen-Quan. Cette petite place en mauvais état, commandée au sud, à l'ouest et au nord par des mamelons qui touchent presque au rempart, arrête depuis trois mois une invasion de Chinois et de Pavillons-Noirs descendus du Yunnan et de Laokaï. Les Chinois se sont contentés, pendant le mois de décembre, de tâter la place et de s'établir à l'entour. En janvier, ils se mettent à installer des batteries et à attaquer nos avant-postes ; le 30, on est obligé d'évacuer un petit blockhaus construit au nord-ouest de la citadelle. A partir de ce moment, c'est un siège en règle qui commence. Un bombardement continu, des attaques de vive force presque journalières fatiguent la garnison, pendant que des cheminements bientôt prolongés par des galeries souterraines s'approchent peu à peu des remparts. Le commandant de Tuyen-Quan, le chef de bataillon Dominé, n'a que six cents hommes : légionnaires, fantassins et artilleurs de marine, tirailleurs tonkinois ; il les électrise par son exemple, leur communique son énergie, les dirige avec une rare intelligence et une prodigieuse activité. Il est vaillamment secondé par ses officiers et par le sergent du génie Bobillot, qui s'est improvisé ingénieur et fait merveille avec ses sept sapeurs. Nos tireurs, nos petites pièces de campagne ou de montagne rendent coup pour coup aux fusils de rempart, aux canons et aux obusiers de l'ennemi ; ses assauts sont vigoureusement reçus, des contre-galeries sont opposées à ses travaux de mine, la faible enceinte de la place est incessamment réparée et consolidée. Dans la nuit du 12 au 13 février, l'explosion d'une mine éventre le rempart, deux assauts sont donnés le 22 et le 24. Le 25 et le 27, deux nouvelles brèches ont été pratiquées, des assauts furieux sont encore tentés ; ils sont repoussés comme les précédents. La petite garnison tient bon, mais dans cette place en ruines, avec plus d'un tiers de l'effectif hors de combat, la position commence à devenir critique. Heureusement les secours approchent. La brigade Giovanninelli, transportée par la flottille au confluent du fleuve Rouge et de la rivière Claire, s'avance par la rive droite de ce dernier cours d'eau. Le 27, elle est à Phu-Doan, à 22 kilomètres de Tuyen-Quan ; le 28, des fusées tricolores montent dans l'air, annonçant aux assiégés la délivrance prochaine. La route est barrée à Duoc par 8,000 à 10,000 Chinois ou Pavillons-Noirs, qui s'abritent derrière une triple ligne de retranchements, garnie de forts casematés, protégée par des fossés, des mines et les éternelles palissades de bambous. Cette formidable position, appuyée d'un côté à des hauteurs peu accessibles, flanquée de l'autre par la rivière Claire, ne peut être ni tournée, ni prise à revers. Elle est abordée de front et emportée dans une furieuse bataille de deux jours, où l'intrépidité du bataillon d'infanterie de marine Mahias décide la victoire. Le 3 mars, à dix heures du matin, la route est déblayée; le même jour, à deux heures, le général Brière de l'Isle arrive à Tuyen-Quan. Le commandant Dominé l'attend devant la porte de la citadelle croulante, entouré de ses braves. Le général descend de cheval et l'embrasse au milieu d'une indescriptible émotion. Sur 594 hommes, la garnison en a eu 268 tués ou blessés; de ses 13 officiers, 2 sont morts, 4 blessés. Parmi les blessés se trouve l'héroïque Bobillot, qui doit mourir quelques jours après à Hanoï. La brigade libératrice, rudement éprouvée, elle aussi, n'a pas eu moins de 500 hommes hors de combat sur un effectif de 3,000.

Le général Négrier s'était bientôt senti menacé par les Chinois, qui étaient venus installer un camp retranché à Dong-Dang, à quelques kilomètres au nord de Lang-Son. Décidé à ne pas les attendre, il marcha sur eux le 23 février, repoussa une double attaque par laquelle ils essayaient de déborder ses ailes, et, enlevant leurs positions du centre, les coupa en deux tronçons qui refluèrent en désordre vers la frontière. La colonne franchit la porte-frontière de Cua-Haï et coucha sur le territoire du Kouang-Si. Après avoir fait sauter la porte pour laisser une trace visible de son passage, il ramena ses troupes en arrière. Les combats livrés depuis le départ de Hanoï avaient considérablement affaibli la brigade; les ravitaillements étaient difficiles; faute de pain, les troupes ne recevaient que du biscuit ou du riz. Négrier maintint cependant un poste à Dong-Dang. Vers le 20 mars, informé qu'il était serré de près, il s'avança pour le secourir. Une attaque sur Dong-Dang fut repoussée dans la nuit du 21 au 22 mars. Le général jugea nécessaire de prévenir de nouvelles agressions par une vigoureuse offensive. Laissant des garnisons à Lang-Son et à Dong-Dang, il marche avec une petite colonne de quatre bataillons contre le camp retranché de Bang-bo, au delà de la porte de Cua-Haï. Pendant la journée du 23, nos troupes ont l'avantage; elles s'emparent des positions avancées de l'ennemi. Mais leur faible effectif est encore réduit par des détachements employés à garder les communications. Le lendemain, le combat recommence, plusieurs redoutes sont enlevées. Mais alors les Chinois mettent en ligne des masses écrasantes; ils ont, a-t-on dit, 40,000 hommes. Notre centre est contenu, notre droite ramenée, notre gauche menacée; les munitions vont manquer. Négrier ordonne la retraite et la couvre à l'arrière-garde, faisant le coup de feu comme Ney après Moscou. La porte de Chine est repassée, puis on évacue Dong-Dang pour se replier sur Lang-Son. La brigade a perdu près de 300 hommes.

Elle se remonte à Lang-Son, où les renforts qui viennent d'arriver de France relèvent son effectif à 3,500 combattants. Appuyée sur les redoutes de Ki-Lua et sur la citadelle, que protège le cours du Song-Ki-Kung, elle est en mesure d'opposer une énergique résistance. Le 28 mars, quand les Chinois se présentent, ils sont vigoureusement reçus sur toute la ligne; leurs attaques sur Ki-Lua sont repoussées, une contre-attaque menée vers leur centre obtient un complet succès. A cet instant, le général Négrier, atteint d'une balle en pleine poitrine, remet le commandement au lieutenant-colonel Herbinger. L'évacuation de Lang-Son est aussitôt décidée. La ville, la citadelle, les approvisionnements, les canons chinois conquis le 13 février, tout est abandonné; la batterie traînée du capitaine Martin, qui pourrait retarder la marche, est jetée dans le Song-Ki-Kung; on y jette aussi le trésor de l'armée. Les Chinois, tout surpris de ce départ précipité, ne tentent pas même de nous poursuivre; n'importe, Than-Moï, Dong-Song sont abandonnés comme l'a été Lang-Son. Herbinger ne s'arrête qu'à Chu. Cette reculade, qui ne peut s'expliquer que par un trouble de ses facultés mentales, nous fait perdre tout le fruit d'une campagne de deux mois.

Peu s'en faut qu'elle ne nous coûte aussi le Tonkin et tout notre empire naissant d'Indo-Chine. Brière de l'Isle, laissant échapper tout sang-froid, lance une dépêche affolée qui montre les Chinois partout victorieux, le Delta en péril, l'armée compromise. Le ministère Ferry, sur l'annonce du combat de Dong-Dang, a été déjà interpellé à la Chambre et n'a réuni qu'une faible majorité. La dépêche Brière de l'Isle, qu'il n'essaye pas un instant de tenir secrète, soulève contre lui un véritable déchaînement. Dans la séance du 30 mars, ses membres et surtout son chef, dont l'énergique personnalité a provoqué les inimitiés les plus ardentes, sont traités comme des accusés, presque comme des coupables.

Ils tombèrent du pouvoir au moment où le pays qui les méconnaissait allait recueillir les fruits de leur longue persévérance. De nouveaux pourparlers menés secrètement avec la Chine venaient enfin d'aboutir à une entente. Les négociations avaient été engagées par l'intermédiaire de sir Robert Hart, inspecteur général des douanes chinoises, et de son secrétaire général, M. Duncan Campbell. Au commencement de mars, les propositions qu'était arrivé à formuler M. Campbell furent officiellement approuvées par le Tsong-li-Yamen. Le négociateur français, M. Billot, alors directeur politique aux affaires étrangères, demanda à modifier un article et présenta un projet de note explicative. Malgré la reprise de Lang-Son, à laquelle les Chinois ne paraissaient d'ailleurs attacher que peu d'importance, tout fut accepté. Le 30 mars, sir Robert Hart annonçait l'adhésion du Tsong-li-Yamen. La chute du cabinet Ferry, qui semblait impliquer l'abandon de sa politique, ne changea rien aux dispositions du gouvernement chinois. Le blocus du riz commençait à faire sentir ses effets; on avait hâte de traiter à Pékin. Toutefois sir Robert Hart, craignant toujours quelque brusque revirement, insista pour une conclusion immédiate. Le

3 avril, il télégraphiait qu'un retard d'une semaine risquait de tout remettre en question. Dans un conseil de cabinet, tenu le 4 par les ministres démissionnaires, on décida vu l'urgence de ne pas attendre la constitution d'un nouveau ministère. De pleins pouvoirs furent donnés à M. Billot et le protocole fut signé le jour même. Il comportait seulement trois articles :

« Article Ier. — D'une part, la Chine consent à ratifier la convention de Tien-Tsin, du 11 mai 1884, et, d'autre part, la France déclare qu'elle ne poursuit pas d'autre but que l'exécution pleine et entière du traité.

« Article II. — Les deux puissances consentent à cesser les hostilités partout, aussi vite que les ordres pourront être donnés et reçus, et la France consent à lever immédiatement le blocus de Formose.

« Article III. — La France s'engage à envoyer un ministre dans le Nord, c'est-à-dire à Tien-Tsin et à Pékin, pour arranger le traité détaillé, et les deux puissances fixeront alors la date pour le retrait des troupes. »

La note explicative spécifiait qu'aussitôt promulgué le décret impérial ordonnant la mise à exécution du traité du 11 mai 1884, les opérations militaires seraient suspendues sur terre et sur mer; que le blocus de Formose serait levé dès que les troupes chinoises auraient reçu l'ordre de repasser la frontière; que la cessation des hostilités, le commencement de l'évacuation et la fin de l'évacuation auraient lieu les 10, 20 et 30 avril pour les troupes à l'est de Tuyen-Quan, les 20, 30 avril et 30 mai pour les troupes à l'Ouest; qu'enfin, aussitôt le traité définitif signé et approuvé par décret impérial, la France retirerait les vaisseaux de guerre employés à la visite en haute mer, et la Chine rouvrirait les ports à traité aux bâtiments français. Des lettres échangées le même jour entre MM. Jules Ferry et Campbell précisèrent le sens de ce dernier article, en nous reconnaissant le droit de maintenir le blocus du riz pendant la durée de l'armistice.

Les préliminaires du 4 avril s'exécutèrent sans difficulté. Le 7, M. Campbell était avisé que le décret impérial avait été rendu la veille; le 9, M. Patenôtre annonçait de Shangaï que la ratification et l'ordre d'évacuation venaient d'être officiellement notifiés à notre consul de Tien-Tsin, M. Ristelhueber.

PNOM-PENH. — RÉSIDENCE DE FRANCE.

Pendant que l'évacuation s'opérait, non sans quelque résistance de la part de certains généraux chinois, notamment de Luu-Vinh-Phuoc, M. Patenôtre allait à Tien-Tsin négocier le traité de paix définitif. Il fut signé le 9 juin 1885. Deux jours après, l'amiral Courbet, succombant aux fatigues de cette longue campagne, qu'il avait tant contribué à rendre glorieuse pour nos armes et décisive pour notre politique, mourait à bord de son vaisseau *le Bayard*, en rade de Makung, dans les Pescadores. Cette belle station maritime qu'il aurait voulu assurer à la France fut évacuée peu après, en même temps que Kelung.

La guerre avec la Chine était finie. Il nous fallait maintenant compléter la prise de possession du Tonkin, où pullulaient les bandes de pirates grossies de soldats chinois licenciés. Il

PNOM-PENH. — LA VILLE ET LES QUAIS.

importait aussi d'établir d'une manière plus satisfaisante nos rapports avec la cour d'Annam, toujours sourdement hostile. Enfin, nous avions à remettre le calme dans le Cambodge et jusque dans notre colonie de Cochinchine.

En 1884, M. Charles Thomson, alors gouverneur de Cochinchine, était allé à Pnom-Penh imposer au roi Norodom un traité qui soumettait le Cambodge à un protectorat effectif et remaniait profondément toute son organisation intérieure. Norodom céda à la force, non sans protester auprès du Président de la République. Mais bientôt une révolte, que lui et ses mandarins avaient secrètement fomentée, éclata dans les provinces du Nord et s'étendit à tout le royaume; les insurgés osèrent même attaquer Pnom-Penh. L'agitation gagna la Cochinchine, dont il fallut, à la suite de quelques échauffourées, renforcer les garnisons. Sans présenter à aucun moment un caractère vraiment inquiétant, l'insurrection cambodgienne, difficile à réprimer dans un pays sans routes dont elle épuisait les maigres ressources, traîna en longueur, nous coûtant du monde et nous immobilisant jusqu'à 5,000 ou 6,000 hommes. Elle ne s'éteignit qu'en 1886, après l'envoi à Pnom-Penh, comme résident général, de M. Piquet, autorisé à ne plus exiger la stricte exécution du traité de 1884. L'action du protectorat se trouva restreinte à des limites plus que modestes, mais les troupes purent être retirées et le pays pacifié.

Les événements dont l'Annam fut le théâtre eurent une tout autre gravité. Après les préliminaires du 4 avril, le gouvernement, pour se mettre en garde contre toute surprise, avait jugé prudent d'expédier au Tonkin les nouveaux renforts dont l'envoi avait été décidé sous le coup de l'affaire de Lang-Son. Ils montaient à plus de 10,000 hommes; avec ceux qui étaient déjà arrivés, ils allaient porter à 30,000 l'effectif du corps expéditionnaire. Des forces aussi importantes nécessitaient la présence et l'autorité d'un général en chef. Le général de Courcy, commandant du 10ᵉ corps d'armée, fut envoyé en Indo-Chine. Les pouvoirs les plus étendus lui avaient été conférés, de manière à réunir dans ses mains, avec le commandement des troupes, la haute direction des affaires civiles et politiques. Dans de telles conditions, le choix du général de Courcy, justifié au point de vue purement militaire, devenait assez malencontreux. Le général n'était rien moins qu'un administrateur et un diplomate. Il ignorait tout de l'Indo-

Chine. Il était homme à s'inspirer beaucoup moins des nécessités politiques ou des avis des personnes les plus aptes à en juger que des impulsions irréfléchies de son tempérament de soldat.

Quand il arriva, le 1ᵉʳ juin 1885, l'évacuation chinoise s'achevait sans à-coups. A la fin de juin, Luu-Vinh-Phuoc lui-même rentrait en Chine. Il n'y avait plus à combattre au Tonkin que les pirates, contre lesquels il convenait de diriger des « opérations de gendarmerie », plutôt que des expéditions militaires. Mais nos rapports avec la cour de Hué se tendaient de plus en plus. Des conflits étaient survenus entre notre résident général M. Lemaire et les régents Nguyen et Thuyet. Le résident demandait la destitution de Thuyet et des renforts pour la garnison de Hué. Sur ces entrefaites, lui-même fut amené à donner sa démission, en raison des pouvoirs diplomatiques conférés au général de Courcy. Le général, sans tenir compte des avis qui lui étaient donnés de toutes parts, décida de se rendre à Hué, pour en finir avec les résistances. Il emmenait une compagnie de chasseurs et un bataillon de zouaves. Le prétexte de son voyage était la présentation au roi de ses lettres de créance. Dans les pourparlers engagés pour préparer sa réception, il mena rudement les autorités annamites. Celles-ci, exaspérées, organisèrent un coup de main. Pendant la nuit du 4 au 5 juillet, la légation, où se trouvent le général et le chargé d'affaires, M. de Champeaux, est brusquement assaillie. Une autre attaque est dirigée contre le gros des troupes françaises, que le cours de la rivière et toute la largeur de la citadelle séparent de la légation. La première surprise passée, nos soldats se défendent avec vigueur, ils repoussent l'ennemi, se forment en deux colonnes qui balayent tout devant elles, et vont dégager leur général. L'immense citadelle de Hué, 1,100 canons, le trésor de l'Annam restent entre nos mains. Mais le roi Ham-Nghi s'est enfui avec le régent Thuyet et les principaux personnages de l'État. Un soulèvement général éclate dans le pays. Les chrétiens indigènes, soupçonnés d'être les partisans de la France, sont massacrés par milliers. Le général de Courcy essaye de rappeler à Hué le roi fugitif, de réorganiser un gouvernement avec Nguyen-Van-Thuong qui s'est rallié à nous; puis il fait arrêter Nguyen, qui est transporté à Taïti, et il intronise à la place de Ham-Nghi un fils adoptif de Tu-Duc, le prince Dong-Khan. Le nouveau roi, trop visiblement inféodé à notre politique, installé avec un dédain des formes traditionnelles qui blesse le sentiment national, n'exerce aucune autorité sur ses sujets. La résistance se prolonge en Annam, elle se propage dans le Tonkin où les mandarins, obéissant au mot d'ordre de Thuyet, font cause commune avec les pirates. Nos troupes, immobilisées dans les garnisons, sont décimées par le choléra. Le gouvernement, auquel le général de Courcy propose d'abondonner le Tonkin pour faire la conquête de l'Annam, se décide à mettre fin à sa mission (janvier 1886). Son ancien chef d'état-major, le général Warnet, pendant un commandement intérimaire de quelques mois, prend possession de Lao-Kaï, remet une garnison dans Langson, développe l'organisation des troupes indigènes, multiplie les postes, crée des routes au moyen de la main-d'œuvre annamite, et obtient, sinon une pacification complète, au moins une notable amélioration.

En France, à la suite des élections générales de 1885, qui avaient révélé dans le pays une répugnance pour la politique coloniale, soigneusement entretenue par les oppositions de droite et de gauche, la nouvelle Chambre, saisie de demandes de crédits pour le Tonkin, avait eu à se prononcer sur la conservation de notre nouvelle conquête. Après un débat prolongé, dans lequel l'évacuation fut nettement réclamée, on adopta les crédits, mais avec une majorité de quatre voix seulement. Il s'en était fallu de bien peu que le fruit de tant d'efforts héroïques fût délibérément abandonné (24 décembre). Un mois après, le 27 janvier 1886, un décret plaçait le Tonkin et l'Annam sous l'autorité d'un résident général civil. Un homme d'État qui était en même temps un savant illustre, Paul Bert, fut appelé à inaugurer cette nouvelle fonction. On pouvait tout attendre de ses puissantes facultés, servies par une activité prodigieuse. Mais la mort le frappa au milieu de son œuvre à peine commencée (9 novembre 1886). Son suc-

Hô-Keou et le camp chinois en face la citadelle de Lao-Kay.

cesseur, M. Bihourd, fut rappelé après un an d'exercice. Le gouvernement général de l'Indo-Chine, groupant sous une direction unique la colonie de Cochinchine avec les protectorats de l'Annam-Tonkin et du Cambodge, eut pour premier titulaire M. Constans, chargé en même temps de négocier avec la Chine un nouveau traité de commerce, qui modifia à notre avantage celui qui avait suivi la paix de Tien-Tsin. Puis vinrent MM. Richaud, Piquet, de Lanessan, Rousseau. Dans l'intervalle, l'Annam fut pacifié non sans peine, après la capture de Ham-Nghi, qu'on interna à Alger, et l'avènement du jeune roi

Than-Taï, qui remplaça en 1889 Dong-Khan, mort de maladie. Au Tonkin, il fallut encore mener de véritables campagnes contre les pirates, toujours renforcés par l'infiltration des aventuriers chinois. La prise de possession effective des régions montagneuses, organisées en territoires militaires, une politique sagement conciliante qui, en associant à notre action la cour de Hué et les autorités annamites, les intéresse au rétablissement de l'ordre, l'extension des cultures et le développement des travaux publics, propres à restreindre les éléments dangereux en assurant à un plus grand nombre des moyens d'existence réguliers, ont dans ces dernières années produit d'appréciables résultats, mais sans guérir encore tout à fait cette plaie invétérée du brigandage.

Depuis le mémorable voyage de Lagrée et de Garnier, de nouvelles explorations avaient été dirigées vers le Laos, qui s'étend sur les deux rives du Mékong, depuis la frontière chinoise jusqu'à son entrée dans le Cambodge. Outre la reconnaissance du pays, l'étude de son sol, de ses ressources et de ses habitants, elles avaient pour objet la recherche des voies d'accès les plus faciles pour y pénétrer, soit du Tonkin par la rivière Noire, soit de l'Annam par les plateaux et les affluents de gauche du Mékong, soit du Cambodge par le fleuve même. Telle fut l'œuvre à laquelle se vouèrent successivement le docteur Harmand, le docteur Néïs, M. Camille Gauthier et enfin M. Pavie, tour à tour vice-consul de France à Luang-Prabang et consul général à Bangkok, qui, de 1887 à 1895, conduisit dans le bassin du haut Mékong trois laborieuses missions. Il était d'autant plus urgent de prendre position, que l'Angleterre venait de s'annexer en 1886 la haute Birmanie, jusqu'alors indépendante, et que certains de ses agents ne dissimulaient pas l'intention de nous couper la route du Yunnan. La seconde mission Pavie fut doublée d'une mission commerciale, organisée par le syndicat du haut Laos et dirigée par M. Macey, qui s'était donné pour tâche la création de comptoirs français le long de la vallée du Mékong et sur les voies qui y conduisent par le Tonkin et par l'Annam.

Mais alors se révéla une situation grave. Les Siamois, poussés par des influences étrangères, avaient profité des événements qui absorbaient ailleurs notre attention et des troubles du Cambodge et de l'Annam pour s'établir sur les territoires riverains du Mékong qui relevaient de ces deux royaumes. Poussant leurs empiétements sur la rive gauche du fleuve, ils avaient occupé tous les points stratégiques, tous les défilés menant à la côte d'Annam ; leurs avant-postes se rapprochaient des ports de Qui-Nhone, de Faïfao, de Vinh ; leurs reconnaissances s'avançaient jusqu'à 40 kilomètres de Hué. Nous nous trouvions ainsi écartés du Mékong, évincés du plateau d'Annam, bloqués sur l'étroite zone bordière du littoral. Nos agents, nos voyageurs, nos commerçants étaient traités en suspects, souvent en ennemis. M. Champenois, du Syndicat du haut Laos, qui s'était avancé de Vinh jusqu'au Mékong, se voyait arrêté et contraint de rétrograder en abandonnant ses marchandises. Notre vice-consul à Luang-Prabang, M. Massie, exaspéré des humiliations infligées à la France et de l'abandon où on le laissait, se donnait la mort de désespoir: « Peut-être voudra-t-on, si je meurs ici, écrivait-il peu de jours avant son suicide, que je dorme en terre française. »

Ce vœu suprême fut du moins entendu. L'opinion jusqu'alors indifférente s'émut. Le gouvernement, interpellé à la Chambre, fit entendre des déclarations énergiques, bientôt suivies d'effet. Pendant que des colonnes parties de Hué et de Vinh refoulaient devant elles les Siamois, un détachement envoyé de Pnom-Penh alla occuper l'île de Khône. Tout d'abord les Siamois n'opposèrent pas de résistance. Mais bientôt les Laotiens, soulevés par eux, cernaient la petite garnison de Khône, attaquaient un convoi de ravitaillement, capturaient le capitaine Thoreux. L'inspecteur des milices Grosgurin était traîtreusement assassiné par le commissaire siamois Phra-Yot, et son escorte indigène massacrée. Des renforts amenés par le Mékong dégagèrent la garnison de Khône, les forts construits par les Siamois furent enlevés de vive force. En même temps, une partie de l'escadre d'Extrême-Orient se portait sur les côtes de Siam. L'aviso *Inconstant* et la canonnière *Comète*, chargés d'aller à Bangkok se mettre à la disposition du consul général pour protéger nos nationaux, se présentèrent le 13 juillet à l'entrée du Meïnam. Accueillis par le feu des forts et de six bâtiments de guerre siamois, nos navires, guidés par le paquebot *Jean-Baptiste-Say*, des Messageries fluviales de Cochinchine, forcèrent le passage et vinrent mouiller devant Bangkok. Ce coup de vigueur intimida la cour siamoise. Cependant, à l'ultimatum que lui signifiait le 20 juillet M. Pavie, elle ne répondit que par des satisfactions incomplètes ou des promesses évasives. Le blocus des côtes fut alors déclaré, M. Pavie quitta Bangkok sous la protection des canonnières, des renforts furent expédiés en Indo-Chine. Mais déjà le gouvernement siamois se soumettait. Il acceptait l'ultimatum, payait des indemnités pour les agressions de ses agents, laissait installer une garnison française à Chantaboun, entre la frontière cambodgienne et Bangkok. Le traité du 3 octobre 1893, négocié par M. Le Myre de Vilers et le prince Dewawongse, nous reconnut la possession de la rive gauche du Mékong et des îles formées par le fleuve.

Depuis, la prise de possession du Laos est devenue effective. Nous y avons installé un résident supérieur, chargé d'organiser le protectorat. Un chemin de fer Decauville, construit dans l'île de Khône, a permis de lancer en amont des infranchissables rapides les canonnières *La Grandière* et *Massie*. Le lieutenant de vaisseau Simon a réussi à conduire le *La Grandière* jusqu'à Luang-Prabang, puis jusqu'à Tong-Ho et Xieng-Sen, à 2,500 kilomètres des bouches du Mékong. Nous sommes à même désormais de tirer parti de ce vaste pays, quelle qu'en soit d'ailleurs la valeur économique, encore difficile à apprécier. Nul ne peut nous interdire le passage sur les routes plus ou moins praticables qu'il ouvre vers la Chine méridionale.

Lors des affaires de Siam, l'Angleterre entra avec nous en pourparlers, en vue d'établir entre les dépendances françaises du Laos et les dépendances anglaises de la Birmanie, soit une

VUE DE BANGKOK.

zone neutre, soit un État-tampon sur le haut Mékong. D'un commun accord, il fut reconnu qu'un règlement ne pourrait intervenir sans avoir été préparé par des études préalables que feraient sur place des commissions techniques. Elles furent organisées de part et d'autre en 1894, sous la conduite de MM. Scott et Pavie, et opérèrent pendant les premiers mois de 1895 sur les deux rives du Mékong, entre Luang-Prabang et la frontière chinoise. Elles dressèrent la carte du pays, rassemblèrent des documents propres à éclairer les deux gouvernements, mais ne purent s'entendre sur les limites qu'il convenait de leur proposer. Les Anglais, qui avaient déjà pris possession, dans la région indivise, de la principauté shan de Xieng-Tong, rattachèrent également à leurs dépendances la partie de l'État de Xieng-Kengh s'étendant jusqu'à la rive droite du Mékong. Dès lors l'idée d'un État-tampon ou d'une zone neutre devenait d'une réalisation difficile, pour ne pas dire impossible. La délimitation des zones d'influence ou de domination anglaise et française sur le haut Mékong restait à régler entre les deux puissances.

La mission Pavie s'était acquittée avec plus de succès d'une autre tâche de même nature : il s'agissait de terminer, de concert avec des commissaires chinois, la délimitation des frontières entre l'Indo-Chine française et le Céleste-Empire. Ce travail, commencé depuis 1885, poursuivi non sans interruption, à travers des difficultés et des périls qui coûtèrent la vie à plusieurs de nos délégués, s'était effectué depuis Monkaï, sur le littoral, jusqu'à Laï-Chau, sur la haute rivière Noire. La mission Pavie et les délégués chinois raccordèrent au Mékong la partie déjà existante du tracé, de manière à laisser à la France le bassin du Nam-Hou, important affluent de gauche du Mékong, qui rejoint le fleuve non loin de Luang-Prabang. Le traité du 20 juin 1895 entre la France et la Chine a ratifié cette délimitation. Il a, de plus, réglé nos relations consulaires et commerciales avec les provinces limitrophes de la Chine, en nous autorisant à y prolonger les chemins de fer et les télégraphes de l'Indo-Chine, et en réservant à nos ingénieurs un droit de priorité dans l'exploitation des mines. Dans le Yunnan, les villes de Xieng-Hong et de Semao, auxquelles nous accédons par le Mékong, celle de Mong-tsé près du fleuve Rouge, dans le Kouang-Si, celle de Lang-tchéou près de Lang-Son, enfin celle de Haï-Koou dans l'île de Haïnan, sur la route maritime de Haïphong à Hong-Kong, sont ouvertes à notre commerce et nous avons le droit d'y entretenir des consuls. Nous pouvons donc pénétrer dans la Chine méridionale par les trois voies du Mékong, du fleuve Rouge et de Lang-Son. C'est un marché de 100 millions d'hommes qui devient accessible à nos produits.

En même temps que les Chambres françaises rendaient définitif par leur approbation l'arrangement franco-chinois, la déclaration du 15 janvier 1896, signée à Londres par notre ambassadeur, M. de Courcel, et par lord Salisbury, réglait la question d'Indo-Chine entre la France et l'Angleterre. Le thalweg du Mékong, depuis le confluent du Nam-Huoc jusqu'à la frontière chinoise, était adopté comme limite entre les possessions ou dépendances des deux États. Les Anglais évacuaient le poste de Muong-Sing qu'ils avaient occupé sur la rive gauche. Les puissances contractantes s'engageaient à ne pas pénétrer sans l'aveu l'une de l'autre dans la partie du Siam comprise dans le bassin du Ménam et de ses affluents, et à n'y acquérir aucun privilège ou avantage qui ne serait pas commun à toutes deux. En dehors de la région ainsi neutralisée, cette clause laissait implicitement une entière liberté d'action, d'une part à la France dans les territoires anciennement cambodgiens ou laotiens qui s'étendent à l'est du Siam jusqu'au Mékong, d'autre part à l'Angleterre dans les provinces jusqu'ici tributaires du Siam qui s'interposent entre ses possessions nord et sud de la presqu'île de Malacca. Les deux gouvernements convenaient en outre de s'employer à rendre communs aux deux pays, à leurs nationaux et ressortissants, tous les avantages ou privilèges qui étaient ou seraient concédés par la Chine dans ses provinces de Yunnan et de Sé-Tchouen [1].

L'Indo-Chine française se trouve ainsi complètement constituée. A droite du Mékong et au delà des limites actuelles du

---

[1]. La même déclaration a stipulé la nomination de commissaires pour la délimitation du bas Niger et l'ouverture de négociations pour la revision du traité anglo-tunisien de 1875, revision sans laquelle il n'est guère possible de modifier sérieusement le régime douanier établi entre la France et la Tunisie.

Cambodge, l'immense pays qui s'étend à l'Ouest jusqu'à une ligne presque droite menée de Chantaboun, sur la côte, au grand coude du Mékong, vers Xien-Khang, rentre dans sa zone d'influence. Entre ses frontières présentes, formées sur la plus grande partie du périmètre par la mer de Chine et par le Mékong, elle couvre une surface sensiblement égale à celle de la France, avec une population de 20 à 25 millions d'hommes. C'est un magnifique domaine, dont la possession doit être pour la métropole un élément de force et de prospérité, pourvu que nous sachions tirer parti des richesses du sol, utiliser les remarquables aptitudes de la race dominante, le peuple annamite, profiter enfin des relations de bon voisinage et des facilités de pénétration qui nous ouvrent l'accès de la Chine méridionale. Il est certain que jusqu'à présent nous n'avons pas fait toujours pour cela ce qui aurait convenu. Indépendamment des difficultés inhérentes aux conditions géographiques, au climat, à l'état de trouble où nous avions trouvé le pays, de la résistance opposée par les mœurs, les traditions, les intérêts, notre empire indo-chinois s'est ressenti d'une impopularité injustifiée et longtemps persistante, des préventions d'une opinion publique mal instruite, des incertitudes des Chambres et du gouvernement, des fréquents changements de système et de personnes. Néanmoins, malgré les erreurs et les contradictions de notre politique, les résultats déjà obtenus sont de nature à faire concevoir les plus belles espérances.

Les diverses parties de l'Indo-Chine sont placées sous l'autorité d'un gouverneur général, investi depuis 1891 des pouvoirs les plus étendus, et ayant sous ses ordres le lieutenant-gouverneur de la Cochinchine, les résidents supérieurs du Tonkin, de l'Annam, du Cambodge et du bas Laos. La Cochinchine, à laquelle ont été étendues les institutions politiques en vigueur dans les vieilles colonies, possède un conseil colonial électif et une représentation au Parlement. Malgré une gêne momentanée, due à l'application du tarif général des douanes et à la dépréciation de l'argent, elle est paisible et prospère. Seule de toutes nos colonies, elle suffit à ses dépenses avec ses ressources propres; elle alimente un budget de 30 millions. Son commerce extérieur, en y comprenant celui du Cambodge, qui ne se fait guère que par Cholon et

Saïgon. — Caserne d'infanterie.

Saïgon, atteint en 1894 à une valeur de 125 millions [1]. Elle ne possède encore qu'une ligne de chemin de fer, celle de Saïgon à Mytho, mais les communications et les transports se font surtout par le fleuve et les arroyos. La Compagnie des Messageries fluviales de Cochinchine, qui assure par des services réguliers les relations entre les différentes parties de la colonie et avec le Cambodge et le Siam, se prépare à mettre

1. Sans compter le cabotage avec le reste de l'Indo-Chine française.

des vapeurs dans le bief supérieur du Mékong, en amont des rapides de Khône.

Le Cambodge, pacifié depuis 1886, est demeuré presque stationnaire. Ses 125,000 kilomètres carrés ne nourrissent guère plus de 1,200,000 habitants ; le commerce reste inférieur à 20 millions, la majeure partie du pays est déserte et inculte. En dehors des voies navigables du Mékong et du Toulé-Sap,

MARCHAND DE SOUPE A SAÏGON.

il n'y a pas de routes. La lenteur des progrès est imputable à l'indolence naturelle des habitants, mais plus encore aux vices de l'organisation sociale et politique, que n'a pu corriger l'action jusqu'ici trop restreinte de notre protectorat.

La situation de l'Annam central se rapproche à beaucoup d'égards de celle du Cambodge. Le protectorat se trouve en présence d'un gouvernement national dont l'autorité morale est demeurée entière, et auquel les traités ont laissé la haute main sur l'administration intérieure. L'expérience a montré qu'il était également dangereux de l'asservir par la force ou de l'abandonner à lui-même. La meilleure méthode, celle qui a prévalu depuis quelques années, consiste à nous servir de lui, sans paraître vouloir le diminuer, pour introduire patiemment les améliorations nécessaires. Déjà le régime financier a été heureusement amendé. Le pays est à peu près tranquille, mais le commerce européen et la colonisation commencent à peine à l'entamer. Le mouvement des importations et des exportations n'atteint pas à 7 millions. Il faut ajouter que

MUSICIENS CAMBODGIENS.

le cabotage avec la Cochinchine représente une vingtaine de millions.

Bien que la sécurité ne soit pas encore complète au Tonkin, où les milices indigènes et nos troupes elles-mêmes sont tenues en haleine par la piraterie toujours renaissante, ce pays à peine conquis se développe avec une remarquable rapidité. Non seulement les cultures s'étendent, les impôts rentrent facilement, les recettes s'améliorent au point de suffire aux dépenses des services civils ; mais un bon nombre de colons européens et surtout de Français s'adonnent aux entreprises agricoles, industrielles et commerciales. Les houillères de Honegay et de Kebao sont en pleine exploitation. Hanoï,

Haïphong sont devenues de jolies villes coloniales, vivantes et animées. Un chemin de fer a été inauguré à la fin de 1894 entre Phu-Lang-Tuong et Lang-Son; un service de navigation remonte le fleuve Rouge jusqu'à Lao-Kaï. Le mouvement commercial, qui, pour l'Annam et le Tonkin réunis, ne dépassait pas 19 millions en 1885, arrive, pour le Tonkin seul, à un chiffre de 47 millions. Le transit, à destination des provinces chinoises, dépasse 8 millions.

A côté du Cambodge et de l'Annam, qui s'ébranlent à peine, il y a donc aux deux extrémités de l'Indo-Chine française, en Cochinchine et au Tonkin, ici avec la prédominance de l'action administrative, là-bas avec l'élan spontané de la colonisation libre, un mouvement de progrès, une marche en avant. Nos soldats et nos marins n'ont pas combattu pour une gloire stérile; l'œuvre de patriotisme et de civilisation à laquelle se sont dévouées tant de nobles existences est en voie de s'accomplir.

CHAPITRE VIII

LES COLONIES FRANÇAISES EN 1896
CONCLUSION

Acquisitions coloniales de la France depuis 1870. — Superficie de l'empire colonial français, population, valeur. — Coût des colonies. — Commerce et navigation. — Organisation.

De 1870 à 1896, l'empire colonial français a pris d'énormes développements. Nous n'avons fait que rectifier légèrement nos positions en Amérique et en Océanie, où les places étaient déjà occupées. C'est ainsi que nous avons joint à nos Antilles l'îlot Saint-Barthélemy, cédé par la Suède, réglé, d'ailleurs à notre désavantage, la question du territoire contesté entre les Guyanes hollandaise et française, augmenté de quelques îlots les dépendances de la Nouvelle-Calédonie, établi avec l'Angleterre un condominium aux Nouvelles-Hébrides, changé en annexion le protectorat sur Taïti et son archipel. En revanche, en Asie, nous avons ajouté à la Cochinchine et au Cambodge le Tonkin, l'Annam et le Laos, ce qui nous donne toute l'Indo-Chine orientale. En Afrique, nous avons reculé les limites sud de l'Algérie, pris possession de la Tunisie, fait du Sénégal, par l'adjonction du Soudan, de la Guinée, de la Côte-d'Ivoire et du Dahomey, l'Afrique occidentale française, du Gabon, le Congo français. Les conventions du 5 août 1885, avec l'Angleterre, du 4 février 1894, avec l'Allemagne, du 14 août 1894, avec l'État libre du Congo, nous ont reconnu la possession d'une zone d'influence qui englobe, avec une partie des bassins du Congo, du Niger et du Tchad, presque tout le Sahara occidental. De l'autre côté du continent, nous avons étendu à l'archipel entier des Comores le protectorat de Mayotte, transformé en domination effective nos droits théoriques sur Madagascar, agrandi et consolidé notre établissement d'Obock.

A nos possessions de 1870, nous avons ajouté plus de 8 millions de kilomètres carrés et de 30 millions d'habitants. La surface totale de notre domaine extra-européen peut être évaluée à 9 millions de kilomètres carrés, avec 35 millions d'hommes : dix-sept fois le territoire et presque la population de la France métropolitaine. En vingt-cinq ans, il a plus que décuplé son étendue et septuplé sa population. Nous occupons, sans conteste, le second rang parmi les puissances coloniales, toujours très loin derrière l'Angleterre, qui règne sur 25 millions de kilomètres carrés et plus de 300 millions de sujets, mais avec une avance marquée sur les Pays-Bas, l'Espagne, l'Allemagne, le Portugal, l'Italie, la Belgique.

L'empire colonial français comprend aujourd'hui trois groupes territoriaux importants. Le premier, en Afrique, s'étend, sans interruption, de la Méditerranée au golfe de Guinée et au cours du Congo, et de l'Atlantique au bassin du haut Nil, depuis le 36° de latitude nord jusqu'au 5° de latitude sud, depuis le 20° de longitude ouest jusqu'au 28° de longitude est, enveloppant le Maroc et les diverses possessions espagnoles, anglaises, allemandes, embrassant un quart de l'aire totale du continent africain. Il s'en faut que l'occupation de ce gigantesque territoire soit partout effective, et que toutes les parties en puissent être de longtemps utilisées. Mais la propriété nous en est reconnue par les autres puissances, et il dépend de nous d'en tirer parti quand et comme nous le jugerons convenable. Le deuxième groupe, tout insulaire, est constitué par Madagascar, avec les Comores qui la flanquent au nord-ouest, et la Réunion au sud-est. En Asie, l'Indo-Chine française, infiniment inférieure en étendue à notre colossal empire africain, est cependant d'une valeur au moins égale, en raison de la fertilité de son sol, de la densité et des aptitudes de sa population, de l'immédiate proximité du grand marché chinois.

En dehors de ces puissantes agglomérations, Obock nous maintient en rapport avec l'Abyssinie, nous assure un point de relâche et de ravitaillement sur la route de Madagascar et de l'Indo-Chine et surveille le débouché de la mer Rouge. Nos comptoirs de l'Inde nous conservent le contact du monde hindoustanique, où il nous reste non seulement des souvenirs, mais des intérêts. Dans l'Atlantique, Saint-Pierre et Miquelon, poste de garde des pêcheries de Terre-Neuve, observent en même temps la grande ligne de navigation d'Europe aux États-Unis; la Martinique et la Guadeloupe nous donnent une double station à l'entrée de la Méditerranée américaine, sur la route maritime qui aboutit à l'isthme de Panama; la Guyane, quand nous nous déciderons à l'utiliser, nous permettra de prendre pied dans l'Amérique équatoriale à côté de la riche Amazonie. Dans le Pacifique, l'île de Clipperton, les Marquises, l'archipel de Taïti, les Wallis et la Nouvelle-Calédonie s'échelonnent sur un autre grand chemin des mers, entre les isthmes américains et l'Australie.

L'extension du domaine a eu pour conséquence inévitable une augmentation des frais de gestion et de garde. L'ensemble des dépenses civiles et militaires à la charge de l'État monte à 125 ou 130 millions pour l'Algérie, à 80 millions environ pour les colonies proprement dites. Mais il convient de retrancher de ce total les recettes de l'Algérie, qui donnent à peu près 50 millions, et les contingents payés par les diverses colonies, soit 7 millions. La dépense nette se trouve ainsi ramenée à 150 millions. Encore devrait-on en déduire, pour arriver à une évaluation exacte, les 10 à 12 millions consacrés aux services pénitentiaires, dont les dépenses n'ont en aucune façon un caractère d'intérêt colonial. Si l'on fait le départ des dépenses civiles et militaires, on trouve que celles-ci sont de beaucoup les plus importantes; elles dépassent une centaine de millions, dont près de moitié pour l'entretien du 19ᵉ corps, lequel n'est pas exclusivement chargé de garder l'Algérie et la Tunisie, et a son rôle marqué dans le plan d'ensemble de la défense nationale.

Le commerce de l'Algérie et des diverses colonies ou pays de protectorat atteint à une valeur de plus d'un milliard. La France figure dans les échanges de l'Algérie pour les quatre cinquièmes, pour moitié environ dans celui des autres possessions. En 1894, le mouvement de son commerce général s'est élevé à 8,920 millions, sur lesquels la part de l'Algérie et des colonies a été de 712 millions. Seules l'Angleterre, la Belgique et l'Allemagne fournissent au commerce national une clientèle plus importante. Pendant la même année, le mouvement de la navigation a été de 22,580,000 tonnes, sur lesquelles l'intercourse entre la métropole et les colonies représente un contingent de 3,320,000 tonnes, soit une proportion de 14 à 15 pour 100. La plus grande partie de cette circulation : 2,900,000 tonnes, soit 87 pour 100, se fait sous le pavillon français. Les colonies apportent donc, dès à présent, un aliment très appréciable à l'activité de notre commerce, de nos manufactures, de nos usines, de notre marine, de nos ports. Depuis vingt-cinq ans les charges ont augmenté, les bénéfices se sont accrus par une progression parallèle. Le résultat obtenu est d'autant plus encourageant, que, parmi les colonies nouvelles, plusieurs, et non les moindres, comme le Tonkin, sortent à peine de la période de conquête, ou s'y trouvent encore, comme Madagascar et le Soudan.

Il a fallu, en effet, bien des guerres pour constituer cet empire : guerres en Algérie lors des insurrections de 1871 et de 1881, guerre de Tunisie, guerres du Soudan contre les Ahmadou, les Mahmadou-Lamine, les Samory, guerre du Tonkin contre les Pavillons-Noirs, les Annamites, les Chinois, guerre du Dahomey, guerre de Madagascar. En dehors des adversaires déterminés de toute expansion coloniale et des opposants quand même, qui ont blâmé le gouvernement d'avoir agi et ne l'auraient pas moins blâmé de s'être abstenu, des esprits moins prévenus se sont demandé s'il n'aurait pas été prudent, au lieu d'engager à la fois tant d'entreprises différentes, de concentrer sur un petit nombre de points les forces et les ressources : à se limiter en étendue, notre action coloniale aurait gagné en intensité et en profondeur. Ne pas tout embrasser en même temps, laisser à chaque jour sa peine, c'est assurément une règle de sagesse, mais c'en est une aussi de ne pas laisser fuir les occasions. Ici les événements ont marché d'un tel pas qu'il a bien fallu aller vite pour se mettre à leur allure. Il ne dépendait point de nos hommes d'État de retarder l'ouverture de l'Extrême-Orient ou le partage de l'Afrique. Partout, sur le fleuve Rouge ou sur le Mékong comme sur le Congo et le Niger, il importait de marquer notre place sous peine de nous trouver évincés. Nous n'avions pas le loisir d'attendre : la politique d'expectative eût été une politique de renoncement.

Aujourd'hui cette période d'extension est à peu près terminée. Il reste bien à régler des questions de limites, avec le Brésil en Guyane, avec l'Angleterre, avec l'Allemagne vers le bas Niger. Il est ou il sera encore nécessaire de batailler contre les pirates du Tonkin, contre les bandes de Samory dans l'arrière-pays de la Côte-d'Ivoire, contre les Touareg au sud de l'Algérie et au nord du Soudan, contre les Fahavalos de Madagascar. Il faudra aussi compléter la reconnaissance géographique, l'étude méthodique et détaillée de vastes contrées qui n'ont été vues jusqu'ici qu'en passant et comme à vol d'oiseau. Mais l'ère des grandes explorations comme des grandes campagnes militaires ou diplomatiques est close pour longtemps. Sur l'immense étendue des continents sans maîtres nous avons découpé notre lot, tracé le cadre d'une France coloniale. Il s'agit maintenant de le remplir. De cette masse inorganique de territoires et de peuples, de ces morceaux d'Afrique et d'Asie, de cette cohue disparate de demi-civilisés et de barbares, il faut faire un ensemble souple et consistant, homogène sans uniformité, un être politique un et multiple, étroitement associé aux destinées de la métropole et vivant pourtant d'une vie propre, recevant beaucoup d'elle et lui rendant plus encore, fournissant une matière à son activité créatrice, un stimulant et un emploi à ses énergies, lui ménageant pour l'avenir toute une réserve de richesse et de puissance.

Cette œuvre d'organisation, pourquoi le dissimuler, est à peine ébauchée. Nous en sommes encore aux essais, aux tâtonnements, souvent aux écoles. Il n'y a point lieu de s'en étonner beaucoup ni de s'en trop inquiéter. Notre éducation coloniale, aussi bien celle des gouvernants et des législateurs que de la nation entière, était toute à faire. L'exemple de l'Angleterre, que nous opposent si volontiers les détracteurs de la colonisation française, ne témoigne en aucune façon d'une supériorité native, mais d'une aptitude acquise par une expérience ininterrompue de deux siècles. Sans faux amour-propre national, et à condition de ne pas tomber dans les excès de l'imitation servile, il nous est loisible de mettre à profit les enseignements qu'elle nous donne.

Imprimer à notre politique et à notre administration coloniale une direction ferme, continue, suivie, chose difficile par ce temps d'instabilité ministérielle; donner à chaque colonie ou groupe de colonies les institutions particulières qui lui conviennent, de façon à favoriser leur libre croissance tout en maintenant les prérogatives de la souveraineté nationale; n'y envoyer en fait de fonctionnaires qu'un personnel plus choisi que nombreux, restant assez longtemps pour se former, pas assez pour s'user, pratiquer la relève des agents civils comme des militaires; constituer, pour cette fonction spéciale de la défense des colonies, l'organe spécial indispensable, l'armée coloniale, formée de troupes indigènes et de volontaires ou soldats de métier européens; inculquer partout, avec la dose assimilable de civilisation, des sentiments français par un enseignement un dans son objet, mais varié dans ses applications autant que les aptitudes des races auxquelles il s'adresse; activer la formation d'un courant d'émigration sérieux, le diriger vers les régions les mieux préparées à le recevoir; encourager plus encore que l'émigration des hommes celle des capitaux, sans lesquels la mise en valeur des pays neufs restera toujours à l'état de projet; stimuler l'esprit d'entreprise aussi bien sous la forme individuelle que sous la forme collective où il obtient son maximum de puissance et d'efficacité; tel est le programme à l'exécution duquel doivent travailler non seulement les pouvoirs publics, mais tous ceux qui ont foi dans l'avenir colonial de la France. Les plus grands efforts ont été faits, les plus durs sacrifices subis; pour recueillir les résultats, il n'est plus besoin de prouesses et de labeurs héroïques, il suffit d'un peu d'esprit de suite et de persévérance.

TABLE DES MATIÈRES

Pages.

Introduction. 1

LIVRE PREMIER
De 1815 à 1870.

CHAPITRE PREMIER
LA CONQUÊTE DE L'ALGÉRIE

Algérie. — Berbères. — Arabes. — Turcs. — La régence d'Alger. — L'expédition d'Alger. — Les débuts de la conquête. — Clauzel. — Les deux sièges de Constantine. — Bugeaud et Abd-el-Kader. — Conquête du Sud et de la Kabylie. — Insurrection des Ouled-Sidi-Cheikh. — La colonisation et le royaume arabe. 7

CHAPITRE II
FAIDHERBE AU SÉNÉGAL

Le Sénégal et ses habitants. — Coup d'œil historique. — Faidherbe gouverneur. — Luttes contre les Maures. — El-Hadj-Omar. — Siège de Médine. — Les rivières du Sud. — Affaires du Cayor. — L'œuvre de Faidherbe. — Les explorations. — Voyage de Mage et Quintin. 33

CHAPITRE III
LES FRANÇAIS EN COCHINCHINE

L'Indo-Chine. — Les Annamites et le pays d'Annam. — Pigneau de Béhaine et Gia-Long. — Persécutions religieuses. — L'expédition de 1858. — Le siège de Saïgon. — Traité de 1862. — Projet de rétrocession. — Conquête de la Cochinchine occidentale. — Administration de l'amiral La Grandiere. — Doudart de Lagrée au Cambodge. — Exploration du Mékong. 55

CHAPITRE IV
LES COLONIES FRANÇAISES VERS LA FIN DU SECOND EMPIRE

Acquisitions coloniales de 1815 à 1870. — La Nouvelle-Calédonie. — Les vieilles colonies, les Antilles et Bourbon, la Guyane, les comptoirs de l'Inde. — Saint-Pierre et Miquelon. — Étendue, population, valeur de l'empire colonial français, comparaison avec les colonies des autres puissances. — L'opinion publique et les colonies. 82

LIVRE II
De 1870 à 1896.

—

CHAPITRE PREMIER
L'EXPANSION COLONIALE

Caractère et généralité du mouvement d'expansion coloniale. — Causes sociales. — Causes économiques. — L'Extrême-Orient et l'Afrique. — La politique coloniale en France. 91

CHAPITRE II
L'ALGÉRIE COLONISÉE. — LA FRANCE AU SAHARA

L'insurrection de 1871, Mokrani, Si-Az'r, Bou-Mezrag. — Le régime civil. — La colonisation. — Progrès économiques. — Les chemins de fer. — Les indigènes. — Le Sahara, la mission Flatters, insurrection du Sud oranais. — La question Touareg. 97

CHAPITRE III
LE PROTECTORAT EN TUNISIE

La Tunisie sous le gouvernement des beys. — Détresse financière, la commission financière internationale. — L'influence française et les rivalités étrangères. — Menées italiennes, Maccio contre Roustan. — Agression des Khroumirs. — Première campagne de Tunisie, traité du Bardo. — Attitude des puissances. — L'insurrection, deuxième campagne de Tunisie. — Le

TABLE DES MATIÈRES.   303

Pages.

régime du protectorat, réorganisation intérieure, la colonisation, les travaux publics.................................. 116

CHAPITRE IV

L'EXTENSION DU SÉNÉGAL. — LE SOUDAN. — LE DAHOMEY

Les projets de pénétration au Soudan. — La mission Galliéni. — Campagnes du colonel Borguis-Desbordes, premières luttes contre Samory. — Campagnes du colonel Boilève et du commandant Combes. — Campagne du colonel Frey, Mahmadou-Lamine. — Commandement du colonel Galliéni, explorations, le lieutenant Caron à Tombouctou, voyage du capitaine Binger. La France dans les rivières du Sud et sur le golfe de Guinée, les Anglais sur le bas Niger. — La convention du 5 août 1890, nouvelles explorations, mission Monteil, mission Marchand. — Luttes contre Ahmadou et contre Samory, campagnes du colonel Archinard, du colonel Humbert, du colonel Combes, occupation de Tombouctou, Samory dans le pays de Kong. — Affaires du Dahomey. — Première guerre contre Behanzin. — Deuxième guerre contre Behanzin, le colonel Dodds, conquête du Dahomey. — Explorations dans l'arrière-pays, missions Decœur, Toutée, Ballot.......... 137

CHAPITRE V

LE CONGO FRANÇAIS

Le Gabon et l'Ogooué. — Premier voyage de Brazza. — Découvertes de Stanley, deuxième voyage de Brazza, le roi Makoko, le sergent Malamine. — Troisième voyage de Brazza. — La conférence de Berlin, l'acte de Berlin. — Missions Crampel et Dybowski. — Premier voyage de Mizon. — Mission Maistre. — Deuxième voyage de Mizon. — Brazza sur la Sangha. — La question de l'Oubanghi. — Convention franco-allemande du 4 février 1894, convention franco-belge du 14 août 1894.................... 180

CHAPITRE VI

MADAGASCAR

Madagascar et ses habitants. — Premières tentatives de colonisation française. Rapports avec les Hovas, Radama II, traité de 1868. — Première guerre, 1883-1885, traité de 1885 — Les résidents généraux à Tananarive, nouvelles difficultés avec les Hovas. — Deuxième guerre, le général Duchesne, campagne de 1895, conquête de Madagascar.................... 205

CHAPITRE VII

LA GUERRE DU TONKIN. — L'INDO-CHINE FRANÇAISE

La question du fleuve Rouge. — Jean Dupuis au Tonkin. — Expédition de Francis Garnier, conquête du Delta, mort de Garnier, traité de 1874. — Intervention de la Chine. — Le commandant Rivière au Tonkin, prise de la citadelle d'Hanoï. — Le traité Bourée, mort de Rivière. — Prise de Thuan-An, convention du 25 août 1883 avec l'Annam. — Combat autour de Hanoï. — Commandement de l'amiral Courbet, prise de Sontaï. — Commandement du général Millot, prise de Bac-Ninh. — Le traité Fournier. — Affaires de Bac-Lé. — Bombardement de Fou-tchéou, opérations contre Formose, le blocus du riz. — Commandement du général Brière de l'Isle, marche sur Lang-Son, siège de Tuyen-Quan. — Combat de Dong-Dang, retraite de Lang-Son. — Chute du ministère Ferry, traité de Tien-Tsin, mort de Courbet. — Commandement du général de Courcy, surprise de Hué, insurrection de l'Annam. — Paul Bert, résident général. — Explorations dans le Laos, empiétements siamois, opérations contre le Siam, traité du 3 octobre 1893. — Missions Pavie, traité de 1895 avec la Chine, convention de 1896 avec l'Angleterre. — Situation de l'Indo-Chine française............ 231

CHAPITRE VIII

LES COLONIES FRANÇAISES EN 1896. — CONCLUSION

Acquisitions coloniales de la France depuis 1870. — Superficie de l'empire colonial français, population, valeur. — Coût des colonies. — Commerce et navigation. — Organisation.................. 293

www.ingramcontent.com/pod-product-compliance
Lightning Source LLC
Chambersburg PA
CBHW071506160426
43196CB00010B/1440